李爱荣 著

特别法人制度下的
集体经济组织改革研究

TEBIE FAREN ZHIDU XIA DE
JITI JINGJI ZUZHI GAIGE YANJIU

中国政法大学出版社

2024·北京

声　明	1. 版权所有，侵权必究。
	2. 如有缺页、倒装问题，由出版社负责退换。

图书在版编目（CIP）数据

特别法人制度下的集体经济组织改革研究/李爱荣著.—北京：中国政法大学出版社，2024.3

ISBN 978-7-5764-1449-3

Ⅰ.①特…　Ⅱ.①李…　Ⅲ.①集体经济—经济组织—产权制度改革—研究—中国　Ⅳ.①F121.22

中国国家版本馆 CIP 数据核字(2024)第 077485 号

出 版 者	中国政法大学出版社
地　　址	北京市海淀区西土城路 25 号
邮寄地址	北京 100088 信箱 8034 分箱　邮编 100088
网　　址	http://www.cuplpress.com（网络实名：中国政法大学出版社）
电　　话	010-58908586(编辑部) 58908334(邮购部)
编辑邮箱	zhengfadch@126.com
承　　印	北京旺都印务有限公司
开　　本	720mm×960mm　1/16
印　　张	15
字　　数	260 千字
版　　次	2024 年 3 月第 1 版
印　　次	2024 年 3 月第 1 次印刷
定　　价	56.00 元

前　言

　　集体经济组织改革与集体产权制度改革相伴随，改革的目标既涉及集体所有权的实现，也涉及集体成员合法权益的保护，既要防止集体财产流失，又要坚持农民权利不受损。改革的内容是以股份合作制为基础，确定集体经济组织成员身份，实现农民集体资产股份权利，探索集体经济的有效实现形式。

　　作为集体所有权的行使主体，集体经济组织改革的内容在对外方面涉及集体经济组织与村民自治组织、集体经济组织与监管部门之间等相关主体的关系；在对内方面涉及集体经济组织内部经营管理以及集体经济组织成员与集体成员、集体经济组织股东的关系。虽然集体产权制度改革与农村土地承包经营制度并不相同，但两者之间却有着密切的联系，由此形成集体产权制度改革中的股权户问题，并对股权设置和股权管理产生影响。

　　按照《民法典》的规定，集体经济组织可以依法成为特别法人。但是对何为特别法人，《民法典》并没有规定，所列举的四个类型的特别法人也很难找到其明显的共同特点，各自的特殊性是其作为特别法人的基础。从这个角度来说，《民法典》明确了集体经济组织的主体地位，也为如何实现其主体地位留下了进一步讨论的空间。而集体经济组织改革是以股份合作制为主要形式，以特别法人制度的构建为契机，以清产核资、股权设置和股权管理为主要内容，明确集体经济组织的市场主体地位，完善集体资产的运营和管理，在实现集体所有权保值增值的基础上，确保成员个人合法权益的实现。因而，集体经济组织改革与特别法人制度的构建密切相关。

　　《民法典》从功能主义立场出发，明确在营利法人和非营利法人之外设立特别法人，说明集体经济组织作为一个民事主体，具有一定的公法色彩，其不仅与乡村振兴战略相关，所承担也不只是经济职能。就现有情况而言，《农村集体经济组织法》尚在制定中，包括黑龙江和四川等在内，各地有省级层面的集体经济组织专门立法，而相关的规范性文件涉及省、县、乡三级，使集体经济组织改革具有一定的地方性特点，各地的做法并不相同。再加上集体自治权的存在，尽管集体经济组织改革可以追溯到三十多年前，但相对来说仍缺少全国层面的具体法律规定。在这种情况下，研究特别法人制度下集体经济组织改革的内容，探索如何实现法律的统一，并在此基础上发挥地方的积极性和能动性，有着较为重要的理论意义和实践运用价值。

作为特别法人的集体经济组织，其特别性包括设立的非契约性、财产的特殊性、成员的封闭性以及职能的特定性等。就其主体地位来说，集体经济组织的设立、组织形式和设立基础都不同于普通法人，其财产并不依赖于成员的出资，在职能方面也有多重性的特点；就其组成来说，集体成员、集体经济组织成员以及集体经济组织股东之间的关系具有交叉性的特点，所指向的并不是完全相同的对象，权利义务也并不相同；就其财产关系来说，集体经济组织财产与集体所有权相关，但是又不能完全等同于集体财产，集体经济组织股权所指向的对象包括集体经营性资产、非经营性资产和资源性资产等，权利的取得和内容也不同于作为营利法人的公司股权；从内部治理来说，集体经济组织章程是基础，但是章程的内容和制定程序必须经过审批和备案，具有一定的强制性，集体经济组织的经营范围和决策事项也不同于营利法人，既有自治性因素，又有行政审批与管理的特点；与集体经济组织的设立相对应的是，集体经济组织的终止也具有特殊性，关于集体经济组织能否破产以及承担责任的财产范围，在理论界一直存在争议，并与集体经济组织与农民集体、集体经济组织财产与集体财产的关系交织在一起。

就研究的内容而言，共分为七个部分。第一部分以特别法人制度的构建为基础，对集体经济组织改革的目标、相关的制度供给和制度需求进行研究，在分析集体经济组织与农民集体、集体经济组织与集体成员等关系的基础上，分析集体经济组织改革的特殊性。以此为全书的研究提供基础，并分析集体产权制度改革对集体经济组织改革的影响。

第二部分从集体经济组织的设立、组织形式、存在基础和职能等方面，研究集体经济组织主体地位的特别性。集体经济组织的设立是自上而下的改革要求和自下而上的改革压力互动的结果，从设立时起，既不同于其他市场主体的产生，也承担不同于其他市场主体的职能。而集体经济组织与集体所有权的关系，对集体经济组织改革有决定性影响。

如果说第一部分和第二部分的研究具有宏观性的特点，而第三部分则开始进入集体经济组织的内部，从主体的角度研究集体经济组织成员与集体经济组织股东之间的关系。从主体的范围来说，集体经济组织成员与集体经济组织股东之间并不具有对应的关系，集体经济组织成员可能不是集体经济组织股东，集体股东也可能不是集体经济组织成员；从权利的内容来说，集体经济组织成员权的内容与集体经济组织股权具有不一致性，相对来说，集体经济组织股权的范围较窄。在集体经济组织改革过程中，集体成员权、集体经济组织成员权与集体经济组织股权交织在一起。

第四部分对集体经济组织改革中的股权户进行专门研究，在界定"户""家户"和"农户"三个概念的基础上，对集体经济组织改革中的确权到人和确权到户进行分析，在此基础上构建股权户的法律地位，并试图对户的内部法律关系进行分析。

第五部分涉及集体经济组织财产与集体经济组织股权，集体经济组织财产与集体财产、集体经济组织股权与集体财产之间的关系在理论上多有争议，此类争论直接涉及集体经济组织的主体地位问题，特别是集体经济组织与农民集体的关系。而集体资产的折股量化以及股权配置和管理，特别是集体经济组织股权的内容，则是集体经济组织改革的关键。

第六部分以集体经济组织章程为基础，研究集体经济组织经营管理的特殊性。集体经济组织章程具有自治性和强制性的特点，而功能主义立法也对集体经济组织的机构设置产生影响。但是集体经济组织既不同于公司法人以资本为基础，也不同于农业生产合作社法人以劳动为基础，再加上在设立的过程中并不是完全以意思自治为基础，从而使集体经济组织治理机构的设置具有复杂性，治理主体具有多元性的特点。

最后一部分是选取调研过程中发现的一些典型做法进行总结。这些看起来具有个别性的经验既是对现有集体经济组织改革相关的规范性文件的反映，也对集体经济组织立法提出了相应的要求。而在集体经济组织改革过程中，各地的实践做法则直接推动并影响集体经济组织改革在全国范围内的推行。

目 录

前 言... 001

第一章 集体经济组织改革的特殊性... 001
一、特别法人制度的构建... 001
二、集体经济组织改革的制度背景... 005
三、集体经济组织与相关主体的关系... 012

第二章 集体经济组织主体地位的特别性... 025
一、集体经济组织的设立方式... 025
二、集体经济组织的不同组织形式... 029
三、集体经济组织设立的必要条件... 033
四、集体经济组织与集体所有权... 036
五、集体经济组织职能的双重性... 045

第三章 集体经济组织成员与集体经济组织股东... 052
一、集体经济组织成员身份的特殊性... 053
二、集体经济组织成员身份的认定条件... 059
三、集体经济组织股东的身份... 077
四、集体经济组织成员权与集体经济组织股权... 082
五、决议行为侵犯集体经济组织成员权的救济问题... 092

第四章 集体经济组织改革中"户"的特殊性…101
一、"户""家户"与"农户"…102
二、股权配置中的确权到人和确权到户…108
三、"户"的内部法律关系问题…113

第五章 集体经济组织财产与集体经济组织股权…120
一、集体资产的归属和利用问题…121
二、集体经济组织财产的特殊性…125
三、股权量化的范围…128
四、集体经济组织股权配置与股权管理…133
五、集体经济组织股权的特别性…145

第六章 集体经济组织经营管理的特别性…169
一、集体经济组织章程的特别性…170
二、治理结构的特殊性…175
三、集体经济组织管理中的民主性…186
四、集体经济组织监督管理的特殊性…194
五、集体经济组织终止的相关问题…201

附　录：集体经济组织改革的实践经验…208
一、A区：特殊的治理结构…208
二、B区：股东身份的单一性…214
三、C区：以"云"为基础的监督管理…222
四、总结与分析…228

参考文献…231

第一章

集体经济组织改革的特殊性

集体经济组织作为乡村振兴战略的主要载体之一，经历了一个发展过程，在这个过程中，既有自上而下的改革压力，也有自下而上的改革要求。在《民法总则》关于特别法人的规定出台之前，集体经济组织改革已经过一段长时间的探索过程。特别法人地位的确认既是对现有集体经济组织改革的一种延续，也是对集体经济组织改革的一种推动，并对集体经济组织改革提出了新的要求。

但是，特别法人是我国立法上的一种构建，无法简单地使用传统民法理论对其进行分析和解释，单纯一个"特别法人"概念无法在理论上为集体经济组织改革提供明确的依据。《民法典》[1]第99条延续了《民法总则》第99条"农村集体经济组织依法取得法人资格。法律、行政法规对农村集体经济组织有规定的，依照其规定"的规定，说明对集体经济组织仍持一种开放性的态度，特别法人制度只是为集体经济组织改革指明了一个方向。

一、特别法人制度的构建

（一）特别法人概念的提出

从其发展来看，集体经济组织的由来包括以私有为基础发展起来的农民互助组和初级社、将农民土地和生产资料收归共有的高级社和三级所有、以队为基础的人民公社以及人民公社解体后的集体经济组织等几个阶段。[2]虽然在《民法总则》规定特别法人之前，《宪法》《民法通则》《土地管理法》《村民委员会组织法》《物权法》都涉及农村集体经济组织这一概念，其职能

---

[1]《民法典》，即《中华人民共和国民法典》。为表述方便，本书中涉及我国法律文件直接使用简称，省去"中华人民共和国"字样，全书统一，后不赘言。

[2] 李永军：《集体经济组织法人的历史变迁与法律结构》，载《比较法研究》2017年第4期，第36~38页。

包括对集体土地的经营管理、代表集体行使所有权以及独立进行经济活动等，但是农村集体经济组织是国家的政策使然，并不是为这样的政策目标达成而创设的法律概念，[1]因而在《民法总则》颁布之前，何为集体经济组织、其法律地位如何均并不明确。再加上集体概念具有模糊性，导致长期以来集体所有权被认为主体虚位，不利于集体经济的发展。

在《民法总则》颁布之前，对于集体经济组织的法律地位问题，实践中并不缺少解决方法。即使不具有法人地位，集体经济组织仍可通过不同的形式参与市场经济活动。有的地方以地方法规的形式赋予了集体经济组织法律地位，由农业部门进行登记，并由技术监督部门发放机构代码证；[2]有的地方则是直接赋予集体经济组织法人地位，或者将集体经济组织转化为公司形式，从而取得法人地位，由工商部门进行登记，并由技术监督部门发放机构代码证；[3]在有些地方即使是作为合作组织，集体经济组织也具有法人地位。[4]不可否认的是，这些做法虽然可以解决实践中的一些问题，但是集体经济组织的法人地位是民事基本制度中的民事主体制度，只能由法律或者行政法规予以规定。[5]《民法总则》在营利法人与非营利法人之外，又设立特别法人，是对这一要求的反映。

特别法人这一概念出现在《民法总则》草案第三次审议意见中，"农村集体经济组织具有鲜明的中国特色。赋予其法人地位符合党中央有关改革精神，有利于完善农村集体经济实现形式和运行机制，增强农村经济的发展活力"。[6]之前

---

[1] 李国强、朱晓慧：《农村集体经济组织法人的治理机制研究》，载《财经法学》2022年第1期，第65页。

[2] 《上海市农村集体经济组织产权制度改革工作方案》（沪农委[2014]397号）规定："在推进集体经济组织产权改革过程中，……将集体资产量化到集体经济组织全体成员。成立农村社区合作经济组织，到本区县集体资产管理主管部门领取《证明书》，凭《证明书》向区县质量技监部门申领《机构代码证》。成立农村社区股份合作社的，应按照有关规定在工商管理部门进行合作社法人登记。"

[3] 《长沙市人民政府办公厅关于城中村集体经济组织产权制度改革的指导意见》（长政办发[2010]30号）规定，集体经济组织可以根据自身资产状况及运营条件，选择登记为有限责任公司。

[4] 《深圳经济特区股份合作公司条例》第3条规定："本条例所称股份合作公司（以下简称公司）是指依照本条例设立，注册资本由社区集体所有财产折成等额股份并可以募集部分股份构成，股东以其享有的股份为限对公司承担责任，并按照章程规定享受权利和承担义务，公司以其全部资产对公司债务承担责任的企业法人。但是，集体所有的土地不能直接用以抵偿债务。"

[5] 肖鹏、葛黎腾：《农村集体经济组织的民事主体地位辨析》，载《农村经济》2017年第4期，第13页。

[6] 《关于〈中华人民共和国民法总则〉草案的说明》，载中国人大网：http://www.npc.gov.cn/zgrdw/npc/xinwen/2017-03/09/content_2013899.htm，访问日期：2020年3月17日。

的第一稿和第二稿都没有特别法人这一部分，因此也没有集体经济组织法律地位的规定。《民法总则》的这一规定应是回应了这样一种观点，即集体产权制度改革的目标是集体经济的发展和成员权益的保护，但是如果集体经济组织的主体地位不明确，特别是如果不具有法人地位，则不能以自己的名义从事经济活动，这将导致其缺少独立承担责任的能力，无法成为真正的市场主体，从而影响集体产权制度改革目标的实现。

（二）从法律概念到法律制度

如果仅从字面含义来看，关于何为特别法人，有五种不同的解释，即特别法规定的法人、依特别方式设立的法人、经营方式特别的法人、特指国家以及笼统区别一般法人的法人，如区别于公法人的高等院校。每类特别法人都有其自身的特性，而无共有的属性。[1]但是，上述五种情况都无法直接套用于集体经济组织。

《民法典》延续了《民法总则》的规定，在第三章规定了三类法人，即营利法人、非营利法人和特别法人。从内容来说，对于营利法人和非营利法人，分别规定了定义和范围，而对于特别法人则只规定了范围。从定义来看，营利法人以取得利润并分给出资人为目的，而非营利法人则以公益或非营利为目的，并且不分配利润，两者之间具有一定的对应性。但就特别法人相对于营利法人和非营利法人的特殊性，《民法典》并没有作出规定。从种类来看，《民法典》关于特别法人的规定既包括作为传统民法上的公法人的机关法人，也包括传统民法上属于社团法人的合作社法人，另外还有农村集体经济组织以及基层群众自治性组织。从解释的角度，上述主体的共性应该就是特别法人的特别之处，至少包括以下几个方面：特别法人的成立基础具有法定性，不以人合或者资合为必要；在财产或者经费来源上有特殊性，不是出资人的出资，而是国家财政或者集体财产；通常不以营利为目的，具有公共管理的职能以及通常不存在破产的问题。[2]但是，即使如此，这五类主体的差异性仍大于相似性，比如财产的来源并不相同，承担的公共职能也不相同，对营利的要求

---

[1] 郭洁：《论农村集体经济组织的营利法人地位及立法路径》，载《当代法学》2019年第5期，第80页。

[2] 王雷：《民法典有关特别法人的规定解析——从居民委员会、村民委员会和农村集体经济组织作为特别法人的相关思考谈起》，载《中国民政》2020年第13期，第40~41页。需要注意的是，关于集体经济组织是否具有破产能力，理论上存在争议。

就更不相同了。因而，有学者认为，无法也不必对"全部"特别法人一劳永逸地抽象出功能与结构方面的"公分母"。严格地说，特别法人不是符合概念内涵与外延明确性要求的法人类型，而是开放与流动的兜底性范畴。[1]

虽然《民法典》延续了《民法总则》的相关规定，对法人的分类并没有改变。但是，在《民法典》的制定过程中，围绕法人的分类问题，主流上形成了"功能主义"的"营利法人和非营利法人"与"结构主义"的"社团法人与财团法人"两类宏观思路。[2]功能主义侧重于法人提供的职能，与之不同，结构主义法人分类思路则着眼于法人制度提供的、可供民事主体利用的制度结构，即法人内部各利益群体的互动结构。以满足私人互动需要、为私人互动提供制度支持为制度宗旨，以当事人间的互动关系为背景，从民事主体活动平面化的内在视角界定问题的所在和解决问题的思路。[3]与结构主义侧重于法人内部关系的安排相比，《民法典》以功能主义为基础的法人分类，决定了在立法中相对忽视对集体经济组织内部关系的规定。即使《民法典》规定了集体经济组织可以取得特别法人的法律地位，集体经济组织成员资格的确立、权利义务、集体经济组织财产和股权管理、治理结构与之前也并有没有区别，《民法典》第99条第2款规定的引致条款更加深了这一问题。

当然，从特别法人概念的提出，到特别法人制度的建立，需要经历一个过程。从现有的情况来看，制定关于农村集体经济组织的单行法是一个必经的阶段。2020年5月，《民法典》颁布；2020年6月，《农村集体经济组织法》起草领导小组第一次全体会议召开，标志着《农村集体经济组织法》起草工作的正式启动。这次会议同时提出，要指导有条件的地方开展先行立法；2021年6月，《农村集体经济组织法》起草领导小组第二次全体会议在京召开，审议《农村集体经济组织法草案（初稿）》，涉及集体经济组织的基本特征、组织形式、财产权属、成员的认定标准以及内部管理机制等方面的内容；2022年《农村集体经济组织法》被列入第十三届全国人民代表大会立法

---

[1] 张力：《法人功能性分类与结构性分类的兼容解释》，载《中国法学》2019年第2期，第158页。

[2] 陈小君：《〈民法典〉特别法人制度立法透视》，载《苏州大学学报（法学版）》2021年第1期，第12页。

[3] 蔡立东：《法人分类模式的立法选择》，载《法律科学（西北政法大学学报）》2012年第1期，第110页。

规划以及2022年全国人民代表大会常务委员会立法计划。

二、集体经济组织改革的制度背景

（一）集体经济组织改革的目标

从法律规定来看，集体经济组织最早出现于1982年《宪法》，但是对于何为集体经济组织，该法并没有作出规定，也没有其他法律法规对其进行专门规定，而是仅作为一个概念存在。由于集体经济组织的产生具有一定的政治目的，在其发展中具有一定的延续性，因而就当时的情况来看，并不是一个典型的民事主体，其职责范围以及组织运行都受政策因素的影响，以国家政策为主导。1986年《民法通则》颁布后，又出现了农业集体经济组织这一概念，负责经营集体所有的土地，说明就当时的情形而言，不仅集体经济组织的含义不明，在概念的使用上也并不一致。2007年《物权法》颁布，规定农民集体所有的不动产和动产属于本集体成员集体所有，由村集体经济组织或者村民委员会代表集体行使所有权。使用的是"村集体经济组织"，并与本集体成员集体（村农民集体）区分开来，对集体所有权和集体经济组织的职责作了进一步的规定。但在《民法通则》构建的民事主体中，却找不到对应的地位，集体经济组织与农民集体的区分也不明确，集体所有权主体虚化是当时通行的观点。

与集体产权制度改革相对应，集体经济组织改革也是一个从上到下的推动过程，在很多情况下都是先由政策提出再上升到法律。在《民法典》之前，从2015年到2019年连续5年的中央一号文都提出要制定《农村集体经济组织法》。2017年中央一号文提出赋予农村集体经济组织法人资格，同年《民法总则》确认了农村集体经济组织的特别法人身份，赋予了其明确的民事主体地位。2018年中央一号文提出"维护村民委员会、农村集体经济组织、农村合作经济组织的特别法人地位和权利"。与之相应，集体经济组织的定位和职能也随着相关的法律法规和政策的变化而变化，集体经济组织的改革过程既是一个政策法律化的过程，也是一个相应的政策法律等规范性文件的实现过程。

集体所有权是所有权的一种，同样包括占有、使用、处分、收益四种权能，四种权能也可以分离，只是在立法内容和立法方式等方面的侧重点并不相同。从《物权法》的相关规定来看，强调的是以从"归属（所有）"到"利用"的理念为指导，即"弱化所有权、强化和细化使用权"，稳定土地承包经营关系也被认为使土地承包经营权有了准所有权的性质。[1]但是，在《民法典》的编纂过程中，伴随着集体产权制度改革的推进，集体所有权的立法理念发生了根本性转变，特别是从土地集体所有、农户家庭承包经营的"两权分离"到所有权、承包权和经营权"三权分置"的转变，集体所有权的实现成了改革的主要目标，这种立法方向的转变无疑对集体经济组织改革产生了根本性的影响，所涉及的不仅仅是集体所有权观念的转变，也涉及集体经济组织的职能与定位问题。作为集体所有权的行使主体，集体经济组织所承担的不仅仅是经济职能，而且也是社会主义公有制的一个组成部分，这是其改革的出发点。集体经济组织改革的目标是以股份合作为主要形式，以特别法人制度的构建为契机，进行集体产权制度改革，明确集体经济组织的管理决策和收益分配机制，保护集体经济组织及其成员的合法权益。如何在落实集体所有权的基础上赋予农民更多的财产权利，则是集体产权制度改革和集体经济组织改革面临的重要挑战。

（二）集体经济组织改革的制度供给和制度需求

在集体经济组织的制度供给方面，从2015年到2019年连续5年的中央一号文都提出制定《农村集体经济组织法》，《乡村振兴战略规划（2018－2022年）》也提出了同样的要求。在深化集体产权改革的背景下，《农村集体经济组织法》的制定更为必要和迫切。但是，就现有情况来说，除《民法典》关于特别法人的规定以外，在《农村集体经济组织法》制定之前，集体经济组织改革的制度供给仍以相关的政策性文件和地方性立法为主。涉及农村土地方面，有《农村土地承包法》和《土地管理法》等依据。

1. 集体经济组织改革的制度供给

集体经济组织改革伴随着集体产权制度改革，从时间上来说，始于20世纪80年代末。虽然现在公认集体产权制度改革是一个从上到下的推动过程，1984年中央一号文就提出了经济联合社这一概念，[2]但是最初的改革也是源

---

[1] 高飞：《〈民法典〉集体所有权立法的成功与不足》，载《河北法学》2021年第4期，第6页。

[2] 按照该文件的规定，为了完善统一经营和分散经营相结合的体制，一般应设置以土地公有为基础的地区性合作经济组织。这种组织，可以叫农业合作社、经济联合社或群众选定的其他名称；可以以村（大队或联队）为范围设置，也可以以生产队为单位设置；可以同村民委员会分立，也可以一套班子两块牌子。设立这类组织的目的是解决政社分设以后，集体经济的发展问题，强调"农村经济组织应根据生产发展的需要，在群众自愿的基础上设置"。集体经济组织采用股份合作的形式与这一规定有关，但是就内容而言，又不完全相同。

于实践的需求。1987年广州市天河区开始进行农村股份合作制改革,就是源于村本身发展的压力。为解决土地征用后集体经济的发展和收益分配问题,杨箕村于1987年8月成立了村股份合作经济联社,联社由股份合作理事会管理,下设经济发展公司,把集体经济折成股份,村民设置人头股、劳动工龄股和发展股,集体经济年终结算,按股分红。而随后进行改革的登峰村[1]则是为解决集体经济发展的资金问题,实行"折股到人,入资配股",即将原有集体资产折股量化到人,但是附有条件,即需要出资认股才能配股成为股东。当时天河区的探索也使得这两种改革方式在广州延续。到1991年,天河区25个行政村都成立了农村集体经济组织(即经济联社),代表村民行使本村集体资产所有权,村委会不再履行集体经济组织管理职能,成为全国第一个在区县级农村全面推行股份合作制的地区。

20世纪90年代以后,集体产权制度改革继续发展,但仍缺少相关的专门性规定。2007年《农业部关于稳步推进农村集体经济组织产权制度改革试点的指导意见》(农经发[2007]22号),对以折股量化为主要内容的集体经济组织产权改革作出了明确规定,即推进以股份合作为主要形式,以清产核资、资产量化、股权设置、股权界定、股权管理为主要内容的农村集体经济组织产权制度改革,建立'归属清晰、权责明确、利益共享、保护严格、流转规范、监管有力'的农村集体经济组织产权制度。

2013年十八届三中全会《中共中央关于全面深化改革若干重大问题的决定》要求:"保障农民集体经济组织成员权利,积极发展农民股份合作,赋予农民对集体资产股份占有、收益、有偿退出及抵押、担保、继承权。"这是集体经济组织股权内容的基础。2014年中共中央、国务院印发《关于全面深化农村改革加快推进农业现代化的若干意见》(中发[2014]1号),再次强调推动农村集体产权股份合作制改革,保障农民集体经济组织成员权利,赋予农民对落实到户的集体资产股份占有、收益、有偿退出及抵押、担保、继承权。同年,原农业部发布《积极发展农民股份合作赋予农民对集体资产股份权能改革试点方案》(农经发[2014]13号),按照该方案的要求,全国选取了29个县(市、区)"重点围绕保障农民集体经济组织成员权利,积极发展农民股份合作,赋予农民对集体资产股份占有、收益、有偿退出及抵押、担

---

[1] 登峰村当时属于天河区,现在属于广州市越秀区。

保、继承权等方面开展试点"。2016年《中共中央、国务院关于稳步推进农村集体产权制度改革的意见》（以下简称《集体产权制度改革意见》）指出，加强农村集体资产管理，开展集体经营性资产产权制度改革，组织实施好赋予农民对集体资产股份占有、收益、有偿退出及抵押、担保、继承权改革试点，为集体产权改革和集体经济组织成员权益保护进一步指明了方向。要求"逐步构建归属清晰、权能完整、流转顺畅、保护严格的中国特色社会主义农村集体产权制度，保护和发展农民作为农村集体经济组织成员的合法权益"，并规定了改革的目标、原则、方法及保障措施。2016年《农业部关于农村集体资产股份权能改革试点情况的通报》（农经发［2016］17号），对集体资产股份权能改革试点情况进行总结，大多数地方采用的是"量化到人、确权到户"的改革方式，并认为"静态管理有利于稳定农民对股权的预期"。也是在这一过程中，伴随着经济的发展和城镇化的推行，人口的流动也增大，集体经济组织改革被认为具有内部化、静态化和封闭性的特点，两者之间的差距也是集体产权制度改革需要面对的主要问题。

在改革的过程中，各地根据相关政策文件的要求，结合本地的实际情况，制定相应的制度性文件，涉及集体经济组织管理、示范章程、身份确认、股权管理、清产核资等方面的内容，并使集体经济组织改革呈现出了相应的地方特色。在省级层面，2020年《黑龙江省农村集体经济组织条例》通过，2021年《四川省农村集体经济组织条例》是西部省份第一个省级人民代表大会通过的地方性关于集体经济组织的专门立法。除此之外，广东、湖北等省人民政府也制定了专门的地方性文件，使集体经济组织改革形成了不同的地方特色。

由于《农村集体经济组织法》正在制定中，《农村土地承包法》和《土地管理法》主要集中于农村土地方面，因而就现有情况而言，仍没有关于集体产权制度改革和集体经济组织改革的专门性法律。

2. 集体经济组织改革的制度要求

虽然与集体产权制度改革相伴随的集体经济组织改革是一个自上而下和自下而上的双向互动结果，但是就相关的制度供给来说，不仅缺少相关的法律规定，而且各地的相关规定多是一种方向性的指引，具体做法各不相同。再加上集体自治权的存在，对于集体经济组织在运行过程中出现的问题，特别是在涉及成员利益时，由于缺少明确的规定，既可能损害成员的合法权益，又可能不利于集体经济组织的经营管理。在这种情况下，为促进改革顺利发展，各地通常希望能有高层级的立法作为改革的依据。

具体而言，集体经济组织希望基层管理部门能够在集体经济组织经营管理和成员权利方面作出明确的规定，而基层管理部门则希望能有高位阶的法律作为依据，从而不会影响依法行政，不会造成侵害集体经济组织合法权益的法律风险。集体经济组织改革既面临制度上的供给不足，又要接受实践中的新挑战。再加上"制度本身具有自我强化的特征，一个制度开始时所依凭的逻辑也酝酿或强化了它发展、维持、稳定或消亡的道路……一个制度产生之后孕育了新的问题，又必须在未来进一步出台别的制度对其进行修订"，[1]不论是从制度的构建还是从制度的完善来说，集体经济组织的制度供给落后于集体经济组织的发展要求，而《农村集体经济组织法》的制定则是对这一问题的总体回应。

从《民法总则》开始，集体经济组织可以依法成为特别法人。作为一种法人，具有明确的民事主体地位。同时，作为特别法人，其肯定有不同于营利法人和非营利法人的特殊性，但是现有法律并没有对其特殊性作出明确规定。从理论上说，从《民法总则》到《民法典》，关于特别法人的规定是集体经济组织改革的一个标志性规定，但是在调研中笔者发现，不论是基层管理部门还是集体经济组织本身，均普遍认为《民法典》之后，集体经济组织改革没有根本性变化。作为改革的主要依据仍是中央的政策性文件和各地相关文件的规定，包括党的十八届三中全会公报、2014年中央一号文件关于集体经济组织成员权利的规定以及2016年《集体产权制度改革意见》等。就广东省来说，作为地方性规定的基础，广东省人民政府制定的《广东省农村集体经济组织管理规定》（广东省人民政府令第109号）以及《中共广州市委办公厅、广州市人民政府办公厅关于"城中村"改制工作的若干意见》（穗办〔2002〕17号）也就是俗称的17号文，再加上各区的相关规定，仍是广州市农村集体经济组织改革的基础。

2019年8月，《中国共产党农村工作条例》施行。该条例第19条规定："……村党组织书记应当通过法定程序担任村民委员会主任和村级集体经济组织、合作经济组织负责人，推行村'两委'班子成员交叉任职。……"也就

---

[1] 管兵：《农村集体产权的脱嵌治理与双重嵌入——以珠三角地区40年的经验为例》，载《社会学研究》2019年第6期，第183页。

是"三个一肩挑"。到2021年12月，广州有一个区的全区两百多个集体经济组织已完成换届，"三个一肩挑"的比例为100%。可见，集体经济组织对于明确的规范性指引具有相应的执行能力，也说明集体经济组织改革需要相应的规范性文件进行指引。但是，由于集体经济组织改革的很多方面仍处于探索之中，再加上作为基本法律的法律地位，《民法典》除规定集体经济组织可以依法成为特别法人外，没有其他具体规定。而特别法人作为一种制度构建，也不能简单地适用传统民法理论进行解释和适用。与此同时，制度的制定和执行也需要理论研究和对社会实践进行总结和分析，从而为改革的进行提供条件和基础。并且，从规则的制定来看，其与适用对象之间有一个双向互动的过程，不可能脱离实践来制定规则，"不是规则衡量利益的正当性，而是利益对规则的正当性作出确认，主导着规则的选择过程"。[1]在这个双向互动过程中，制度可以对社会生活作出指引，社会生活也会影响制度的发展变化，集体经济组织改革的制度供给也要随集体经济组织改革的推进而进一步发展和完善，而《农村集体经济组织法》的制定则是完善集体经济组织改革的制度供给的一个重要内容。

（三）集体经济组织改革与集体产权制度改革相伴随

集体产权制度改革的目的是明确农村集体资产的归属，保障集体经济组织成员的合法权益，包括清产核资、界定集体经济组织成员身份、股权量化以及建立集体经济组织等多个方面。因而，集体经济组织改革与集体产权制度改革相伴随，在集体产权制度改革过程中对集体经济组织成员权利的强调和集体利益的保护成了集体经济组织改革的重要目标之一。

在改革的过程中，发达地区的村集体经济组织本身收入较多，地方政府主要解决的是规范集体经济收入分配的问题；在欠发达地区，集体经济发展本身就是最大的压力，分红在大多数地区并不存在。[2]但是，集体经济组织改革的目的也不是单纯由集体经济组织参与市场经营活动进行利益分配，而是还具有一定的政治职能。决定集体经济组织改革内容的，也不仅仅是经济发展水平。经济发展水平相同的地区，具体做法也并不相同。例如，同为经

---

〔1〕 张静：《土地使用规则的不确定：一个解释框架》，载《中国社会科学》2003年第1期，第114页。

〔2〕 夏柱智：《农村集体经济发展与乡村振兴的重点》，载《南京农业大学学报（社会科学版）》2021年第2期，第25页。

济较为发达的地区，苏南地区的集体企业、土地和集体经营性资产等在不同阶段都表现为集体控制形态，个体性权利不彰显，在集体收益分配方面，长期维持"公有公用"原则，通过提高公益金、公积金提留比例和降低分红标准来维持集体主义规则；而珠三角地区推行的集体经济股份合作制改造是将集体资产以股权形式确认到个体，将公有制变成"按份共有"。土地股份合作社表面维持了资源的团体控制格局，实质上则是改变产权规则，形成了"团体-共有"的产权秩序。[1] 与苏南地区相比，珠三角地区更强调对成员个人权益的保护。广州市某区在改革中设置成员股东和非成员股东，非成员股东不享有集体福利权利，为避免福利费用的增加损害非成员股东的分红权利，试图通过减少甚至消除享有福利权利的成员，以保证分红利益的实现，呈现出了一种更为强烈的对个人财产权的保护倾向。

（四）集体经济组织改革的相关规定具有区域性特点

就集体经济组织改革的现实情况而言，各地发展情况并不平衡。广东省于2006年就制定了《广东省农村集体经济组织管理规定》，而四川省则在2021年制定了西部第一个集体经济组织条例，虽然立法层级并不相同，但是作为集体经济组织改革的主要地方性规范文件，中间相差了15年。

从原因来说，这种不同与集体经济的发展情况相关。自20世纪90年代中期以来，一个普遍现象是村社集体退出直接市场竞争，转而依赖出租土地及厂房获得稳定收入，由产业经济转向"地租经济"。由于各地的地理位置不同，经济转型的时间也不相同。珠三角地区最早从产业经济转变为"地租经济"，以适应当地"三来一补"类型的工业化。直到2000年左右，集体经济全面转向"地租经济"。[2] 这种地租经济在发展中形成了两个特点：一是对经营管理能力的要求相对不高，土地的区位决定了集体经济组织经济的发展水平；二是由于经济基础的不同，改革所面对的压力也不同。因而，以广州天河区为代表的改革是基于经济发展而产生的一种自身发展压力下的自主改革，而包括西部地区在内的大部分地区的改革则主要来源于自上而下的改革推动。这种不同的经济发展水平不仅使集体经济组织改革的时间不同，也导

---

[1] 桂华：《产权秩序与农村基层治理：类型与比较——农村集体产权制度改革的政治分析》，载《开放时代》2019年第2期，第42页。

[2] 夏柱智：《农村集体经济发展与乡村振兴的重点》，载《南京农业大学学报（社会科学版）》2021年第2期，第24页。

致经济发展的区域水平不同在一定程度上决定了集体经济组织的营利能力不同,改革的内容也就不同。

在这方面最明显的是股权设置,不同的经济发展水平,决定不同的股权设置。宁夏回族自治区和安徽省都规定"对于集体经济比较薄弱、以农业为主、负债较多的村,经本集体经济组织民主讨论决定,可以设置一定比例的集体股",[1] 只是对于集体股的比例,两地规定得并不相同,一个是15%,一个是20%。以"经济发展水平高低"作为是否设置集体股的标准,是根据农村经济的客观情况,关注集体经济发展的量化指标,从本质上衡量集体股设置与否的必要性,抓住了集体股设置标准的关键和精髓。[2]

集体股的设置有发展集体经济和保护集体财产所有权的目的,有利于集体经济组织公共服务职能的实现和集体经济组织成员的社会保障,但是也有人认为集体股的存在使集体产权制度改革不够彻底,主张用公积公益金的提取来代替集体股。但是,由于我国集体经济发展不平衡,有些集体经济组织的收益并不多,在这种情况下,单纯的公积公益金无法满足相关的需要,保留集体股与提取公积公益金并不相悖,在集体经济发展水平不高的地区,设置集体股有利于集体经济的发展和成员利益的保护。而对于集体经济发展较好的地区,则可以适当减少。

三、集体经济组织与相关主体的关系

(一)相关概念的使用

虽然从《物权法》开始规定,农民集体是集体所有权的主体,而集体经济组织则是集体所有权的行使主体,但两者之间的关系并不像《物权法》表面规定得那样明确。《民法典》解决了集体经济组织的主体地位问题,但是对集体经济组织与农民集体的关系并没有彻底解决。关于农民集体是否具有主体地位以及集体经济组织能否成为集体所有权的主体,即使在《民法典》实行之后,理论上也一直争论不止。集体经济组织改革涉及特别法人制度、集体所有权和集体所有制、集体经济组织成员与集体成员以及集体经济组织与

---

[1]《宁夏回族自治区党委 人民政府关于深入推进农村集体产权制度改革的实施意见》和《中共安徽省委 安徽省人民政府关于稳步推进农村集体产权制度改革的实施意见》。

[2] 房绍坤、任怡多:《论农村集体产权制度改革中的集体股:存废之争与现实路径》,载《苏州大学学报(哲学社会科学版)》2021年第2期,第63页。

成员集体等多个因素,不仅各个因素之间的关系不清,而且不论是在理论研究还是在实践中,相关概念使用都具有含糊性。不同的概念指向的对象在某些情况下具有同一性,相同的概念在某些情况下又指向不相同,其中最为明显的就是集体经济组织与农民集体、集体经济组织成员与集体成员,在相关的理论研究中,不仅这两对概念经常不区分地使用,相互之间经常是无缝衔接,从一个概念到另一个概念之间具有跳跃性的特点。[1]除此之外,集体经济与集体经济组织,集体经济组织股份与集体经济组织股权之间也经常不予区分。

从其字面含义来说,集体经济组织与集体经济应是两个不同的概念。集体经济应是一种所有制形式,并不是一个市场主体,而集体经济组织则应是一个主体,通过集体经济组织可以实现集体经济的繁荣和发展。但是,集体经济在其含义上又被认为有两个层面:一是作为一种经济形式,与其他经济形式一样,要实现效率目标,追求经济效率的最大化,或者说在经济活动中以营利为目的;二是集体经济要为集体成员谋利益,服务于集体成员,追求成员利益的最大化,是集体成员共同富裕的经济。[2]就后一种含义而言,集体经济明显混同于集体经济组织。

除此之外,集体所有权、集体成员权也与集体经济组织改革有着密切的联系,与民主决策相关的村民自治也在涉及集体经济组织的理论与实践中经常出现。不仅如此,在涉及集体资产股权时,成员个人、户和家庭之间的关系也模糊不清。

(二)集体经济组织概念的现实表达与理论表述

1. 集体经济组织概念的现实表达

集体经济组织作为一个法律概念,最早出现于1982年《宪法》。但是对

---

[1] 关于概念的混用,集中表现为相关立法对农村集体成员和农村集体经济组织成员概念的使用。《宪法》使用了集体经济组织概念,无农村集体成员和集体经济组织成员,但第8条使用的是"参加农村集体经济组织的劳动者",《民法典》中有1条使用的是农村集体经济组织的成员(第55条),有3条使用的是集体成员(第261、264、265条),《土地管理法》有4条涉及农村集体经济组织成员(第47、49、62、63条),但并没有使用集体成员这一概念,《农村土地承包法》同样没有使用集体成员这一概念,但是有8条使用的是集体经济组织成员这一概念(第5、19、20、28、50、51、52、69条)。这些法条的内容涉及集体所有权的实现和成员个人权利等方面的内容,但是在概念的使用上并不一致。

[2] 陈小君等:《我国农村集体经济有效实现的法律制度研究》(叁卷·理论奠基与制度构建),法律出版社2016年版,第19页。

于集体经济组织的含义，法律并没有作出明确规定。现行《宪法》第 8 条第 1 款规定："农村集体经济组织实行家庭承包经营为基础、统分结合的双层经营体制……参加农村集体经济组织的劳动者，有权在法律规定的范围内经营自留地、自留山、家庭副业和饲养自留畜。"这是从所有制的角度对集体经济组织进行规定，并没有从传统民法所有权的意义上对集体经济组织作出规定。第 17 条第 1 款规定"集体经济组织在遵守有关法律的前提下，有独立进行经济活动的自主权"，也没有明确规定集体经济组织的法律主体地位问题。2016 年《集体产权制度改革意见》提出："农村集体经济组织是集体资产管理的主体，是特殊的经济组织，可以称为经济合作社，也可以称为股份经济合作社。"对集体经济组织的职能和组织形式作出了明确规定。

表 1-1　关于集体经济组织概念的地方性立法

名称	时间	内容
《四川省农村集体经济组织条例》（四川省第十三届人民代表大会常务委员会公告第 88 号）	2021 年 7 月	第 3 条第 1 款：本条例所称农村集体经济组织，是指以集体所有的土地为基本生产资料，实行家庭承包经营为基础、统分结合双层经营体制的经济组织。
《黑龙江省农村集体经济组织条例》（黑龙江省第十三届人民代表大会常务委员会公告第 24 号）	2020 年 8 月	第 3 条第 1 款：本条例所称农村集体经济组织，是指在集体统一经营和家庭分散经营相结合的双层经营体制下，土地等生产资料归全体成员集体所有，具有公有制性质的农村社区性经济组织。
《浙江省村经济合作社组织条例》（浙江省第十三届人民代表大会常务委员会公告第 29 号）	2020 年 7 月	第 2 条：本条例所称的村经济合作社，是指在农村双层经营体制下，集体所有、合作经营、民主管理、服务社员的社区性农村集体经济组织。
《广西壮族自治区村民合作社管理暂行办法》	2017 年 6 月	第 2 条：本办法所称的村民合作社，是指行政村依法设立的全体村民参加的集体所有、合作经营、民主管理、服务社员的农村集体经济组织。

续表

名称	时间	内容
《湖北省农村集体经济组织管理办法》（湖北省人民政府令［第133号］）	1997年12月	第2条：本办法所称农村集体经济组织，是指在一定社区范围内，以土地等生产资料劳动群众集体所有为基础的乡（含镇，下同）经济联合总社、村经济联合社、组经济合作社等集体经济组织。
《广东省农村集体经济组织管理规定》（广东省人民政府令第109号）	2006年8月	第3条：本规定所称农村集体经济组织，是指原人民公社、生产大队、生产队建制经过改革、改造、改组形成的合作经济组织，包括经济联合总社、经济联合社、经济合作社和股份合作经济联合总社、股份合作经济联合社、股份合作经济社等。

从上述规定来看，在这6个规范性文件中，不仅各地集体经济组织的名称并不相同，而且强调的重点也不相同。土地集体所有出现过3次，与之相同的是双层经营体制也出现过3次，另外，黑龙江省强调公有制的性质，而广东省则强调与人民公社制度的延续性。

2. 集体经济组织概念的理论表述

理论界围绕集体经济组织已有多方面的研究，包括集体经济组织的主体地位、成员认定、成员权利、股权设置和股权管理、治理结构以及破产等多方面的内容，但是与之相对的是，对于集体经济组织进行明确概念界定的相对较少。比较一致的观点是，集体经济组织既不是典型的以人的信用为基础的人合组织，也不是典型的以资本作为基础的资合组织。因而，有学者认为，农村集体经济组织虽然是以实现经济目的而存续的组织，但是其成员是基于当地户籍关系而联结在一起，因而属于籍合组织，即因户籍、房籍、地籍等联结要素而集合成员所形成的社会组织。[1]

就集体经济组织的范围而言，也有广义和狭义两种观点：广义的观点将其范围界定得很宽，包括公社型集体经济组织、社区合作型集体经济组织和社区股份合作型集体经济组织，也有观点认为其范围应同时包含农村社区集体经济组织、供销合作社、集体信用合作社以及乡镇企业。[2]而狭义的观点

---

[1] 陈甦：《籍合组织的特性与法律规制的策略》，载《清华法学》2018年第3期，第26页。
[2] 李适时主编：《中华人民共和国民法总则释义》，法律出版社2017年版，第311页。

则认为农村集体经济组织是指由生产队、生产大队及其人民公社改制形成的社区型经济合作社、股份合作社等社区股份组织。农村集体经济组织应当是指在一定的农村社区内,其农业人口为实现一定的经济目的而设立的组织体。这种组织体不是根据地缘关系和行政管理方式来确定,而是根据其组织章程来确定,同时受国家法的约束。[1]集体经济组织是指以家庭承包经营为基础、以集体所有资产股份化或份额化后的股份或份额的持有人为成员、以股份合作为主要形式而设立的经济组织。[2]由于《民法典》对集体经济组织没有进行区分,从现有情况来看,通常所说的集体经济组织是指社区性股份合作组织,与人民公社制度具有延续关系。

  对于集体经济组织的含义,理论研究中并没有统一的表述,在很多情况下是直接使用集体经济组织这个概念而不作界定。即使作出界定,也主要采用两种方式:一是概括性的表述,"农村集体经济组织是依托农民集体并以集体成员为基础成立、代表农民集体行使集体财产权益的组织",[3]这种表达基本上是对现有法律规定的另外一种表述;二是试图对集体经济组织的含义进行说明,但是容易出现不周延的情况。"集体经济组织是在国家土地产权制度界定以及规划和用途管制等宏观调控的前提下,由具有户籍的农户自愿结成并通过合同行为将相应土地权利和集体资产权利转移给集体经济组织作为法人财产并以此成为股东、根本目的是最大化股东的社会保障能力、依法独立享有民事权利和承担民事义务的特别法人。农村集体经济组织是兼具部分私法特征的公法人,属于互益社团法人范畴。"[4]这一概念强调了集体经济组织对土地和户籍的依赖以及集体经济组织的职能,但是仍有一些不规范的内容,集体经济组织并不是完全由农户自愿结成,而是与人民公社制度相关,在改革过程中具有一定的行政色彩;土地权利和集体资产权利的转移也不是合同行为,而是法律规定的集体经济组织代表行使集体所有权的行为;集体经济

---

  [1] 杨一介:《我们需要什么样的农村集体经济组织?》,载《中国农村观察》2015年第5期,第13页。

  [2] 杨一介:《合作与融合:农村集体经济组织法律规制的逻辑》,载《西南民族大学学报(人文社会科学版)》2022年第4期,第74页。

  [3] 张保红:《论农村集体经济组织内部治理的模式选择》,载《中国社会科学院研究生院学报》2021年第3期,第49页。

  [4] 韩冬等:《农村集体经济组织法人治理的构建与完善》,载《中国土地科学》2017年第7期,第6页。

组织作为特别法人，不能简单套用公法人、私法人或互益社团法人的概念，而应侧重于对集体经济组织特别性的研究和阐述。

因而，就现阶段而言，可以确定的是集体经济组织与农民集体、户籍和集体所有权有关，是以集体资产为基础的一种股份合作组织，其目的在于成员权利的保护和集体财产的保值增值。另外，集体经济组织的界定也有赖于与农民集体等概念之间的关系，在这方面，可以在实践经验的基础上进一步研究和完善。

（三）集体经济组织与农民集体

1. 关于"农民集体"概念的争论

在集体经济组织的相关法律概念中，"农民集体"与集体经济组织的关系最为密切，两者都与集体所有权有关，关涉集体所有权的主体以及实现。但是，与集体经济组织相比，农民集体的法律地位在立法中处于更模糊状态，甚至"农民集体"这个概念本身也无法说明是一个明确的法律概念还是仅仅是一种理论构建。《民法典》第261条第1款规定"农民集体所有的不动产和动产，属于本集体成员集体所有。"但是，对于"农民集体"的含义或者特征，《民法典》没有任何指示性的规定，并且就"农民集体所有的不动产和动产"这一规定的字面含义来说，"农民集体"是不是一个完整的概念取决于断句情况。《民法通则》第74条"集体所有的土地依照法律属于村农民集体所有"以及《土地管理法》中"农村和城市郊区的土地，除由法律规定属于国家所有的以外，属于农民集体所有"的规定也属于同样的情况。但是，不能否认的是，在集体产权改革中，农民集体是一个重要的概念。

对于这一概念的含义，有观点认为，农民集体这一概念具有模糊性，边界不清、成员不明，且缺失组织机构，使农民集体所有成了"玄妙的法律概念"，并认为这导致了权利真空，农民未能在真正意义上享有土地所有权。[1] 也有观点认为，农民集体是一个政治经济学的概念，在法律上它既不是法人，也不是合伙，更不是非法人组织，不属于民法理论和民事立法上的权利主体。[2] 因而，在未来的发展中，从主体论的视角上，应进一步明确农民集体

---

[1] 吴昭军：《农村集体经济组织"代表集体行使所有权"的法权关系界定》，载《农业经济问题》2019年第7期，第38页。

[2] 陈小君等：《农村土地法律制度研究——田野调查解读》，中国政法大学出版社2004年版，第220页。

的主体地位，使之真正成为集体所有权的主体。[1]但也有人认为，农民集体具有工具性，农民这一概念本身具有模糊性，这是一种具有功能主义特点的制度设计，因而也就无需在主体方面对农民集体进行界定，而应进一步通过完善集体经济组织，由集体经济组织行使所有权，进一步实现集体资产的保值增值和集体经济组织成员合法权利和利益的保护。[2]也有观点认为，现有的法律设计反映了公有制基础上的特色法律设计，农民集体和集体所有权制度以生产资料的社会主义公有制为基础，赋予财产目的性，使集体财产为特定群体所共同分享、使用、收益。[3]

2. 农民集体与集体经济组织的关系

虽然农民集体无法在传统民法的框架下找到其位置，但是农民集体与集体所有权主体的紧密联系是确定的，且集体经济组织也与集体所有权相关。以此为出发点，则容易认为集体经济组织与农民集体具有一致性特点。历史上的农村集体经济组织与农民集体存在同一性。但是，随着人民公社的解体和家庭联产承包制的实行，集体经济组织"统"的职能出现弱化甚至缺失，在集体产权制度改革中建立的新型农村集体经济组织，其独立法律地位得以确认和巩固，农村集体经济组织与农民集体之间的模糊性得以消除。集体经济组织与农民集体也就并非同一主体。[4]从《物权法》到《民法典》相关法律的规定也说明集体经济组织与农民集体并不是同一主体。

关于农民集体与集体经济组织的关系，理论上存在以下五种学说：一是代表关系说，这一学说来源于《物权法》第60条，也就是《民法典》第262条的规定，即"对于集体所有的土地和森林、山岭、草原、荒地、滩涂等，依照下列规定行使所有权：（一）属于村农民集体所有的，由村集体经济组织

---

[1] 高海：《农民集体与农村集体经济组织关系之二元论》，载《法学研究》2022年第3期，第28页。该文认为，农民集体与农村集体经济组织的成员范围不重合、利益主体不一致，因而应基于集体资产的类型化，引入异质论和替代论并存的二元论。

[2] 宋志红：《集体经营性资产股份合作与农村集体经济组织之关系重构》，载《法学研究》2022年第3期，第42、53页。该文认为，农村集体经济组织是全部集体资产的所有者，农民集体与集体经济组织具有一致性。但是应区分集体经济组织与股份合作组织，集体经济组织设立股份合作组织，对集体经营性资产进行经营管理，但本身并不是股份合作组织。

[3] 陈晓敏：《论大陆法上的集体所有权——以欧洲近代私法学说为中心的考察》，载《法商研究》2014年第1期，第132页。

[4] 房绍坤、宋天骐：《论农村集体经济组织法人成员的特别性》，载《山东社会科学》2022年第2期，第53页。

或者村民委员会依法代表行使所有权；……"在对这一条文的解读中，有观点认为，从农民集体与集体经济组织的内在关系来看，集体经济组织是本集体的经济组织，本集体的不动产和动产属于本集体成员集体所有，本集体经济组织代表本集体成员集体行使所有权，二者是代表与被代表的关系，不能等同。正是由于本集体成员集体不是法人，才需要由集体经济组织法人来代表。[1]但是，这一理论与民法代表理论不合，代表制度一般存在于法人制度中，由法人机关代表法人，两者属于同一个主体，如果集体经济组织是代表农民集体行使所有权，则集体经济组织的独立主体地位就会受到限制。二是代理关系说。代理关系说与代表关系说不同，解决了集体经济组织的独立主体地位问题，集体经济组织以代理人的身份对集体资产进行经营管理，但是集体经济组织与农民集体之间既不存在明确的法定委托关系，也没有客观的合同委托关系，并且如果集体经济组织仅具有代理权，则其财产有限对应的责任承担能力就受到限制。三是投资关系说。如果说前两种观点具有一定的立法依据，这一学说则是一种理论上的解释。农民集体是包括集体土地在内的所有集体财产的所有人，可以其所有的财产向集体经济组织投资，只是以土地投资并不意味着以土地所有权投资，而是各类用益物权。农民集体以土地用益物权和其他集体资产投资，与集体经济组织形成股东与法人的关系，投资的财产则转化为集体经济组织法人财产。[2]这种做法的优势在于集体土地的保障属性决定了其所有权主体范围应局限于"农村一定社区范围的农民集体"，基于风险规避视角，"农民集体"作为集体土地所有权主体不能直接进行入市场交易，由集体经济组织代表从事市场行为，即使经营失败也不会涉及集体所有权本身，农民失去的不过是一定期限的经营效益，因而这一规定具有风险规避的特征。[3]从表面上看，按照这一理论，农民集体成了集体经济组织的股东，既尊重了农民集体的所有人的地位，也因为以用益物权作为出资而不会因集体经济组织的法律责任对集体财产所有权造成损害。但是，

---

[1] 韩松：《论农民集体所有权的成员集体所有与集体经济组织行使》，载《法商研究》2021年第5期，第146页。

[2] 韩冬等：《农村集体经济组织法人治理的构建与完善》，载《中国土地科学》2017年第7期，第6页。

[3] 于飞：《"农民集体"与"集体经济组织"：谁为集体所有权人？——风险界定视角下两者关系的再辨析》，载《财经法学》2016年第1期，第50页。

这一观点同样也具有理论上的障碍，如果农民集体是股东，则如何行使股东权、如何处理集体经济组织成员的法律地位。四是信托关系。即农民集体是委托人，农村集体经济组织是受托人，农民集体成员为受益人。农民集体将集体资产委托给农村集体经济组织经营管理，农村集体经济组织将集体资产及其产生的利益分配给集体成员。[1] 这一理论的优势是尊重集体经济组织与农民集体的独立主体地位，但是同样存在农民集体权利的行使问题，即如何行使委托人的权利。除此之外，按照这一理论要求，集体经济组织要将所得的收益分配给集体成员，这就必须确定农民集体成员与集体经济组织成员的关系，如果两者具有一致性，则如何区分农民集体与集体经济组织，如果两者具有不一致性，则如何对集体财产的经营所得进行分配，如果集体经济组织成员也有收益权，则其收益权的基础是什么。五是集体经济组织是农民集体同一性的经验表达，是一体两面的关系，二者实质上指向同一事物，即集体所有权主体。从静态来看，集体土地所有权主体对外表现为农村集体经济组织，对内则表现为农民集体；从动态来看，集体土地所有权主体的概念内涵体现出了制度存在的时代性，在特定的时空里分别表现为农民集体和农村集体经济组织。[2] 因而，有观点认为，集体经济组织法人是农民集体作为民事主体在法律上的表现形式。[3]

上述观点以相关的法律理论为基础，各自的侧重点并不相同，但是社会主义公有制的性质决定了集体经济组织与农民集体的关系不仅仅是个法律问题，同时也与政治制度和所有制有关。农民集体作为集体所有权的权利主体，属于抽象的法律构造物，须借助具体的组织机构来行使其所有权，[4] 这是法律规定集体经济组织行使集体所有权的原因。但是，集体经济组织也不是行使集体所有权的唯一主体，因为按照法律规定，也可以不设立集体经济组织，由村民委员会代表行使集体所有权。所以，一定范围内的农民个体集合形成集体，在该地域中农民集体是唯一且必然存在的。集体经济组织是否设立则

---

[1] 吴昭军：《农村集体经济组织"代表集体行使所有权"的法权关系界定》，载《农业经济问题》2019年第7期，第41页。

[2] 张兰兰：《农村集体经济组织形式的立法选择——从〈民法总则〉第99条展开》，载《中国农村观察》2019年第3期，第14页。

[3] 李适时主编：《中华人民共和国民法总则释义》，法律出版社2017年版，第311页。

[4] 刘家安：《物权法论》（第2版），中国政法大学出版社2015年版，第87页。

在不同地区有不同的表现。[1]农民集体拥有所有权，与作为集体所有权行使主体的集体经济组织并不相同；农民集体的存在具有普遍性，而集体经济组织的存在具有或然性。"集体"在公有制的意义上具有政治属性，属于社会主义公有制的一部分，但是集体经济组织则是集体所有权实现的主体形式，是一个法律概念，具有相应的法律属性，集体产权制度改革的目标就是构建集体经济组织的主体地位，从而有利于集体所有权的实现。

（四）集体经济组织与集体成员

从应当层面来说，与集体经济组织相对应的是集体经济组织成员，与之相应，集体成员相对应的是成员集体或农民集体，集体成员与集体经济组织不应相关。但是，在相关的法律规定和理论研究中，集体成员与集体经济组织成员并没有区分。《民法典》第264规定"农村集体经济组织或者村民委员会、村民小组应当依照法律、行政法规以及章程、村规民约向本集体成员公布集体财产的状况。集体成员有权查阅、复制相关资料"，即集体经济组织应向集体成员履行义务，集体成员可以向集体经济组织主张权利；第265条第2款规定"农村集体经济组织、村民委员会或者其负责人作出的决定侵害集体成员合法权益的，受侵害的集体成员可以请求人民法院予以撤销"，即在涉及成员权利时，只规定集体成员而无集体经济组织成员，集体经济组织可能会侵害集体成员的合法权益，是集体成员而不是集体经济组织成员可以向集体经济组织主张权利。这两条规定很容易被解释为集体经济组织成员与集体成员具有同一性，或者说"农民集体"或"成员集体"不具有真正的主体性，否则按照法律主体的相关理论，很难解释集体经济组织要直接向集体成员履行义务。[2]同样，在集体经济组织成员资格的相关研究中，集体成员与集体经济组织成员之间也经常发生联系，集体经济组织成员资格认定很容易转为集体成员。[3]与《民法典》相反，《土

---

[1] 高圣平：《〈民法典〉与农村土地权利体系：从归属到利用》，载《北京大学学报（哲学社会科学版）》2020年第6期，第145页。

[2] 但是，不能因为《民法典》的规定就简单认定集体成员与集体经济组织成员具有同一性，同样也不能简单认为集体经济组织成员与集体经济组织股东具有同一性，这个问题涉及集体经济组织成员资格的认定问题，也涉及集体成员、集体经济组织成员和集体经济组织股东的权利和义务问题。

[3] 江晓华：《农村集体经济组织成员资格的司法认定——基于372份裁判文书的整理与研究》，载《中国农村观察》2017年第6期，第14~27页；刘竞元：《农村集体经济组织成员资格界定的私法规范路径》，载《华东政法大学学报》2019年第6期，第151~162页；马翠萍、郜亮亮：《农村集体经济经组织成员资格认定的理论与实践——以全国首批29个农村集体资产股份权能改革试点为例》，载《中国

地管理法》《农村土地承包法》用集体经济组织成员代替了《物权法》和《民法典》中关于集体成员权利的规定。

从现有的情况来看，集体经济组织的存在基础在于集体成员，集体成员通过决议行为设立集体经济组织，代表集体行使所有权，其使命也就在于集体资产的保值增值以及集体成员财产权利的实现。集体经济组织与集体成员之间的关系被认为具有私法性质。集体经济组织行使的土地经营管理权是行使集体所有权的表现形式，是多数意志的结果。集体经济组织对内约束的自治权源于成员共同权利让渡和多数意志决议。[1]集体经济组织行使本集体的所有权，按照公有制的原则依法实现本集体成员的利益，不再采取组织集体成员在本集体经济组织内从事集体劳动和按劳分配的方式，而是以集体成员权为基础进行各项集体利益分配。集体成员与集体经济组织的联系只能通过集体所有权主体的成员集体与集体经济组织发生财产关系才能实现，[2]集体经济组织改革的目标就是集体成员合法权利的实现。农民集体这一概念所具有的政治性通过集体经济组织来加以法律化，集体成员权利也就得到了法律的保障。这种对集体经济组织与集体成员关系的解释具有合理性的一面，但是不可否认的是，在这个逻辑关系中，忽视了集体经济组织成员的法律地位问题，也忽视了在实行股权静态管理的情况下，并不是所有的集体成员都可以通过集体经济组织实现权利。

（五）集体经济组织与村民委员会

《村民委员会组织法》第 8 条第 3 款规定"村民委员会应当尊重并支持集体经济组织依法独立进行经济活动的自主权"，也就是说，村民委员会与集体经济组织是不同主体。但是，不论是从法律规定还是从地域范围、成员组成等方面，两者之间都有一定的重合性，在职能方面也是如此。1984 年中央一号文指出："为了完善统一经营与分散经营相结合的体制，一般应设置以土地

（接上页）农村观察》2019 年第 3 期，第 25~38 页等。在这些相关的研究中，题目是集体经济组织成员资格，但是就内容来说，所涉及的基本上集体成员的资格，在行文中将集体经济组织成员与集体成员没有区分，直接将集体成员的资格归入集体经济组织成员的资格。

[1] 江晓华：《农村集体经济组织成员资格的司法认定——基于 372 份裁判文书的整理与研究》，载《中国农村观察》2017 年第 6 期，第 19 页。

[2] 韩松：《论农民集体所有权的成员集体所有与集体经济组织行使》，载《法商研究》2021 年第 5 期，第 154 页。

公有为基础的地区性合作组织。……可以同村民委员会分立，也可以一套班子两块牌子。以村为范围的，原生产队的资产不得平调，债权、债务需妥善处理。"之后，集体经济组织和村民委员会的关系基本是按这一规定处理。

从性质上说，村民委员会是村民自我管理、自我教育、自我服务的基层群众性自治组织，具有明显的公法色彩，而集体经济组织则是侧重于集体财产的经营管理，也并不是典型的私法主体，作为特别法人的一种，集体经济组织可能承担一定的公共职能，而村民委员会也会在一定情况下承担集体资产的经营管理工作，两者之间具有明显的联系。《民法典》第101条第2款规定："未设立村集体经济组织的，村民委员会可以依法代行村集体经济组织的职能。"

从司法实践来看，集体经济组织与村民委员会之间的职能重合容易使两者混同，所产生的一个明显问题就是集体经济组织成员资格的认定。在相当部分的司法判决中，法院以村民自治的名义对集体经济组织成员的资格不予认定。例如，在"暴某净诉北京市昌平区城南街道办事处旧县村民委员会侵害集体经济组织成员权益纠纷案"中，法院认为，本案的实质是原告要求确认其享有"集体经济组织成员资格的基础上给予其平等的村民待遇"，[1]但该问题涉及村民自治问题，所以不属于法院的受案范围，故驳回起诉。[2]本案的被告是村民委员会，案由是侵害集体经济组织成员权益，判决的依据是《村民委员会组织法》，不仅没有区分村民委员会与集体经济组织，而且直接将集体经济组织成员资格的认定纳入了村民自治的范围。并且，虽然《民法典》规定集体经济组织为特别法人，但是并未对集体经济组织的内部治理作出实质性规定，在实践中，由于村民委员会和集体经济组织具有明显的历史渊源以及地域范围的一致性，集体经济组织的经营管理又有民主性的特点，因而很容易依附于村民组织法的相关规定，从而缺少必要的独立性。

对于集体经济组织与村民委员会是否必须分离，有观点认为，从现有法律的相关规定来看，不论是《民法典》还是《村民委员会组织法》都并未坚持两者必须分立，从我国的现实情况来看，很多地方有村民委员会和集体经

---

[1] 需要注意的是，在司法实践中，作为一个概念，集体经济组织成员除与集体成员相关外，还经常与村民这一概念混用，将村民身份等同于集体成员或集体经济组织成员身份。

[2] 参见北京市第一中级人民法院［2015］一中民终字第09128号民事裁定书。

济组织也是政经合一,两块牌子、一套班子,这种现状也说明了两者合一的合理性和现实需求,如果简单认为政经不分的结构阻碍集体经济组织经济职能的发挥,则会太过单向度和理论化。[1]除此之外,既然在集体经济组织改革过程中遵循"一村一策",那么在处理集体经济组织与村民委员会的关系方面,也可以"一村一情",根据各地经济发展以及资产等不同情况,采用不同的方式。特别是对于没有集体经营性资产的村,在进行集体经济组织改革时是否必须设立集体经济组织,是否实行集体经济组织与村民委员会的分离,就更应该慎重。总之,作为行政组织的村民委员会与作为经济组织的集体经济组织之间具有辩证关系:一方面,丧失经济基础的农村集体行政组织不可能保持其自主性;另一方面,丧失政治基础的农村集体经济组织不可能保持其公共性。因而,如何在自主的行政组织与公共性的经济组织之间实现平衡是农村集体经济组织改革的主要着力点。[2]

集体经济组织改革的特殊性在于在特别法人制度构建的过程中,集体经济组织改革的制度供给在一定程度上无法满足制度需求的要求,从而使改革的内容具有一定的区域性。这种以实践为导向的改革有其优势的一面,侧重于具体问题的解决。但是,也使其面临一些理论障碍,其中既涉及集体经济组织与相关主体的关系,也涉及相关概念的界定与使用,这种理论上的障碍也会反过来影响改革实践,如何实现两者在互动的基础上的相互配合和发展是改革过程中面对的主要问题之一。

---

[1] 柴瑞娟:《农村集体经济组织股份制或股份合作制改革之审视》,载《甘肃社会科学》2021年第4期,第188页。

[2] 孙敏:《三个走向:农村集体经济组织的嬗变与分化——以深圳、苏州、宁海为样本的类型分析》,载《农业经济问题》2018年第2期,第28页。

第二章
集体经济组织主体地位的特别性

作为法人的一种，集体经济组织不能偏离法人的一般理论，是由成员、一定财产构成的法人实体，是具有治理机构，能够形成自己意志并享有法律上的独立人格的一种组织体。[1]但是，作为特别法人，集体经济组织有不同于普通法人的特点，其内容也离不开法律的构建。但是，当《宪法》第一次提出集体经济组织这个概念时，既没有相关的法律作为补充，也没有相关的理论作为支撑。再加上集体经济组织肩负的多种职能，如果简单挪用传统的民法理论，就会发现很多不相容之处。同时，集体经济组织不仅是一个法律概念，也负有一定的政治职能和社会职能，围绕集体经济组织的法律设计，具有明显的中国特色。现有关于集体经济组织的理论研究，虽然不能完全离开传统的民法理论，但是必须在此基础上进行创新，这也就会不可避免地引发理论上的争议。在主体地位方面，集体经济组织的特别性包括设立的非契约性、财产的特殊性、成员的封闭性以及职能的特定性等。围绕集体经济组织的上述问题，理论界的认识并不一致。

一、集体经济组织的设立方式

从其产生来说，集体经济组织并不是完全按照传统法人理论组建的，从某种意义上说，也不是自发形成的，而是为实现一定的目的通过立法构建而成。农村集体经济组织是从原来的人民公社、生产大队、生产队的建制经过改革、改造、改组之后演变而来的，是以生产资料集体所有制为基础形成的

---

[1] 吴昭军：《农村集体经济组织终止问题研究》，载《暨南学报（哲学社会科学版）》2021年第10期，第36页。

组织。[1]从设立之初，其就肩负着多种目的，包括集体资产的保值增值、集体经济组织成员个人财产利益的实现、共同富裕以及乡村振兴战略的实现，不同时期的农村集体经济组织对于当时的农村经济社会发展乃至全国的安定与发展均具有至关重要的载体功能。[2]但是，不论集体经济组织改革如何进行，集体经济组织与集体资产有关，而集体资产的公有制性质不会改变。从这个角度来说，集体经济组织并不是通过契约，以合意为基础设立，而是必须具备另外的条件。福建省《南安市农村集体资产股份抵押担保管理办法（试行）》规定，集体经济组织，是指经过合法程序产生、有关部门认定，代表村级全体成员行使集体财产所有权、经营权、管理权、分配权的集体经济股份合作社。从这条规定来看，集体经济组织不仅需要经过合法程序产生，而且要由有关部门认定，强调集体经济组织成立的非契约性的一面。

集体经济组织的设立不同于作为营利法人的公司，在理论和实践中都没有争议，但是具体到集体经济组织仅仅是由改制延续而来，还是可以通过投资新设成立，现有的规范性文件并没有明确规定，在理论上并不明确，实践中的做法也并不一致。

（一）集体经济组织设立的理论争议

1. 集体经济组织只能通过改革设立

主张集体经济组织只能通过改革设立，强调的是集体经济组织的历史延续性。集体经济组织作为集体所有权行使主体，是有中国特色的特别法人类型，就其发展来说，经历了一个从政策推动到法律确认的过程。按照这一观点，虽然1982年《宪法》提出集体经济组织这一概念时，我国处于计划经济时期，与那时相比，我国集体经济的经营体制发生了巨大变化，但集体经济组织的组织体系并没有发生太大的变化，因而"农民集体"投资设立"集体经济组织"与通常所说的集体经济组织不是同一个问题，"投资设立新的主体，准确地说，投资设立的是专业化的法人，如农民专业合作社、公司等"，不属于集体经济组织。集体经济组织是从互助组发展起来的农业生产合作社，

---

[1] 林苇：《论农村集体经济组织成员资格的界定——以征地款分配纠纷为视角》，载《湖北行政学院学报》2008年第3期，第15页。

[2] 邓文飞：《乡村振兴背景下壮大农村集体经济组织的思考》，载《学理论》2019年第4期，第86页。

历经初级社、高级社再到人民公社。[1]2006 年发布的《广东省农村集体经济组织管理规定》对集体经济组织的界定就强调集体经济组织的延续性，是"原人民公社、生产大队、生产队建制经过改革、改造、改组形成的合作经济组织"。[2]这种观点强调的是集体经济组织的延续性，不能泛化集体经济组织，对集体经济组织的含义持狭义的立场，主张严格区分农村集体经济组织本身和具有集体经济成分的市场主体。农村集体经济组织作为承载土地所有权的公有制属性主体，有严格的规定性，与农民集体有唯一的对应性，而具有集体经济成分的市场主体则可以形态各异，其组织载体并不是集体经济组织，[3]只是普通的民事主体，或者是《民法典》第 100 条规定的合作经济组织，与集体经济组织不同。从划分标准来说，只要参加合作的成员范围不与村（组）集体完全重合，所有制形式不实现从农民个人所有向集体所有的转变，合作经济组织便不能成为严格意义上的集体经济。[4]

2. 集体经济组织可以由投资设立

强调集体经济组织由改革变更而来的观点区分了两种具有集体性质的组织，即集体经济组织以及集体所有权主体投资的其他组织。与之相反，主张集体经济组织可以由投资设立则是对集体经济组织持一种广义的观点，强调集体经济组织的多样性。基于集体土地三级所有的基础不同，现存的集体经济组织可被概括为三种形式：发达地区经过股权改革的企业公司或者股份合作企业、经济欠发达地区尚未进行集体资产股权改革的社区土地集体所有组织、乡镇政府独立出资形成的不能量化到农民个体的乡镇企业。第一类主体可以适用或者准用《公司法》调整，第二类和第三类则不适用公司规则，而只有社区型集体经济组织适用集体经济组织法。[5]这一观点的主要问题是，

---

〔1〕 李永军：《集体经济组织法人的历史变迁与法律结构》，载《比较法研究》2017 年第 4 期，第 36 页。

〔2〕《广东省农村集体经济组织管理规定》第 3 条规定："本规定所称农村集体经济组织，是指原人民公社、生产大队、生产队建制经过改革、改造、改组形成的合作经济组织，包括经济联合总社、经济联合社、经济合作社和股份合作经济联合总社、股份合作经济联合社、股份合作经济社等。"

〔3〕 宋志红：《论农民集体与农村集体经济组织的关系》，载《中国法学》2021 年第 3 期，第 183 页。

〔4〕 高鸣、芦千文：《中国农村集体经济：70 年发展历程与启示》，载《中国农村经济》2019 年第 10 期，第 34 页。需要注意的是，这里使用的是农村集体经济，但是从文中内容来看，其指向的亦是集体经济组织。

〔5〕 郭洁：《论农村集体经济组织的营利法人地位及立法路径》，载《当代法学》2019 年第 5 期，第 87 页。

如果社区型集体经济组织适用集体经济组织法，而其又是尚未进行集体资产股权改革的社区土地所有组织，则背离了集体经济组织法的立法目的，也不符合集体产权制度改革的要求。但是，按照这种对集体经济组织的广义理解，不可否认的是，集体经济组织可以通过契约，以投资的方式设立。

（二）集体经济组织设立的实践做法

虽然开始时间和具体做法各地并不完全相同，但是特别法人意义上的集体经济组织的设立通常会经过"清产核资、界定身份、折股量化"三步骤。就广州来说，2002年《中共广州市委办公厅、广州市人民政府办公厅关于"城中村"改制工作的若干意见》（穗办[2002]17号），虽然在这之前，部分区已经基本完成了股权分配，但是该文的发布在全市范围内开始撤村建居，建立社区居委会，保留经济联合社和经济合作社，原行政村的社会管理职能移交居委会，经济联合社、经济合作社则承接了农村集体经济经营管理职能。具体做法是在确定成员资格的基础上，将集体资产量化为股份，按照一定的标准进行配置，将村民转变为股民。直至2021年底，基本完成经营性资产股份合作制改革。与之相对的是，有的地方在2020年才成立第一个集体经济组织。[1]由于改革的时间不同，各地的情况不同，虽然三个步骤大体相同，但各地的改革方式具有不同的特点。

贵州省塘约村在集体产权改革过程中，用集体林权进行抵押贷款，作为注册资金，成立了金土地合作社，将全村土地按土地流转价格全部入股合作社，全村村民成为合作社的股东，除获得地租外，还按照合作社、村集体和村民3∶3∶4的分红比例进行分红，合作社不仅每年向贫困户赠送15股股份，而且承担了全村村民的合作医疗费用。村两委班子成员和合作社负责人共同管理合作社，合作社的全部工作人员都是本村的村民。作为村集体经济的有效载体，合作社下属三家有法人资质的公司，有独立的管理权限，其收入全部归金土地合作社。[2]金土地合作社的设立从表面来看是由村民投资而成，即先将集体所有的财产量化到集体成员（村民），然后由合作社以流转价取得上述财产，集体成员成为合作社的股东，与公司的设立有一定的相似性。

---

[1]《湖口县首个农村集体经济组织在大垅乡挂牌成立》，载《九江日报》2020年6月30日。

[2] 马良灿：《新型农村集体经济发展与乡村社会再组织——以贵州省塘约村为例》，载《中州学刊》2021年第2期，第69页。

但是，集体财产虽然入股合作社，全体村民都是合作社的股东，合作社仍需向集体成员支付租金，合作社的收益也并不完全由村民所得，而是有60%的比例归合作社以及村集体（村民委员会）。从本质上来说，由于村民并没有实际出资，这种做法产生的集体经济组织仍有历史延续性的特点。

而上海市莘庄工业区在改革中则采用了其他方式。在社区股份合作社的设立过程中，不仅将集体资产评估量化并折化为股份，同时允许集体成员以每股5000元入股1股~4股，入股率为71.7%，总股本为1.1亿元。[1]这种设立方式与约塘村有一定的相似性，但是由于全部集体资产折化为股份，也就不需要向集体成员支付租金。同时，由于不存在社区自治组织，股东可以取得全部分红；由于集体资产全部折股量化为股份，也就不存在以土地流转价转让的问题。

从实际情况来看，大部分集体经济组织的设立处于两者之间，也就是直接由集体财产折股量化为股份，设立集体经济组织，集体成员即使出资，也仅具有象征性质，并不代表股权的实际价值。因而，在集体产权制度改革过程中，设立股份合作性质的集体经济组织在形式上是改革的必然结果，并以股权配置为主要方式，但是股权的取得主要通过两种方式：一是将量化的股权按一定标准确权到人或确权到户，二是通过出资取得股权。但是需要注意的是，这种出资在很多情况下仅具有象征意义，并不代表集体资产股权的实际价值。

二、集体经济组织的不同组织形式

（一）集体经济组织组织形式的现状

从时间上说，1982年《宪法》最早提出了农村集体经济组织这一概念，但是并没有其他相关内容的规定。《中共中央关于一九八四年农村工作的通知》（中发〔1984〕1号）提出，"政社分设以后，农村经济组织应根据生产发展的需要，在群众自愿的基础上设置，形式与规模可以多种多样，不要求自上而下强制推行某一种模式"，"这种组织，可以叫农业合作社、经济联合社或群众选定的其他名称；可以以村（大队或联队）为范围设置，也可以

---

〔1〕 方志权主编：《农村集体经济组织产权制度改革案例精选》，上海财经大学出版社2012年版，第3~5页。

生产队为单位设置；可以同村民委员会分立，也可以一套班子两块牌子"。这些规定奠定了集体经济组织发展的基础，实践中集体经济组织的名称多为经济联合社、股份合作社、经济合作社、股份经济合作社等。

《民法总则》关于特别法人的规定以法律的形式确立了集体经济组织的法人地位。从性质来说，作为特别法人的集体经济组织肯定不是营利法人，也就是并不仅仅以营利为目的，而是兼具经济职能和社会管理职能。但是，作为法人的一种，集体经济组织与公司有相同的一面，即同公司与股东的关系一样，集体经济组织也有两个不同的利益分配主体：一个是代表整体利益的组织，另一个是代表个体利益的集体成员。与之相应，集体经济组织就会向两个方向发展：一是侧重于集体利益或公共利益，二是倾向于个体利益。相应的组织形式也会有所不同。《民法典》虽然明确规定集体经济组织可以是特别法人，但没有规定必须是特别法人。实践中，集体经济组织的组织形式以股份合作制为主，在广东、湖北、浙江和上海等地，集体经济组织的名称包括"经济联合总社""经济联合社""经济合作社"或"股份合作经济联合总社""股份合作经济联合社""股份经济合作社"等。[1]

1. 作为公司法人的集体经济组织

为解决集体经济组织的法人资格问题，有限责任公司成为最早出现的集体经济组织的组织形式。[2]2011年《深圳经济特区股份合作公司条例》第2条规定："本条例所称股份合作公司是指依照本条例设立的，注册资本由社区集体所有财产折成等额股份并可募集部分股份构成的，股东按照章程规定享受权利和承担义务，公司以其全部资产对公司债务承担责任的企业法人。但集体所有的土地不能直接用以抵偿债务。"第3条第1款规定："本条例适用于福田区、罗湖区、南山区、盐田区内由社区集体经济组织改组设立的股份合作公司。"也就是直接将集体经济组织确定为企业法人，并用地方立法的形式创造了股份合作公司这一公司形式。《长沙市人民政府办公室关于城中村集体经济组织产权制度改革的指导意见》（长政办发［2010］30号）规定，集体经济组织可以根据自身资产状况及运营条件选择登记为有限责任公司。20

---

[1] 参见《广东省农村集体经济组织管理规定》第3条、《湖北省农村集体经济组织管理办法》第2条、《浙江省农村集体资产管理条例》第2条、《上海市农村集体资产监督管理条例》第12条等。

[2] 方志权：《农村集体经济组织特殊法人：理论研究和实践探索》，载《科学发展》2018年第1期，第94页。

世纪90年代和21世纪初，上海集体经济组织改革也以有限责任公司为主，并能够按照《公司法》登记为法人，独立自主地参加市场竞争。为满足有限责任股东50人以下的要求，只能采用隐名股东的做法，大部分集体经济组织成员的权利难以得到法律的认可和保护。[1]

2. 社区股份合作组织

除采用公司形式外，社区股份合作组织也是集体经济组织采用的主要形式，并以此取得了不同程度的市场主体地位，包括成为合作社法人。简单来说就是，不论是采取社区合作社还是社区股份合作社的形式，都可以通过取得组织机构代码证的方式从事经营活动，并承担相应的法律责任。广州市集体经济组织从20世纪80年代起采用的就是经济联合社和经济社的形式，并由基层政府颁发集体经济组织证明书和组织机构代码证。《上海市农村集体经济组织产权制度改革工作方案》（沪农委〔2014〕397号）规定："在推进集体经济组织产权改革过程中，……将集体资产量化到集体经济组织全体成员。成立农村社区合作经济组织，到本区县集体资产管理主管部门领取《证明书》，凭《证明书》向区县质量技监部门申领《机构代码证书》。成立农村社区股份合作社的，应按照有关规定在工商管理部门进行合作社法人登记。"北京于20世纪90年代以行政村为单位成立了经济合作社，以乡为单位成立了乡合作经济联合社，经登记取得法人资格，全市乡、村农村集体土地所有权证分别发放给相应的乡联社和村合作社。[2]《湖北省农村集体经济组织管理办法》第12条规定："设立农村集体经济组织，应当经乡人民政府审核同意后向县级（含县级市，下同）农村经济经营管理部门申请登记，领取《湖北省农村集体经济组织登记证》，取得法人资格。……"1992年《浙江省村经济合作社组织条例》第4条规定："设立村经济合作社，应当经乡（镇）人民政府审核同意后，向工商行政管理部门登记注册，取得法人资格，社长为法定代表人。……"

（二）集体经济组织是否必须是特别法人

2018年《农业农村部、中国人民银行、国家市场监督管理总局关于开展

---

[1] 方志权：《农村集体产权制度改革：实践探索与法律研究》，上海人民出版社2015年版，第90页。

[2] 北京市农村工作委员会：《北京市推进农村集体经济制度改革的主要做法》，载国务院发展研究中心农村经济研究部《农村集体产权制度改革研究座谈会会议材料》，2014年12月。

农村集体经济组织登记赋码工作的通知》（农经发〔2018〕4号）规定，"农村集体经济组织登记赋码的对象主要是农村集体产权制度改革后，将农村集体资产以股份或份额的形式量化到本集体成员而成立的新型农村集体经济组织，包括组、村、乡（镇）三级"，并没有规定集体经济组织必须是特别法人。集体经济组织的组织形式是否必须是特别法人包括两方面内容：一是集体经济组织是否必须采用法人这一组织形式；二是如果集体经济组织采用法人形式，是否必须是特别法人。《民法典》第96条规定："本节规定的机关法人、农村集体经济组织法人、城镇农村的合作经济组织法人、基层群众性自治组织法人为特别法人。"第99条规定："农村集体经济组织依法取得法人资格。法律、行政法规对农村集体经济组织有规定的，依照其规定。"现有的对集体经济组织的组织形式进行的研究，都离不开对这两条的解释。

从立法规定的内容来看，有一定的开放性。《民法典》第96条规定了农村集体经济组织是特别法人，没有规定必须是特别法人；第99条规定集体经济组织依法取得法人资格，不仅有除外条款，而且对于"依法取得法人资格"的解释，通常认为符合条件就可以取得法人资格，如果不符合条件，即不能取得法人资格，也就是集体经济组织也可以采用非法人的组织形式。在实践中，我国农村集体经济组织在组织名称、组织结构、规模标准、责任关系等各方面呈现出复杂样态，是否采取法人形式也显现按照农村集体经济组织发展需求及成员意向进行选择的态势。[1]因而，《民法典》关于集体经济组织特别法人的规定不具有强制性，集体经济组织不仅可以不采用法人形式，而且即使采取法人形式，是否必须是特别法人，理论界的看法也不完全一致。对此，有观点认为，在广东、浙江等经济较为发达地区的集体经济组织，充分运用集体资产以创造更大价值为其首要目标，这种形态的集体经济组织不需要被界定为特别法人。[2]

（三）作为特别法人的集体经济组织形式

《民法典》虽然明确规定集体经济组织可以是特别法人，但对其组织形式并没有规定，实践中集体经济组织的组织形式也多以股份合作制为主。集体

---

[1] 房绍坤、袁晓燕：《农村集体经济组织特别法人制度建构》，载《上海政法学院学报（法治论丛）》2021年第3期，第2页。

[2] 李永军、张艺璐：《论特别法人制度的立法价值及特殊功能——以农村集体经济组织法人为视角》，载《新疆大学学报（哲学社会科学版）》2021年第1期，第38页。

资产通过清产核资，划分成等额的股份，集体经济组织成员以股份的形式享有权利，[1]实行静态化的管理模式，不随成员的变动而变动。同时，在经营决策权方面，实行民主管理方式，一人一票而不是一股一票，并没有实行股份制所要求的资本多数决原则。一方面，股份合作制既吸收了合作制的优点，由农民成员在自愿基础上组合而成，实行民主化机制，可保证全体成员对合作社平等的管理和监督权利，又兼顾股份制的优点，通过特有的制度设计，使企业的经营趋于利益最大化，使企业组织与其成员之间具有明确的权利义务关系，做到农民成员与集体经济组织之间利益的统一。[2]另一方面，股份合作制可以实现股份制和合作制的融合，具有广泛的适应性和兼容性，其优势在于"确权不分产"，在保留集体资产完整性的基础上，向农民确立了集体资产股权。[3]

但是，股份合作制与集体经济组织之间不能画等号。1993年《中共中央、国务院关于当前农业和农村经济发展的若干政策措施》（中发［1993］11号）提出："乡村集体经济组织要积极做好为农户提供生产、经营、技术等方面的统一服务，运用股份合作制等形式，兴办各类经济实体，在为农民提供服务的过程中，增强集体经济的实力。"在集体经济组织与股份合作制的关系方面，股份合作制只是集体经济组织经营管理集体资产的一种形式，集体经济组织也可以不采用股份合作的形式，比如可以采取公司的形式。同时，也不是只有集体经济组织实行股份合作制，乡镇企业等也可以采用股份合作制的形式。

三、集体经济组织设立的必要条件

传统大陆法系民法将法人分为社团法人和财团法人，社团法人的成立基础在于人，由共同行为设立，其成员拥有成员权；财务团法人的成立基础在于财产，其设立行为属于单方法律行为，通常为公益目的而设立。按照这一

---

[1] 理论上，集体经济组织成员对集体资产股份所享有的是集体资产的所有权还是集体资产股份分红的权利尚存争议，但将集体资产划为等额的股份，是集体产权制度改革的主要内容。

[2] 刘宇晗：《农地"三权分置"视域下农村集体经济组织法人制度的完善》，载《山东大学学报（哲学社会科学版）》2019年第4期，第170页。

[3] 赵家如：《集体资产股权的形成、内涵及产权建设——以北京市农村社区股份合作制改革为例》，载《农业经济问题》2014年第4期，第16页。

标准，作为典型私法人的公司属于社团法人。从集体经济组织的职能定位来说，如果说集体经济组织的存在依托于农民集体，其职能在于代表农民集体行使集体所有权，其存在就应有两方面的条件：集体财产和成员个人，两者缺一不可。如果没有前者，就不需要集体经济组织的存在；如果没有后者，就无法形成决议行为进行决策和经营管理。从这个角度来说，集体经济组织的存在依赖于土地和集体成员个人两个要素。但是，反过来说，仅仅有成员和财产这两个因素，并不一定能成立集体经济组织，财产和成员只是集体经济组织成立的必要条件，是否成立集体经济组织，还受其他条件的限制。与公司法人不同，农村集体经济组织成员身份的确认是对特定个体与集体之间既存关系的明确认可，而非组建新组织时对成员的召集、选择或吸纳，也不是由某一主体直接按照自己的主观意志作出决定。[1]集体经济组织既不是典型的社团法人，也不是典型的财团法人。

（一）集体成员是集体经济组织设立的条件之一

农村集体经济组织是依托农民集体并以集体成员为基础成立、代表农民集体行使集体财产权益的经济组织。所谓行使集体财产权益，即为经营、管理集体财产。[2]集体经济组织以集体成员为存在基础，如果没有成员，集体经济组织也将无法存在。

广州的一个集体经济组织，由于处于城市核心区域，从20世纪80年代开始就被征地，而征地伴随着两方面的变化：一是户籍的改变，由农村户口转为城市户口，部分成员由此失去了集体成员的身份；二是财产的转变，国家在征地的同时，通常会为集体保留一定数量的留用地，这就会出现成员不断减少甚至可能消失，但是仍然保留集体所有的土地等财产的情况。如果成员不断减少直至消失，集体财产就可能失去其依附的主体。为避免出现这一情况，当时在办理农转非手续时，要求每户留下一人保留农业户口，作为户主，并直接影响了这个集体经济组织股权量化的方式。[3]这是因为集体所有

---

[1] 许明月、孙凌云：《农村集体经济组织成员确定的立法路径与制度安排》，载《重庆大学学报（社会科学版）》2022年第1期，第248页。

[2] 张保红：《论农村集体经济组织内部治理的模式选择》，载《中国社会科学院研究生院学报》2021年第3期，第49页。

[3] 这个集体经济组织的股权量化方式不同于其他集体经济组织，是量化到户，每户不论人口多少，平均分配。

权的特殊性在于主体的特殊性,并不是所有的民事主体都可以成为集体所有权的主体,也不是所有的自然人都可以成为集体成员,进而成为集体经济组织成员。具有特定身份的集体成员是集体经济组织设立的条件之一。

(二) 集体财产是集体经济组织设立的条件之二

集体经济组织的职能是代表农民集体行使集体所有权。按照《民法典》的立法体系,作为法人的一种,集体经济组织应具备法人的一般条件,即要有自己的财产。由于集体所有权的主体是农民集体,集体经济组织只是代表其行使所有权,因而不能简单将集体财产作为集体经济组织的财产。集体所有权是一种功能性的概念,它以财产目的为中心建立,旨在将一定的财产保留在一定范围的共同体内部,使其服务于团体的共同利益。[1]集体所有权的这一特点使其流动性受到限制,不同于营利法人的财产权,也不能将集体财产等同于集体经济组织财产。但是,集体经济组织确实以集体财产为基础,没有集体财产,也就不需要集体所有权的行使主体——集体经济组织。广州市在20世纪80年代末,为解决水上渔民无住所的状况,在珠江边建立了渔民村。当时有村的建制,但是由于缺少集体财产,在改制的过程中,就直接改为社区,成立居委会,并没有与其他村一样改制建立集体经济组织。按照《民法典》的规定,集体所有的财产属于集体成员集体所有,而集体与集体经济组织之间不能简单地画等号,因而就需要改变传统财产权理论中侧重于对所有权的强调,将重心转到财产的经营和管理方面,这方面类似于国家所有权。[2]即使不是所有权主体,集体经济组织的存在也必须以集体财产为基础,在这方面,是否具有农村户籍不具有决定性作用。在广州琶洲村的改造过程中,所有的集体土地转为国有土地,村民也转为居民,但是农民集体仍拥有土地使用权,琶洲经济联合社仍然存在。这是因为,从性质上说,这类集体财产是社会主义公有制的一部分,即使进行股份合作制改革,也不能以股份为依据进行分割,转为私人财产。

(三) 决议行为是集体经济组织设立的条件之三

虽然集体经济组织的存在离不开财产和成员两个要素,但是仅有这两个

---

〔1〕 刘连泰、刘玉姿:《作为基本权利的集体土地所有权》,载《江苏行政学院学报》2015年第1期,第131页。

〔2〕 《民法典》第246条规定:"法律规定属于国家所有的财产,属于国家所有即全民所有。国有财产由国务院代表国家行使所有权。法律另有规定的,依照其规定。"第261条和第262条规定,集体所有的财产,属于本集体成员集体所有,由集体经济组织或村委会依法代表集体行使所有权。

要素也不必然成立集体经济组织。这不仅是因为村民委员会也可以代表行使集体所有权，也就是说可以不设立集体经济组织，[1]而且即使设立集体经济组织，也不一定就是特别法人。决定是否设立集体经济组织、设立何种形式的集体经济组织，其决定权在集体成员。集体成员可以通过决议来决定集体经济组织是否设立以及采用何种形式设立。换句话说，农村集体经济组织的设立不是强制性的，而是由农民集体借由决议的形式来决定的。[2]在这方面，集体经济组织与营利法人有一定的相似性。

即使同样是以决议行为设立，以自治作为经营管理的基础，与公司相比，集体经济组织不论是在设立方面还是在经营管理方面，都有更多的强制性。这不仅是因为集体经济组织的运作与集体产权制度改革相伴随，是一个从上而下的推动过程，在这个过程中，相关政策的推行有较强的行政色彩，更是因为集体经济组织代表行使的集体财产是社会主义公有制的一部分，集体经济组织的运行也与乡村治理有关。决议行为是集体经济组织自治的主要形式，但是必须在现有法律、法规和政策的基础上进行，与公司相比，相关规定有较多的强制性因素。除此之外，为应对各地的不同情况，集体产权制度改革实行"一村一策"，做法具有多样性。因此，如何实现以决议为基础的集体经济组织章程的规定与相关法律规定内容的协调，是集体经济组织经营管理中的一个重要问题。

四、集体经济组织与集体所有权

（一）集体所有权的特殊性

1. 集体所有权中个人与集体的关系

农民集体所有权是指农村社区农民集体的成员集体以保障本集体成员的生存和发展为目的，对属于本集体所有的土地及其他自然资源和财产依法管理和占有、使用、收益、处分，并使集体成员受益的权利。[3]集体所有权的

---

[1]《民法典》第101条第2款规定："未设立村集体经济组织的，村民委员会可以依法代行村集体经济组织的职能。"

[2] 张先贵：《究竟如何理解农村集体经济组织特别法人》，载《暨南学报（哲学社会科学版）》2021年第10期，第17页。

[3] 韩松：《我国民法典物权编应当界定农民集体所有权类型的本质属性》，载《四川大学学报（哲学社会科学版）》2019年第3期，第63页。

内部法律构造（主要特征）包括四个方面：在主体方面，集体财产集体所有；在客体方面，集体财产范围法定限制；在目的方面，集体利益与集体成员分离，由此派生出农民集体成员权；在行使方面，集体事务集体民主管理，并采取农民集体决议的民主决策方式。[1]集体所有权从表面上看是一种单纯的所有关系，但是必须将其放在国家、集体和成员个人这个关系网中才能作出更好的理解。对于集体与成员个人之间的关系，在集体产权制度改革之前，特别是在土地承包经营过程中，集体在土地承包经营权的取得方面处于分配者的地位，具有一定的主动性。但是，当分配完成以后，成员个人处于一种相对主动的地位，土地承包经营权的长期性也使其有了所有权的部分特征，直至"三权分置"强调对集体所有权的坚持，也强化了对农户土地承包经营权的保护。

2. 集体所有权与国家所有权的关系

从某种意义上说，集体所有权与国家所有权有一定的相似性。就权利设置的目的而言，国家和集体都不是终极的利益主体，国家所有权的目的在于全民利益的实现，而集体所有权则是集体成员的利益，因而也就具有了社会保障性的特点。集体所有权的实现当然离不开效率，但是其目的仍是实现公平。《民法典》第261条第1款规定："农民集体所有的不动产和动产，属于本集体成员集体所有。"这说明集体资产不可能被分割到个人。本集体成员集体所有是集体成员与集体所有权的权利连接点，是成员权产生的基础，决定了行使农民集体所有权的集体经济组织法人的特别属性。[2]另外，农民集体与国家所有权主体的特征具有类似性，即只能从规范目的上还原为成员利益，而不能从所有权主体构造上还原为具体的成员所有，更不是按份共有，农民集体成员集体财产与农民成员个人财产相分离，任何农民集体成员均无权要求分割集体财产，应从利益共享而非所有权共有的角度理解农民集体所有权及国家所有权。[3]换言之，集体所有权作为所有权的一种，本集体成员集体

---

[1] 王雷：《农民集体成员权、农民集体决议与乡村治理体系的健全》，载《中国法学》2019年第2期，第132页。

[2] 韩松：《论农民集体所有权的成员集体所有与集体经济组织行使》，载《法商研究》2021年第5期，第144页。

[3] 王雷：《农民集体成员权、农民集体决议与乡村治理体系的健全》，载《中国法学》2019年第2期，第129页。

所有使之既不属于共同共有，也不属于按份共有，集体所有的资产不可分割，也不宜分割。与国家所有权的另外一方面相似的是，集体所有权的所有主体和行使主体相分离，集体所有权由集体经济组织代表行使。

但是，从另一方面说，集体所有权也有不同于国家所有权的一面。虽然集体所有权与集体所有制相关，是社会主义公有制的一种，但是集体所有权仅惠及小范围之封闭群体的特征，使其体现出了更加明显的"私"的特征，也使得立法在平衡相关利益时需要更加居中，而非像国有土地那样可以将国家作为强势地位者和公共职能承担者，从而将利益的天平偏向交易相对方。[1] 集体所有权在行使的过程中既有法律、政策等规范性规定，也有较为强烈的自治色彩。

3. 集体所有权实现的特殊性

按照传统的所有权理论，所有权是主体与客体之间的对应关系，是一种人和物之间的关系。但是，对于法经济学来说："财产的法律概念就是一组所有者自由行使并且其行使不受他人干涉的关于资源的权力（权利）……财产创造了一个所有者无需告知他人就能够想怎么做就怎么做的隐私权。"[2] 由此产生的产权概念是一个人与人之间的关系，产权是一个权利束，对财产权的保护是对不同主体对财产拥有的权利的保护。但是，产权的这种权利安排并不完全适用于集体所有权。集体所有权是一种有目的性的制度设计，农民集体和集体所有权制度以生产资料的社会主义公有制为基础，赋予财产目的性，使集体财产为特定群体所共同分享、使用、收益。而西方近现代民法制度和经济学是建立在私有制和市场经济基础之上的，以理性人或经济人参与市场活动为主要分析对象。[3] 简单套用西方所有权逻辑和法人制度，不利于集体所有权目的的实现。

（二）集体所有权主体的争论

1. 相关规定的内容

对于集体财产的归属，《民法典》第 261 条第 1 款延续了《物权法》的规

---

[1] 宋志红：《集体建设用地使用权设立的难点问题探讨兼析〈民法典〉和〈土地管理法〉有关规则的理解与适用》，载《中外法学》2020 年第 4 期，第 3 页。

[2] [美] 罗伯特·考特、托马斯·尤伦：《法和经济学》，张军等译，上海三联书店、上海人民出版社 1994 年版，第 126 页。

[3] 吴昭军：《农村集体经济组织"代表集体行使所有权"的法权关系界定》，载《农业经济问题》2019 年第 7 期，第 38 页。

定"农民集体所有的不动产和动产，属于本集体成员集体所有"；对于集体所有权的行使，第262条规定，属于村农民集体所有的，由村集体经济组织或者村民委员会依法代表集体行使所有权。[1]如果按照字面解释，集体所有权的主体应是"集体成员集体"，集体经济组织代表集体行使所有权。但是，与集体经济组织不同，成员集体或者通常所说的农民集体，并没有法律的专门规定，也没有自己的组织形式，是否具有主体地位并不明确，按照传统大陆法系所有权理论，不完全符合所有权主体的要求。因而现有法律关于以集体土地所有权为代表的集体财产的主体的规定，被认为是一种"有意的制度模糊"。"中国的农村改革之所以会取得成功，关键在于中央政府经过审慎的考虑之后，决定将本该成纲成条、没有任何歧义的农村土地产权制度隐藏在模棱两可的迷雾之中。"[2]集体所有权主体规定模糊相对应的是集体所有权主体的虚位。围绕这一条的解释，具有多样性的特点。对于集体所有权的主体是集体经济组织还是农民集体，在理论界存在争议。

在实践中，《国土资源部、财政部、农业部关于加快推进农村集体土地确权登记发证工作的通知》（国土资发〔2011〕60号）规定："力争到2012年底把全国范围内的农村集体土地所有权证确认到每个具有所有权的集体经济组织。"而在同一年，《国土资源部、中央农村工作领导小组办公室、财政部、农业部关于农村集体土地确权登记发证的若干意见》（国土资发〔2011〕178号）规定："集体土地所有权主体按'××组（村、乡）农民集体'填写。"在土地确权登记中，既有将集体土地确权给集体经济组织的，也有将土地确权给农民集体的，同样具有不一致性。

另外，由于现有法律关于集体经济组织与成员集体之间的关系没有明确规定，有观点认为，集体经济组织与农民集体是同一个问题的不同表述，具有一致性。《集体产权制度改革意见》也要求"把农村集体资产的所有权确权到不同层级的农村集体经济组织成员集体"。这一规定表面上是承接《物权

---

[1]《民法典》第262条规定："对于集体所有的土地和森林、山岭、草原、荒地、滩涂等，依照下列规定行使所有权……"所列举的都是不动产，这与第261条规定不动产和动产不同。但是，因为后面有一个"等"，因而在解释中通常认为包括集体所有的其他不动产和动产。法律出版社法规中心：《中华人民共和国民法典注释本》，法律出版社2020年版，第133页。

[2] [荷]何·皮特：《谁是中国土地的拥有者——制度变迁、产权和社会冲突》，林韵然译，社会科学文献出版社2014年版，第5、37页。

法》的规定，但是却用"农村集体经济组织成员集体"代替了《物权法》所规定的"本集体成员集体"，没有区分集体经济组织和农民集体。

关于集体经济组织是不是集体所有权的主体，理论上有肯定说和否定说两种观点，同时这两种观点的内部又各有不同的侧重点。

2. 集体经济组织是集体所有权主体的理由

虽然《民法典》第261条第1款明确规定"农民集体所有的不动产和动产，属于本集体成员集体所有"，但是由于在实践中农民集体或者成员集体不具有实体性，如果没有其他概念的支撑，就无法确定主体范围和边界，也就不存在表达其自身意志的组织机构和治理机制，不符合民法理论关于民事主体规定的基本条件。

为解决这一问题，肯定说认为，集体经济组织是包括土地在内的农村集体财产的所有权主体，成员集体是所有制的主体。集体土地所有权主体与集体土地所有制主体的区分，意味着农民集体应当被定位为集体土地所有制主体，而并非集体土地所有权主体。再加上现有法律在认定集体土地归农民集体所有的同时，又明确了集体经济组织有权行使集体土地所有权，从而使集体经济组织与集体土地所有权在法律制度层面建立起了必然联系，有权行使集体土地所有权的集体经济组织作为集体土地所有权主体也因此具备了一定的正当性。[1]

即使同样认为集体经济组织是集体所有权的主体，按其依据不同，也可以分为五种观点：一是直接认为集体经济组织是集体所有权主体，农民集体作为所有权人，其在法律上的表现形式就是农村集体经济组织，[2]"农村集体经济组织是除国家以外我国能对土地享有所有权的唯一主体"，并将其作为集体经济组织财产上的特殊性的主要内容。[3]这一观点强调集体经济组织的延续性，认为其财产主要是由原人民公社、生产大队和生产队的财产延续而来。在后来的发展中，国家的投入和农民的投入也是集体经济组织的财产。二是农民集体所有与集体经济组织并存的现象体现了集体所有在不同制度层面（所有制-所有权）和不同历史时期的不同表现形式，是同一事物的不同面相。[4]

---

[1] 姜楠：《集体土地所有权主体明晰化的法实现》，载《求是学刊》2020年第3期，第112页。
[2] 李适时主编：《中华人民共和国民法总则释义》，法律出版社2017年版，第508页。
[3] 屈茂辉：《农村集体经济组织法人制度研究》，载《政法论坛》2018年第2期，第31页。
[4] 宋志红：《论农民集体与农村集体经济组织的关系》，载《中国法学》2021年第3期，第164页。

这一观点从所有权和所有制的角度进行了区分,农民集体所有属于所有制方面,而在所有权方面,则属于集体经济组织所有。三是认为农民集体与集体经济组织具有同一关系,《民法典》赋予了集体经济组织法人地位,须先认识其与农民集体的同一关系,并承认其享有集体土地所有权。[1]这一观点是从农民集体的非组织实体性出发,只有将具有实体组织形式的集体经济组织作为集体所有权的主体,才能使其集体所有权主体地位更明确。四是农村土地和其他财产实际上是归属集体经济组织所有,而不是成员共有。但集体经济组织的成员不是公司法意义上的"股东"(他们绝大多数都不是集体经济组织的最初投资者),他们没有"股份",即使离开也不存在转让的问题。《民法总则》规定了集体经济组织法人地位后,就明确了其财产的归属。从集体经济组织与其成员的关系来看,类似于"总有",任何当代法人理论或经济学理论都难以准确定义和解释这种法人。[2]这一观点认为集体经济组织无法成为集体所有权的主体是因为其主体地位不明确,当其主体地位明确后,则应成为集体财产的主体,并没有考虑法律关于集体所有权的主体是农民集体的规定。另外,这一观点虽然主张集体财产归集体经济组织所有,但是强调其与营利法人的不同,集体经济组织成员并不是公司法意义上的股东。五是一种最为温和的观点,农民集体与集体经济组织具有差异性,未来应将集体经济组织作为集体所有权的主体,[3]强调的是集体经济组织的发展性。

上述观点都认为集体经济组织是集体所有权的主体,但是强弱程度并不相同;虽然各有其合理性及理论基础,但是不容否认的是,与现有法律的规定相悖。并且,集体经济组织作为特别法人,与营利法人的区别就在于其成员并不以出资为基础,集体经济组织不具有营利法人所具有的法人财产权。不论是集体成员个人还是集体经济组织成员个人,都不能对集体财产主张个人所有权,集体成员通过集体资产量化取得的股权也不同于作为营利法人的公司股权。在未来的发展中,集体经济组织成员(股东)与集体成员也会具

---

[1] 张兰兰:《农村集体经济组织形式的立法选择——从〈民法总则〉第 99 条展开》,载《中国农村观察》2019 年第 3 期,第 12 页。

[2] 李永军:《集体经济组织法人的历史变迁与法律结构》,载《比较法研究》2017 年第 4 期,第 51 页。

[3] 陈小君等:《我国农村集体经济有效实现的法律制度研究》(叁卷·理论奠基与制度构建),法律出版社 2016 年版,第 216 页。

有不一致性。除此之外，如果集体经济组织是集体所有权的主体，则可能出现没有集体所有权主体或者集体所有权主体不一致的情况。因为现在仍有很多地方还没有集体经济组织，在这种情况下，集体所有权的主体不可能是集体经济组织，而必须是农民集体。

3. 集体经济组织是集体所有权的行使主体

否定说则认为按照法律的规定，农民集体是集体所有权的主体，集体经济组织是集体所有权的行使主体，按照《民法典》第262条的规定，代表集体行使所有权。集体经济组织并不等同于农民集体，不能基于农村集体经济组织是对人民公社、生产大队、生产队改制的历史渊源而当然认为农村集体经济组织就是集体土地所有权主体。[1]

针对农民集体这一概念具有模糊性、边界不清、成员不明、缺失组织机构，使农民集体所有成为"玄妙的法律概念"，农民未能从真正意义上享有土地所有权[2]这种看法，有学者认为本集体成员集体作为特别的非法人组织可以成为农民集体所有权的主体，成员集体并非仅仅是政治经济学概念或者仅仅是所有制主体，而是体现了农民集体所有制与所有权的统一。[3]农民集体作为群体的集合，不具备民法上"人的联合"或"财产联合"的属性，缺乏所谓的独立意志和产生机制，故而只能作为静态的主体承载所有权，不能也不宜直接进入市场从事交易活动。[4]也正是因为这个原因，为了更好地实现集体所有权，《民法典》第262条规定了农民集体所有权由本集体经济组织行使。

4. 集体产权制度改革中的集体所有权问题

由于现有法律规定农民集体是集体所有权的主体，因而认为集体经济组织是集体所有权的主体只能是一种理论上的解释。就集体产权制度改革的目的而言，应结合分配正义，从利益共享而不是所有权共有的角度理解农民集体所有权。在这方面，集体所有权与国家所有权具有相似性。按照《中共中

---

[1] 高海：《论集体土地股份化与集体土地所有权的坚持》，载《法律科学（西北政法大学学报）》2019年第1期，第175页。

[2] 余敏、唐欣瑜：《农民集体权利主体地位的追溯、缺陷与重塑》，载《海南大学学报（人文社会科学版）》2018年第1期，第113页。

[3] 韩松：《论农民集体所有权的成员集体所有与集体经济组织行使》，载《法商研究》2021第5期，第152页。

[4] 许中缘、崔雪炜：《"三权分置"视域下的农村集体经济组织法人》，载《当代法学》2018年第1期，第87页。

央办公厅、国务院办公厅关于完善农村土地所有权承包权经营权分置办法的意见》"农村土地农民集体所有，是农村基本经营制度的根本，必须得到充分体现和保障，不能虚置"的规定，农村集体产权制度改革也并非将农村集体资产还原为集体成员所有，而是坚持农民集体所有不动摇，从保障集体成员权和避免集体资产产权虚置角度，通过清产核资、折股量化、确权到户等方式着力实现经营性资产产权清晰、权能完善，落实好农民对集体经济活动的民主管理权利，保障民利民享。[1]

按照产权的相关理论，对产权的保护可采用两个途径：一是明确产权，以便利交易；二是促进交易，以此来实现产权。从某种意义上说，后者更为重要，因为明确产权的目的也是促进交易。所以，集体资产改革并不仅仅是解决所谓集体所有权主体虚置的问题，而且是在法律明确规定集体经济组织是集体所有权的行使主体的条件下，坚持集体所有权制度，在此基础上，对集体所有权的代表行使制度进行完善。

针对《民法典》第261条第1款"农民集体所有的不动产和动产，属于本集体成员集体所有"的规定，有人认为"农民集体"是集体所有权的主体，也有人认为"本集体成员集体"是所有权的主体，实际上不论是"农民集体"还是"本集体成员集体"都没有明确的组织性。这种规定被认为是一种有意为之，是为了强调集体成员对集体财产享有共同的支配权、平等的民主管理权和共同的收益权。[2]以土地所有权为例，土地国有制是全社会范围的成员集体，即全民所有，是由国家代表全体社会成员集体享有土地所有权，而农民集体土地公有制是特定社区范围的本集体成员的集体所有制，由本集体的成员集体享有所有权。二者的区别在于公有化的程度不同。[3]因而集体产权制度改革的目的就是实现上述权利，而不仅仅是明晰集体财产的所有者，将其组织化。集体所有基于整体主义方法论表现出归属和利用的分离，利益的享有在整体中以身份为根据展开。农民集体必须借助一定的符合权利主体

---

[1] 王雷：《农民集体成员权、农民集体决议与乡村治理体系的健全》，载《中国法学》2019年第2期，第130页。

[2] 王利明、周友军：《论我国农村土地权利制度的完善》，载《中国法学》2012年第1期，第48页。

[3] 韩松：《论农民集体所有权的成员集体所有与集体经济组织行使》，载《法商研究》2021年第5期，第149页。

构造的"组织体"代表其行使方能纳入权利体系中表述为所有权主体，集体经济组织法人就是可以担当这种功能的组织体。[1]

如何在实现集体所有权的基础上保障成员个人的合法权益？针对这一问题，各地在实践中也进行了一些有益的探索。安徽省皖南县在2006年开始实施农田整治项目时，自下而上创造了"虚拟确权"这一做法，具体来说就是"确权确股不确地"，即在村或组范围内，农民不再拥有数量确切、四至清楚的承包土地，而是获得由承包地资源等量化计算出的股份，通过拥有的股份获得相应的收益。农民对土地的权利从"使用权"变成"财产权"。由于确权方案是在村民自治基础上确定的，因而这种确权本身也是对土地集体所有权的强化。[2]实践中的这种做法，也在中央层面得到了政策性支持。2014年中央一号文提出"充分依靠农民群众自主协商解决工作中遇到的矛盾和问题，可以确权确地，也可以确权确股不确地"。2014年11月，中共中央办公厅、国务院办公厅印发的《关于引导农村土地经营权有序流转发展农业适度规模经营的意见》第3条也规定"原则上确权到户到地，在尊重农民意愿的前提下，也可以确权确股不确地"。2015年中央一号文也有类似的规定。2016年6月，安徽省发布《农村承包地确权确股不确地方式操作流程》，对于实行"确权确股不确地"或"确权确亩不确界"的适用条件和操作流程作出了明确规定。从内容来说，这种做法在土地承包经营弱化了集体所有权的情况下，加强了集体对土地的控制权，维护了成员个人的合法权益。在这方面，与集体经营性资产股权改革的目标相同。

与集体所有权的性质相对应，集体所有权的行使具有民主性的特点，不适用资本多数决，而是一人一票，实行的是少数服从多数的民主决策机制。由于集体所有权由集体经济组织代表行使，因而集体经济组织的经营管理具有民主性的特点。这也是集体经济组织改革中股份合作制成为集体经济组织主要组织形式的原因之一。

---

〔1〕 李国强：《权利主体规范逻辑中的农民集体、农村集体经济组织》，载《求索》2022年第3期，第154~161页。

〔2〕 陈义媛：《组织化的土地流转：虚拟确权与农村土地集体所有权的激活》，载《南京农业大学学报（社会科学版）》2020年第1期，第17页。

五、集体经济组织职能的双重性

集体经济组织作为集体所有权的行使主体,必须通过经济职能来实现集体资产的保值增值。但是,集体经济组织所承担的也不仅仅是经济职能。2016年《集体产权制度改革意见》提出:"农村集体经济是集体成员利用集体所有的资源要素,通过合作与联合实现共同发展的一种经济形态,是社会主义公有制经济的重要形式。"按照这一规定,构建一种重视农村社会和经济平衡发展、以经济活动服务于社会成员为目的、将经济嵌入地方社会和文化体系等特质的农村股份合作制经济是新型农村集体经济的发展目标。[1]集体经济组织作为集体资产的管理主体,其职能应具有双重性,同时兼有经济职能和社会管理职能:既从事经营活动,也承担相应的公共职能,包括向其成员发包土地、提供公共福利和公共服务的职能等。并且,由于集体经营性资产和非经营性资产的经营方式不同,集体经济组织对其持有和利用也不相同。集体经济组织的产权基础也决定了改革目标并不是将其改革为以营利为目的的企业法人,而是实现集体资产的保值增值,维护集体经济组织成员的合法权益。所以,集体经济组织不仅不是营利法人,也不能像非营利法人那样,以公益为目的或从事其他非营利事业。就其设立目的来说,具有互利性的特点。

(一)关于集体经济组织营利性的争论

理论界对于集体经济组织的经济职能并没有争议,集体经济组织运营的目的就是集体财产的保值增值和其成员合法权益的实现。《农业法》第2条第2款规定"农业生产经营组织,是指农村集体经济组织、农民专业合作经济组织、农业企业和其他从事农业生产经营的组织";第10条第3款规定"农村集体经济组织应当在家庭承包经营的基础上,依法管理集体资产,为其成员提供生产、技术、信息等服务,组织合理开发、利用集体资源,壮大经济实力"。集体经济组织作为从事生产经营的组织,以利用集体资源、壮大经济实力为目标,当然具有营利性,否则将不利于集体资产的保值和其成员合法权益的保护。因而,围绕集体经济组织营利性和非营利性的争议并不在于其是否具有经济职能、进行营利活动,而是集体经济组织是不是营利法人。

---

[1] 杜园园:《社会经济:发展农村新集体经济的可能路径——兼论珠江三角洲地区的农村股份合作经济》,载《南京农业大学学报(社会科学版)》2019年第2期,第67页。

1. 主张集体经济组织是营利法人的理由

主张将集体经济组织归入营利法人的依据在于集体经济组织的行为目的符合营利特征，成员的收益权符合营利法人的利益分配特征，并且集体经济组织的特殊性不影响其营利法人的属性。按人分配、按人配置表决权是现代封闭公司的人合性使然，突出了集体经济组织成员共益关系的人合基础，使企业内部的权利义务关系在团体自治框架内得以调整。作为营利法人的集体经济组织，包括行政社区范围内以土地为基础的集体经济组织，以及其他财产合作形成的农民专业合作社、供销社、信用社以及乡镇企业，[1]属于一种广义的集体经济组织概念，这应也是将集体经济组织作为营利法人的原因之一。这些理由虽然符合集体经济组织的某些特点，并且与作为营利法人的有限责任公司有一定的相似性，但是忽视了集体经济组织并不是以人的信用为基础设立和运营的，而是以户籍为基础。所以，并不能以个人意志为依据任意设立集体经济组织。因而，有学者认为这属于籍合组织。[2]并且供销社、信用社和乡镇企业虽具有集体经济的因素，但并不属于《民法典》第99条规定的集体经济组织。供销社和合作社应属于《民法典》第100条规定的合作经济组织。合作经济组织虽然也是特别法人，但是与集体经济组织并不相同。乡镇企业的组织形式由具体情况决定，也可能是公司等营利法人。

虽然维护集体成员的合法权益是集体经济组织的设立目的之一，但是集体经济组织作为集体所有权的行使主体，与农民集体有关，其所承担的经济职能并不同于公司等私法主体的经济职能。这既与集体所有权的实现有关，也与乡村治理有关。在《民法典》明确将集体经济组织确定为特别法人的情况下，另外将集体经济组织确定为营利法人是缺乏相应法律依据的。

2. 不能基于集体经济组织的营利性认定其属于营利法人

《民法典》将法人分为营利法人、非营利法人和特别法人三种。根据立法上营利法人和非营利法人的定义，两者实际上属于反对关系，而非矛盾关系。这样，在营利法人与非营利法人之外便存在着不具有营利目的，但向成员分

---

〔1〕 郭洁：《论农村集体经济组织的营利法人地位及立法路径》，载《当代法学》2019年第5期，第87页。

〔2〕 陈甦：《农村集体经济组织法构众说窥略——有关农村集体经济组织法律形式变革的稿件编后感》，载《法学研究》2022年第3期，第61页。

配利润的法人,即特别法人。[1]以此为基础否定集体经济组织是营利法人的观点认为,农村集体经济组织对外从事经营活动并营利,对内则追求成员共助互益,不同于营利法人和非营利法人,而是处于两者之间。[2]作为特别法人的集体经济组织不是营利法人,《市场主体登记管理条例》关于市场主体的规定也不包括集体经济组织,与营利法人相比,集体经济组织的经营范围也具有特殊性。不仅每个集体经济组织的经营范围具有统一性,而且从其内容来说,除对集体资产的经营管理以外,并没有明确的指向。[3]集体经济组织所承担的经济职能以及其成员的收益分配权并不能说明集体经济组织是营利法人。集体经济组织的产生、财产的来源、股权的设置使其具有了明显不同于营利法人的特点,单纯强调集体经济组织的经济职能而将其作为营利法人与法律的规定不符。

《民法典》规定特别法人的种类包括机关法人、集体经济组织法人、合作经济组织法人以及基层群众自治性组织法人四种,每一种的特点都不相同。集体经济组织的特别性在于承担经济职能:从向其成员分配利润的角度来说,具有营利目的。但是,从集体所有权的实现和基层治理来说,集体经济组织又承担了相应的公共职能,不仅涉及集体经济组织及其成员之间的关系,还包括集体经济组织与村民自治组织以及基层政府之间的关系。从这个意义上说,农村集体经济组织不是个人追求利益的产物,而是国家基于集体所有制和创新农村集体经济运行机制、实现共同富裕而设置的特殊民事主体。农村集体经济组织的研究必须超越个人主义的研究立场、协调采取整体主义的方法论,才能明确这个关系主体和其所连接的关系。农民是集体中的个体,农村集体经济组织应站在超越个体的高度去处理各层次关系。[4]集体经济组织

---

〔1〕 李倩、张力:《农村集体经济组织特别法人的产权建构》,载《新疆社会科学》2020年第6期,第86页。

〔2〕 陈甦主编:《民法总则评注》(下册),法律出版社2017年版,第685~690页。

〔3〕《农业农村部、中国人民银行、国家市场监督管理总局关于开展农村集体经济组织登记赋码工作的通知》规定集体经济组织的经营范围是,集体资产经营与管理、集体资源开发与利用、农业生产发展与服务、财务管理与收益分配等。《乡村振兴促进法》第46条第1款规定:"各级人民政府应当引导和支持农村集体经济组织发挥依法管理集体资产、合理开发集体资源、服务集体成员等方面的作用,保障农村集体经济组织的独立运营。"这也从另外一个角度对集体经济组织的职能作出了规定。

〔4〕 李国强、朱晓慧:《农村集体经济组织法人的治理机制研究》,载《财经法学》2022年第1期,第66页。

作为特别法人,必须在尊重成员整体利益的基础上实现成员个人的合法权益。

(二) 关于集体经济组织应否承担公共职能

1. 否认集体经济组织承担公共职能的理由

从现有的法律规定来看,《农村土地承包法》《农业法》和《农田水利条例》都规定了集体经济组织要承担基础设施建设和兴办公共事业等公共服务职能。设置这一规定:一方面是因为基本公共服务还未完全覆盖到农村,农民还是需要通过集体经济组织提供的公共服务来补充社会基本公共服务的空缺;另一方面是因为发展集体经济的目标就是以集体带动成员,通过集体收益的二次分配来实现成员生活水平的提高。[1]从这两个原因来看,集体经济组织的公共职能具有一定的时代特点。随着城乡社会保障制度的改革,第一个原因会慢慢消失;第二个原因则会随着城市化的发展,使至少部分集体经济组织慢慢实现城市化,这也成了反对集体经济组织承担公共职能的原因之一。

在这种情况下,对于集体经济组织可能承担的社会保障和公共服务职能,有两种比较有代表性的观点:一是认为这应是政府责任的范围,集体经济组织所承担的只是在一定条件下的替代责任,随着社会保障制度的发展,这一职能最终由政府承担,集体经济组织最终承担的也只有经济职能;二是集体经济组织的公共职能最终会向经济职能转换。集体经济组织的互助共益功能虽然存在,但已经从影响法人财产关系的"自组织"形态转化为了增进集体经济组织民事行为的效益和完善内部利益分配关系,[2]集体经济组织应是营利法人,不再承担公共职能。

2. 集体经济组织承担公共职能的原因

按照《宪法》的规定,集体经济组织实行"家庭承包经营为基础、统分结合的双层经营体制",也就是对内追求成员的互助公益,对外可以从事经营活动以获利,即具有经营性。[3]作为特别法人,集体经济组织的特殊性在于既有不同于非营利法人的营利目标,又有不同于营利法人的公共职能。集体经济组织以促进和发展社会主义公有制、实现集体经济发展、在成员内部实

---

[1] 臧昊、梁亚荣:《农村集体经济组织破产制度研究》,载《农业经济》2018年第10期,第12页。

[2] 郭洁:《论农村集体经济组织的营利法人地位及立法路径》,载《当代法学》2019年第5期,第82页。

[3] 屈茂辉:《农村集体经济组织法人制度研究》,载《政法论坛》2018年第2期,第29页。

现互助和服务为目标,但并不是仅以追求利益最大化为目标。并且,按照《中共中央、国务院关于加大改革创新力度加快农业现代化建设的若干意见》(中发〔2015〕1号)的规定,对于非营利性财产,集体经济组织有权作为公共事务的受托人进行经营管理,也可以授权村民委员会管理与运营。集体经济组织经营管理非经营性资产,也决定了其不能仅仅以营利为目标,所以集体经济组织具有公共职能与营利性并不矛盾。

从所有制的角度上看,集体经济组织是建立在公有制基础上的;从所有权的角度上看,由于集体经济组织以集体财产为基础,其财产并不是来源于成员的出资而是法律的授予,具有公共利益的属性,与营利法人有着天然的差异。在法律定位上,农村集体经济组织是"农民集体"的代表主体和意志表达主体,是我国社会主义集体所有制的最终体现;在职能目的上,农村集体经济组织除了要向集体成员分配收益之外,还需要承担一些基础设施建设、公益事业等集体公益职能,其法人化的根本目的是实现对股东(成员)的社会保障力的最大化;从历史维度来看,由于农村集体组织是人民公社部分职能的承接主体,因此在其实现公共职能时也需将当前和日后新增成员和本社区的长久发展作为考量因素。[1]

除此之外,集体经济组织承担公共职能还涉及集体经济组织与村委会的关系问题。在实践中经常出现的情况是作为自治组织的村民委员会具有经济管理职能,而作为履行经济管理职能的集体经济组织也需要承担一定的公共事务。这种情况在只有集体经济组织,没有村民委员会的城中村更为常见,即集体经济组织承担了村委会的部分职能。

3. 集体经济组织的公共职能不同于政府的公共职能

集体经济组织的公共职能与国家的公共职能虽然具有一定的相似性,但是两者并不相同。首先,从适用的范围来说,集体经济组织的公共职能适用于集体经济组织内部,不能越出集体经济组织的范围;其次,从内容来说,国家的公共职能侧重于公共产品的提供,而集体经济组织则侧重于其成员的共同利益,也就是具有互利性。在社会保障方面,它是国家所提供的社会保障功能的补充,同时也因为双层经营体制的存在,会为成员提供一部分生产

---

〔1〕 于雅璁:《"特别法人"架构下我国农村集体经济组织改革发展路径研析》,载《海南大学学报(人文社会科学版)》2020年第6期,第72页。

经营和生活所需的服务功能。

有一个例子可进一步说明集体经济组织承担的公共职能不同于政府承担的公共职能,并在乡村治理中有着关键性的作用。自 2016 年以来,贵州省塘约村利用集体经济的收入为考取大学的大学生村民提供奖金,并设立酒席理事会。基于村集体经济组织的资金投入,为全村村民每年承担了 40 万左右的红白酒席服务费,并为婚庆和丧葬提供一条龙服务。服务津贴由村集体支付,相关厨具等由村里统一配备并无偿提供给村民使用。除此之外,还通过各种公益活动,营造了良好的村庄公共生活氛围。[1]集体经济组织承担的此类职能不可能由国家提供,但是对于促进乡村社会的和谐,实现法治、德治与自治相结合的乡村治理体系和党的十九大报告提出的"打造共建共治共享的社会治理格局"有着重要的作用。从这个角度来说,集体经济组织是农村基层公共治理的重要内容,集体经济组织所承担的也不仅仅是市场经营活动。集体经济组织所承担的公共职能并不是对政府提供的公共服务的代替,也不是对政府提供的公共服务的补充,而是以集体资产为基础所承担的公共职能。这与村民自治具有一定的重合性,以团体内的互助为目标。

4. 集体经济组织的公共职能与公司不同

在现代社会中,公司虽然也以营利为目标,但是也会为其成员增进福利,包括为员工提供食堂、幼儿园等服务机构,除社保外,也会为员工提供补充的商业保险等。但是,公司的这些做法不同于集体经济组织。一是集体经济组织所服务的对象是其成员,并不是集体经济组织的员工,集体经济组织也可能为其员工提供类似于公司的服务,但是并不属于集体经济组织对其成员履行的公共职能。因为集体经济组织成员不同于集体经济组织员工,两者的范围可能重合,但是在取得的权利属性方面并不相同。二是集体经济组织的公共职能具有法定性,特别是为其成员所提供的服务职能,是《宪法》所规定的集体经济组织双层经营体制的一部分,而公司的社会职能是公司的社会责任的一部分,法律对此予以提倡,但不是强制。

《四川省农村集体经济组织条例》则从成员权利的角度,对集体经济组织的公共职能作出了规定。按照该条例的规定,成员不仅接受本集体经济组织

---

[1] 马良灿:《新型农村集体经济发展与乡村社会再组织——以贵州省塘约村为例》,载《中州学刊》2021 年第 2 期,第 71 页。

提供的公共服务、集体福利，而且可以参与本集体经济组织的生产经营和管理活动，优先在本集体经济组织就业以及参加社会保障。这些集体经济组织成员所享有的权利和公共服务，特别是就业方面的权利，明显不同于公司股东和员工所享有的权利和服务。

综上所述，按照《民法典》的规定，集体经济组织依法成为特别法人，而特别法人是我国立法上的一种构建，无法简单照搬适用传统的民法理论对其进行分析解释。集体经济组织的特别性至少表现在三个方面：一是集体经济组织的财产基础并不来源于成员的出资，而是集体财产；二是集体经济组织成员必须具有特定的身份，并不是每一个自然人都能成为集体经济组织的成员，集体成员、集体经济组织成员和集体经济组织股东之间的关系有交叉，但并不完全重叠；三是决议行为是集体经济组织设立的关键。在集体产权制度改革过程中，集体资产量化后形成股份，由股份形成股权，以集体成员身份为基础、以决议的形式形成、以配置的方式取得。因而集体经济组织既不是典型的资合组织，也不是典型的人合组织。作为集体所有权的行使主体，集体经济组织兼有经济职能与公共职能，并不能因为集体经济组织所具有的营利性特点就认为集体经济组织是营利法人。

第三章
CHAPTER 3
集体经济组织成员与集体经济组织股东

　　集体经济组织成员的概念界定与集体成员和集体经济组织股东相关，三个概念的内容和含义并不一致，但不论是理论界还是实务界，在使用过程中经常没有进行明确的区分。从范围来说，集体成员通过决议设立集体经济组织，从而成为集体经济组织成员，而集体经济组织成员因持有集体资产股权而成为集体经济组织股东，表面看起来是集体成员、集体经济组织成员、集体经济组织股东之间的关系。但是，农村集体所有制使得集体成员权由成员出生天然获得，人员的更替也使得成员权存在后期的动态变化。与之不同的是，股权确权以后，特别是按照"提倡农村集体经济组织成员家庭今后的新增人口，通过分享家庭内拥有的集体资产权益的办法，按章程获得集体资产份额和集体成员身份"[1]的规定，集体经济组织成员具有稳定性的特点，并不是所有的集体成员都能成为集体经济组织成员，新增集体经济组织成员身份的确定必须符合特定的身份和程序，新增的集体成员并不能天然获得集体经济组织成员身份。同样，在股权确权的过程中，由于非成员股东或社会股东的存在，[2]并不是所有的集体经济组织股东都具有集体经济组织成员身份，集体经济组织股东的范围明显不同于集体经济组织成员的范围。三者之间的关系如下：

---

　　[1] 2016年《集体产权制度改革意见》第10条。从这条规定的内容来看，集体经济组织成员与集体成员的身份并没有区分。

　　[2] 非成员股东或社会股东的名称虽然不同，但是其主体范围基本一致，主要是在股权确权时由于其户籍不在集体经济组织所在地，不具有集体成员身份。但是，由于历史或其他原因，他们享有集体经济组织股权，只不过权利内容与集体经济组织成员股东不同。

第三章 集体经济组织成员与集体经济组织股东

图 3-1 集体成员、集体经济组织成员和集体经济组织股东之间的关系

由于三者之间的范围不同，因而权利和义务也并不相同。集体经济组织成员既有财产方面的权利，也有非财产方面的权利，而不具有成员身份的集体经济组织股东，通常只有经济方面的权利。在确权到户的情况下，不具有集体经济组织成员身份的集体成员，可以通过股权到户来行使相关的权利。而在确权到人的情况下，股权如果实行静态管理，则不享有与股权相关的权利，但是可以享有集体福利方面的权利。

一、集体经济组织成员身份的特殊性

集体经济组织成员一般是指在本集体经济组织所在行政村（社区）或原村民小组进行生产生活，依法登记常住户籍，靠承包本集体土地为基本生活保障，与本集体经济组织形成事实上的权利与义务及管理关系的人员。[1]从这个概念的内容来看，集体经济组织成员至少包括四个因素：一是在当地行政区域内生产和生活，二是具有常住户籍，三是以集体土地作为生活保障，四是与集体经济组织之间存在管理关系。除此之外，是否拥有集体经济组织股权也可能成为判断成员身份的一个条件。集体经济组织成员拥有集体经济组织股权，但是拥有集体经济组织股权，并不一定是集体经济组织成员。

集体经济组织成员权是成员权的一种，而成员权的取得则与成员身份有关，这也就是平时所说的集体经济组织有封闭性的特点。集体经济组织与成员不可分割，成员是封闭的圈子，权利义务"进"则"与生俱来"，"退"则"自然弃失"，不对外开放。[2]即使在未来的发展中集体经济组织可能因股东的多样性而具有一定程度的开放性，其成员的范围和条件也不同于《公司法》

---

[1] 《吉首市农村集体经济组织成员资格确认的指导意见（试行）》（吉政发［2019］20号）第3条。

[2] 方志权：《农村集体产权制度改革：实践探索与法律研究》，上海人民出版社2015年版，第7页。

关于股东的规定。因为不论从哪个角度来说，公司股东身份的取得都并没有条件限制，具有权利能力和行为能力的自然人和组织都有成为股东的资格，而集体经济组织成员资格的取得则应符合一定的条件。由于集体经济组织成员资格的取得通常伴随着集体资产股份（股红）的取得，在很多地方具有很大的经济价值，而这种股份（股红）的取得，从某种意义上说是社会资源无偿分配的结果。[1]这种社会资源的无偿分配，以社会主义公有制为基础，如果简单套用传统的法学理论，则缺少法律因素和权利因素与之相应，因而集体经济组织成员资格不论在法律层面还是在实践层面都具有争议。不仅如此，由于农民集体、集体经济组织以及村民委员会之间具有相关性，三个主体的成员资格的确定也存在混同，再加上人的生老病死以及人口流动等因素的存在，集体经济组织成员资格的取得很难有稳定的边界，具有复杂性的特点。

（一）集体经济组织成员以集体成员为基础

集体经济组织成员的相关概念是集体成员。从《物权法》到《民法典》，都只规定了集体成员的权利，并没出现集体经济组织成员这一概念，并且对集体成员也没作出界定。《农村土地承包法》虽然使用了农村集体经济组织成员这一概念，但是同样没有对其进行界定，集体经济组织成员行使的是集体成员的权利，因而相关法律也没有明确对集体经济组织成员和集体成员进行区分。在决定集体经济组织成员资格的过程中，特别是在股权确定的初始时期，由于集体经济组织代表行使集体所有权，集体成员资格是取得集体经济组织成员身份的必要条件，集体经济组织的设立以集体成员的决议为基础，当时参与决议的集体成员也就直接成了集体经济组织成员。集体经济组织成员与集体成员的深度相关性也决定了集体经济组织成员资格的取得具有政治、地域及身份等因素。2019年《中共中央、国务院关于坚持农业农村优先发展做好"三农"工作的若干意见》强调"指导农村集体经济组织在民主协商的基础上，做好成员身份确认"。再加上"农民集体"都是以自然村落划定的，"集体成员"以自然居住为基础，以出生和婚姻等因素加以确定，如何将法律

---

[1] 这种无偿分配并不是说绝对不需要支付对价，只是在大部分情况下，集体资产股权的取得不以支付对价为条件，所代表的在大多数情况下也是集体资产的比例。某些股权的取得虽然要支付一定的费用，但是并不代表股份（股权）的全部价值。

体系框架下的集体成员匹配到乡土人情中固化的集体成员[1]是对成员资格认定提出的一个挑战。[2]

因而,集体经济组织成员虽然以集体成员为基础,但是集体经济组织成员与集体成员之间具有非对应性的特点。在大多数情况下,农民集体成员也是农村集体经济组织成员,但是两者还存在一定的差异,如农民集体成员资格可基于出生自动取得,但是集体股份合作社法人的成员资格却无法基于出生自动取得,特别是在股权固化的场合。再如,农民集体成员死亡,自动退出,所有权主体不发生继承问题,但集体股份合作社法人成员死亡的,其股权可以被继承。[3]集体经济组织成员与集体成员的非对应性还表现在集体产权制度改革中,股权配置以后多实行相对静态的股权管理,股权数量不变,股东人数也保持不变,而集体成员的人数变动是一个自然现象。在这种情况下,新出生的人员或者因其他原因新进入集体的人员,拥有集体成员身份但暂时无法取得集体经济组织成员身份,只有在符合一定条件之后(比如通过继承或者增资扩股)才可能取得集体经济组织股东身份。

《农村土地承包法》第5条第1款规定"农村集体经济组织成员有权依法承包由本集体经济组织发包的农村土地",第13条规定"农民集体所有的土地依法属于村农民集体所有的,由村集体经济组织或者村民委员会发包;……"从内容来看,集体成员与集体经济组织成员的身份具有相同性。但是,集体产权制度改革的进行使得土地承包关系中的集体经济组织成员与以集体经营性资产为基础设立的集体经济组织成员不可能是完全重合的,前者从本质上属于集体成员。农村集体经济组织设立后加入该集体经济组织的集体成员,虽然同样具有集体经济组织成员资格,但其享有的权利与原始成员(或创始成

---

[1] 这里虽然前后使用的都是集体成员,但是两个集体成员的指向并不相同。前者来源于一种人为的构建,而后者则是自然的延续;前者与集体经济组织成员有直接关系,而后者则可能不是集体经济组织成员。

[2] 马翠萍、邰亮亮:《农村集体经济组织成员资格认定的理论与实践——以全国首批29个农村集体资产股份权能改革试点为例》,载《中国农村观察》2019年第3期,第26页。

[3] 高海:《论集体土地股份化与集体土地所有权的坚持》,载《法律科学(西北政法大学学报)》2019年第1期,第176页。由于集体成员身份无法继承而集体经济组织成员持有的股权可以继承,所以集体成员权被认为不同于集体经济组织成员权。需要注意的是,虽然集体经济组织成员持有的股份可以继承,但是集体经济组织成员身份不能继承,继承人所取得的是集体经济组织股东身份而不是集体经济组织成员身份。这也可以解释,为什么继承人所取得的是财产方面的权利而不能参与集体经济组织的经营管理。

员）可以不同。[1]

这里还有一个需要解决的问题是集体经济组织设立后新加入人员的身份问题，集体经济组织的发展具有开放性趋势，也就是说，在一定条件下允许外部的资本或者非集体成员加入，这类新加入的人员是集体经济组织股东，但并不是集体经济组织成员，只有集体成员才能成为集体经济组织成员，不同身份的集体经济组织成员和不同身份的集体经济组织股东的权利和义务并不相同。

（二）集体经济组织成员身份与基层治理

集体经济组织成员权具有一种复合性特点，既是团体法上的资格性权利，也是具有身份属性的权利。集体经济组织的成员资格直接决定了集体经济组织成员权利的取得。《农村土地承包法》第 69 条规定："确认农村集体经济组织成员身份的原则、程序等，由法律、法规规定。"但是，现有法律对集体经济组织成员资格并没有明确规定。从理论上说，集体产权制度改革背景下的集体经济组织的改革目标是实现集体资产的保值增值，保障其成员的财产权益。集体经济组织成员资格的确定要以分配正义为目标，在分配正义和比例平等规则的指引下，实现同样的情况同样对待，不同的情况不同对待。[2]这就要求在集体经济组织成员资格确定的过程中，尽量避免因不同的分类标准而产生区别对待。另一方面，集体经济组织成员资格的确定也使个人与集体之间的关系得到明晰，并对集体产权制度改革产生了积极影响。在集体产权制度改革过程中，前三批承担中央试点任务的 279 个县级单位，[3]大部分以县委县政府名义出台了成员身份确认的指导意见，在县域范围内统一成员身份确认时点，规范成员身份确认程序，明确成员确认的基本政策。[4]

集体经济组织成员资格的界定从表面上看是集体经济组织成员的身份标

---

[1] 杨一介：《合作与融合：农村集体经济组织法律规制的逻辑》，载《西南民族大学学报（人文社会科学版）》2022 年第 4 期，第 77 页。这里的新加入的成员是指集体经济组织成员而不是集体经济组织股东（非成员股东），在土地承包经营权发包之后，新加入的成员也无法重新取得土地承包经营权。

[2] 郑成良：《法律之内的正义：一个关于司法公正的法律实证主义解读》，法律出版社 2002 年版，第 40 页。

[3] 集体产权制度改革已进行了 4 批试点：2015 年第一批试点共 29 个县（市、区）；2017 年第二批试点共 100 个县；2018 年第三批在吉林、江苏和山东整省、50 个地级市、150 个县试点；2019 年第四批在贵州、河北等 12 个省、市、自治区进行整体试点。

[4] 余葵：《全面推开农村集体产权制度改革试点需要把握的八个问题》，载《农村经营管理》2020 年第 6 期，第 22 页。

准选择问题,是一个权利分配的问题,但也与基层治理相关。在集体经济组织成员资格确定的过程中,无论是成员资格界定本身,还是集体经济自治与纠纷调解,都有赖于基层治理与村民自治的作用。集体成员资格界定既需考量标准的排他性维度,也应关注过程的自治性维度。因二者的组合顺序以及强弱程度不同,形成"封闭-自治""开放-自治""开放-他治""封闭-自治"四种模式,四种模式在成员资格纠纷发生频率和治理路径上都存在差异,并影响乡村治理的总体格局。"封闭-自治"模式易造成大多数成员排斥具有稀释个人分红的集体行动,也容易形成公共治理困境。相对来说,"封闭-共治"模式则维护了集体共有的制度框架以及各类主体的合法权益,总体纠纷处于可控能力内。[1]因而,在集体产权制度改革的过程中,要以系统的方式来解决集体经济组织成员资格的问题,并以此为基础来实现乡村振兴和乡村治理的创新。

(三)集体经济组织封闭性之改变趋势[2]

就现有情况来看,与集体经济组织的特殊性相对应的另一个问题是集体经济组织的封闭性和成员的平等性。集体经济组织成员权的享有与成员身份有关,而成员身份与农民集体成员身份相关,以土地权利为核心,不能以意思自治为基础任意改变,具有封闭性的特点。通行的理论和做法都认为应以

---

[1] 李博阳:《农村集体成员资格界定的路径方式与治理效应——基于第一批农村集体产权改革试验区的案例研究》,载《农林经济管理学报》2020年第5期,第599页。该文的题目是农村集体成员资格界定,但是从副标题以及论文的内容和研究对象来看,是对集体经济组织成员资格的研究。

[2] 关于这一问题的讨论,与集体经济组织成员和集体经济组织股东的关系有关。从现有情况来看,集体经济组织股东地位取决于是否拥有集体经济组织股权,但是集体经济组织成员身份的确定,是否以股权为依据,或者说拥有集体经济组织股权是否就是集体经济组织成员,则是另外一个问题。关于集体经济组织成员身份的讨论,容易将这两个问题混在一起。可以确定的是,集体经济组织成员与集体经济组织股东的区别在于权利不同,股东的权利围绕股权进行,而在只有经营性资产折股量化的情况下,集体经济组织成员的财产权范围肯定大于集体经济组织股东。就现有情况而言,在大多数情况下,将取得集体经济组织股权与取得集体经济组织成员资格联系起来,虽然股权的取得主体具有多种身份,但是取得集体经济组织成员资格仍是取得股权的主要途径。集体经济组织的开放性通常是集体经济组织股权取得主体的开放性,这种新增的股东并不一定是集体经济组织成员,因而在这里只是延续通常的表述。与之相关的另外一个问题是集体经济组织成员如果转让股权,是否会失去成员身份。从理论上说,集体经济组织成员与集体经济组织股东是两个不同的主体,股权的转让并不代表成员身份的转让。但是,在实践中,这种划分增加了主体的复杂性,不利于效率。目前集体经济组织股权的转让并不常见,但是随着改革的进一步推行,集体经济组织成员股权转让后的身份以及紧接着的权利问题都是需要进一步解决的重要问题。

地域、户籍（也就是以身份）作为集体经济组织成员资格取得的基础。2016年《集体产权制度改革意见》提出："农村集体经营性资产的股份合作制改革，不同于工商企业的股份制改造，要体现成员集体所有和特有的社区性，只能在农村集体经济组织内部进行。"从这一规定的内容来看，集体产权制度改革是典型的内部改革，既不能由内部人控制，又要限制外部资本的侵入。再加上"量化到人、确权到户"的股权确权模式，强调股权不随人口变动而调整，这就进一步增强了集体经济组织的封闭性。

这种封闭性符合集体所有权的特点，但是随着集体产权制度改革的推进和集体经济的发展，外部主体的加入，包括职业经理人的加入以及外部股东的加入，可能使集体经济组织变得开放，集体经济组织股东的身份具有多样化的特点。再加上股份的继承和转让也会使成员的身份发生变动，集体经济组织内各权利主体的权利内容和权利性质的差别越来越大。

对于集体经济组织成员身份的取得，有学者认为，依据现代产权理论，成员即是对农村集体资产的形成和积累有贡献者或持有集体"资产份额"者。因此，是否持有集体"资产份额"是成员资格变更的正当性基础和判断依据。[1]以此为依据，在集体经济组织成员身份和股权的关系中，并不是成员身份决定了股权的取得。相反，是持有股权则取得成员身份。但是，集体经济组织的特殊性在于成立后新加入的股东，其虽持有集体经济组织股份，但并不一定具有集体经济组织成员身份。非成员股东只享有财产方面的权利，在非财产权利方面受到限制。从这个意义上来讲，集体经济组织的开放是指股东身份的开放，并不是成员身份的开放。

集体经济组织成员与集体经济组织股东之间权利的不同说明集体经济组织成员权内容可以分离，不同主体可能享有全部权利内容，也可能只享有部分权利内容。作为集体经济组织成员的自然人死亡，虽然其身份丧失，但是其权利仍可继承，只是继承的权利内容受到限制。所以，不能将基于集体成员身份取得的权利等同于身份性权利，也不能将权利主体的身份限制性等同于权利本身的限制性。身份权与身份捆绑在一起，不仅因身份不得转让、继承，身份性权利也不能转让、继承，而且身份性权利的享有依赖于身份的持

---

[1] 刘竞元：《农村集体经济组织成员资格界定的私法规范路径》，载《华东政法大学学报》2019年第6期，第162页。

续予以维持，否则身份丧失，身份权亦随之丧失。[1] 股权确权后所具有的包括继承在内的流动性说明股权不仅可以与集体成员的身份分离，而且也可以与集体经济组织成员身份分离，集体经济组织成员获得股权以后，即使户籍发生改变，也不影响其已经取得的股权，从这个角度来说，集体经济组织封闭性的改变是一个趋势。

二、集体经济组织成员身份的认定条件

（一）相关概念界定

1. 成员资格与成员身份

从理论上说，集体经济组织成员身份与集体经济组织成员资格是两个不同的问题，有资格才可能有身份，资格是身份的前提。但是，在实际的使用过程中，成员资格和成员身份这两个概念并没有区分，在各地的相关文件中，两种表述也同时使用。湖南省《涟源市农村集体经济组织成员身份确认指导意见》（涟办〔2019〕第37号）在名称中使用的是"成员身份"，在第3条"成员资格的确认"中，出现了"认定具有本村集体经济组织成员资格""是否认定为本村集体经济组织成员""不具有本村集体经济组织成员资格""本村集体经济组织成员资格自动丧失"等表述，从条文本身的含义来看，并没有区分成员资格和成员身份。《吉首市农村集体经济组织成员资格确认的指导意见（试行）》（吉政发〔2019〕20号）名称中使用的是"成员资格"，但在具体规定中都是"本集体经济组织成员身份"，但同时也规定在"集体经济组织成员资格自动丧失"的情况下，"确认不具有本集体经济组织成员身份"，而"确认不具有集体经济组织成员身份"不仅包括资格丧失，还包括退休人员回乡退养和承诺不享有集体经济组织成员身份等其他情况。就权利的享有来说，在集体产权制度改革中，身份是权利的基础，因而在这里使用集体经济组织成员身份这一概念。

2. 成员身份的确认和成员身份的确定

除成员资格和成员身份以外，成员身份的确认、成员身份的认定和成员身份的界定也经常混用，相关的文件中使用的并不相同，四川省农业厅制定的《四川省农村集体经济组织成员资格界定指导意见》（川农业〔2015〕21号）使

---

[1] 高海：《论集体土地股份化与集体土地所有权的坚持》，载《法律科学（西北政法大学学报）》2019年第1期，第177页。

用的是"界定",而《重庆市农村集体经济组织成员身份确认指导意见(试行)》(渝农发〔2018〕325号)使用的是"确认",海南省《乐东黎族自治县农村集体经济组织成员资格认定指导意见》(乐府办〔2019〕44号)使用的是"认定"。由于2016年《集体产权制度改革意见》使用的是"确认",因而实践中多使用"确认"。对于相关词语的含义,有学者认为"确认"不同于"确定","确认"意味着先有待确认的对象存在,通过确认对其承认、认可,而"确定"则无需事先有某种事实或已被提出的方案、原则存在,直接表达对主体的肯定或决定,因而集体经济组织成员身份确认后,应当置备成员名册或股东名册予以确定。确认是确定工作的一个方面。[1]这种说法看起来有一定的合理性,有点类似于集体经济组织成员资格与集体经济组织成员身份的区分,只是从另外一个角度从实体和程序两个方面对成员身份的认定进行了区分。这种看起来清晰的做法实际上增加了事情的复杂性,因为如果一个主体符合条件,但又不予认定,要不很难找到理由,要不就是自相矛盾。因而,这里统一使用集体经济组织成员身份确认这一概念。

需要注意的是,集体经济组织成员身份的确认与股权的取得相关,就集体成员来说,具有集体经济组织成员身份,就可取得股权;如果不具有集体经济组织成员身份,则无法取得股权。在集体经济组织设立时,两者之间具有一致性,但是集体经济组织设立之后,集体成员、集体经济组织成员和集体经济组织股东就会出现一致性,对于新增成员(股东)的特殊性,笔者将在下面专门进行论述。

(二)以户籍为基础的集体经济组织成员身份确认条件

1. 基准日户籍是成员身份确认的基础条件

2016年《集体产权制度改革意见》规定集体经济组织成员身份的确认"依据有关法律法规,按照尊重历史、兼顾现实、程序规范、群众认可的原则,统筹考虑户籍关系、农村土地承包关系、对集体积累的贡献等因素,协

---

[1] 许明月、孙凌云:《农村集体经济组织成员确定的立法路径与制度安排》,载《重庆大学学报(社会科学版)》2021年第1期,第248页。在该文中,作者认为,在进行集体经济组织成员确定的立法路径选择上,应当先对集体经济组织成员身份确认与成员确定这两个既有密切联系,又有本质区别的行为进行区分。在此基础上,对成员确定中的成员身份确认和新成员吸收分别作出不同的制度安排。作者认为确认应当采用立法路径,而新成员的吸收应当采用自治路径。这种做法虽然有明确化的特点,但是关于立法路径与自治路径的安排不应有绝对性,所以在不违背法律的强行性规定的条件下,自治应是基础。

调平衡各方面利益"。《农村土地承包法》第 69 条规定:"确认农村集体经济组织成员身份的原则、程序等,由法律、法规规定。"但是,在现有法律没有明确规定的情况下,各地通常以规范性文件的形式作出规定,虽然内容并不完全相同,但是户籍是共同的基础。农村集体经济组织成员身份应基于由该组织较为固定的成员所组成的具有延续性的共同体,其成员原则上应该在该组织所在地长期、固定地生产、生活,形成事实上与该组织的权利义务关系及管理关系,并结合是否具有依法登记的该组织所在地常住户口来认定。[1]故集体经济组织成员身份的确认离不开两个条件:一是以特定的日期为基准日;二是户籍是认定的主要依据并辅之以其他条件,包括土地承包、生活来源、对集体的贡献等。

户籍制度本是行政管理的一部分,作为集体经济组织成员的判断标准具有简洁明了的一面。在集体产权制度改革中,通常会确定一个基准日,[2]在基准日之前拥有户籍是取得成员身份的必要条件,因此取得的集体经济组织成员身份被认为是原始取得。也就是说,户籍在原农业生产合作社或生产大队且长期生产生活在本集体经济组织所在地的农村居民,及其所生(婚生和非婚生、计划生育和非计划生育)子女自然取得本集体经济组织成员资格。[3]这是因为在集体产权制度改革之前,集体成员具有一定的封闭性和延续性,也就是祖辈是集体成员,决定了其子孙也必然取得本集体经济组织的成员资格。将户籍登记运用于成员身份的确认,其所预设的前提乃是户籍登记系成员的农村居民、农业经营者、集体经济组织成员三者的统一——既然作为以集体土地为生为业的成员,自然应在此地居住,故具备当地户籍乃在情理之中。[4]

虽然农民集体不同于集体经济组织,但是由于农民集体不具有实体性,在现有的法律框架下,集体成员必须依赖于集体经济组织实现其权利,集

---

[1] 方志权:《农村集体经济组织产权制度改革若干问题》,载《中国农村经济》2014 年第 7 期,第 10 页。

[2] 在集体经济组织改革过程中,通常会确定一个时间点作为成员资格界定的基准日。在基准日之前具有集体经济组织所在地户籍并符合其他相应条件的人员,界定为集体经济组织成员,成为集体经济组织股东。对于这类成员资格的取得通常称为原始取得或者初始取得。参见《四川省农村集体经济组织成员资格界定指导意见》的相关规定。

[3] 方志权:《农村集体产权制度改革:实践探索与法律研究》,上海人民出版社 2015 年版,第 26 页。

[4] 戴威:《农村集体经济组织成员资格制度研究》,载《法商研究》2016 年第 6 期,第 88 页。

经济组织成员身份的取得从实用主义的层面来说，在集体经济组织设立时，与集体成员具有一致性。另外，由于户口的迁出和迁入是一种有据可查的行政行为，户籍作为集体经济组织成员的取得方式具有明确性和认可程度高的优点，因而也就成了成员身份确认的基础。在集体经济组织改革的过程中，特别是在确定股权的过程中，通过以户籍作为基础，结合其他条件，对集体经济组织成员进行确认之后，新增成员和新增股东都必须符合一定的条件。

2. 以户籍为基础的其他条件

从集体经济组织改革开始户籍就成了决定集体经济组织成员资格的重要条件，在个别情况下，成为决定集体经济组织成员资格的唯一条件。《湖北省农村集体经济组织管理办法》第15条规定："凡户籍在经济合作社或经济联合社范围内，年满16周岁的农民，均为其户籍所在地农村集体经济组织的社员。……"但是，这种除年龄要求外单纯将户籍作为判断标准的做法并不常见，即使在早期，各地也会在户籍的基础上增加其他条件，包括"特定身份""权利义务关系""劳动能力""生产生活""土地保障"等典型的事实要素。就其特点来说，除"土地保障"的判断标准较为抽象、复杂外，其他要素都具有较为明确的判断外观，同时亦缺乏与个体意志的联系。[1]因而集体经济组织成员身份的取得并不是以自愿参加为基本前提的，而是只要符合集体经济组织成员的条件，如果不明确放弃，自动取得集体经济组织成员身份。

表3-1 集体经济组织成员资格的确认条件：理论研究

序号	判断标准	主要内容
1	综合采用直接标准和灵活标准	（1）直接标准属于法律强制规定，主要包括"户籍＋与集体之间的权利义务的对价性""户籍＋与集体之间在生产生活上的依赖性"（或称保障性） （2）灵活标准作为重要补充，主要适用于因特定原因而发生户籍变动的自然人以及符合国家、地方政策规定的特殊群体等，是对立法中"法律、法规和集体同意的其他人员"的具体化。其中，对于"集体同意的其他人员"，若不存在户籍、与集体之间的权利义务的对价性、与集体之间在生产生活上的依赖性（保障性）等因素，则应提高集体表决的难度。[2]

---

[1] 戴威：《农村集体经济组织成员资格制度研究》，载《法商研究》2016年第6期，第86页。
[2] 韩俊英：《农村集体经济组织成员资格认定——自治、法治、德治协调的视域》，载《中国土地科学》2018年第11期，第20页。

续表

序号	判断标准	主要内容
2	以户籍为形式要件，以权利义务为实质要件	只具有户籍而不符合权利义务实质要件的不能认定为集体成员。[1]
3	户籍+以农业为基本职业	定居于农村社区，为社区所认同，其家庭以农业为其基本职业的，就应当具有集体成员资格。[2]
4	以户籍为一般标准，以特殊标准为补充	即便暂时不具有本农村集体经济组织的户籍，也应当被认定具有本农村集体经济组织的成员资格；如户籍迁出的在读大学生和服兵役人员、原为本农村集体经济组织成员的服刑人员、成年农村集体经济组织成员的配偶。[3]
5	户籍、长期固定的生产和生活关系、生活保障基础	以是否具有所在的集体或集体组织的户籍、是否与所在农民集体或集体经济组织形成了长期固定的生产和生活关系以及是否以集体土地为生活保障基础作为判断是否具有农民集体成员资格的一般标准。[4]

从上面的表格可以看出，集体经济组织成员资格的确认条件具有多样性的特点。除上面的条件以外，集体产权制度改革还与土地承包制度有关。股权户的设计也源于农村承包经营户，因而拥有土地承包经营权也是取得成员资格的一个依据，在某些地方甚至成为主要依据。

表 3-2 集体经济组织成员资格的认定条件：实践规定

序号	认定标准	来源
1	户籍+年龄	《湖北省农村集体经济组织管理办法》第 15 条

---

[1] 张旭光：《农村集体经济组织成员身份司法确认研究——基于山西省 230 份裁判文书的分析》，载《河北农业大学学报（社会科学版）》2020 年第 1 期，第 83 页。

[2] 韩松：《农民集体所有权主体的明确性探析》，载《政法论坛》2011 年第 1 期，第 106 页。

[3] 高飞：《农村集体经济组织成员资格认定的立法抉择》，载《苏州大学学报（哲学社会科学版）》2019 年第 2 期，第 43 页。

[4] 管洪彦：《农民集体成员资格认定标准立法完善的基本思路》，载《长安大学学报（社会科学版）》2013 年第 1 期，第 67~68 页。

续表

序号	认定标准	来源
2	户籍+土地承包关系+与集体经济组织利益关系+其他条件	《黑龙江省农村集体经济组织条例》第9条
3	户籍+集体成员（代表）大会表决通过	《江苏省农村集体资产管理条例》第18条
4	户籍+履行权利义务	《广东省农村集体经济组织管理规定》第15条
5	户籍+遵守章程+其他条件	《浙江省村经济合作社组织条例》第17条
6	户籍+承包关系+对集体积累的贡献	《上海市农村集体资产监督管理条例》第9条

从表3-2规定的内容来看，各地关于成员资格确认的规定与相关的理论研究具有一定的相似性——户籍是基础性条件，在此基础上规定其他认定条件，即只有符合条件的人员才能成为集体经济组织成员。

（三）成员身份确认的规范性与自治性

1. 成员身份确认的依据

集体经济组织改革以实现其成员的合法权益（特别是财产性权益）为目标，成员身份是所有权利的基础，因而在集体经济组织成员身份确认的过程中，公平应是基础原则。以集体成员为基础、以平等为基本原则，实现相同的情况相同对待、不同的情况不同对待。另外，由于集体经济组织成员权和集体经济组织股权结合，各地在实际操作中会根据成员不同的个人条件，以集体经济组织成员身份为基础，确定不同的股东身份。既可能出现原始股与奖励股等成员股东的区分，也可能会有社会股东和社区股东等非成员股东的区分。

农村集体成员资格的认定标准一般有两种取向：一是伦理道义取向，集体成员身份反映了农村社区内部共享的文化价值，因此用村规民约界定集体成员资格的做法在具体实践中普遍存在；二是法律规范取向，很多地方设置了集体经济组织成员认定的标准。[1]就其侧重性而言，在集体经济组织改革

---

[1] 李强：《农村集体收益分配中的行政嵌入及其实践逻辑——基于农村集体经济组织干部报酬管理的考察》，载《中国农村观察》2021年第4期，第108页。

的前期，适用的主要是第一种方式，强调集体自治，即使发生争议，法院在绝大多数情况下也会以其作为集体经济组织的内部事务而不予受理；对于后者而言，随着集体经济组织改革的进一步推进，各地的立法供给增多，关于集体经济组织成员身份的确认条件也日益明确。需要注意的是，这种日益明确的资格条件规定并不是要限制集体经济组织的自治，而是要提出最低限度的要求，以此实现平等意义上的公平。如果说第一种方法强调的是自治性，第二种强调的便是规范性或者"排他性"，即表示个体与集体的关系得以明晰，其他个人和组织都不得再随意侵吞成员权益。[1]从这个意义上说，这种规范性既是对个人权益的保护，也是对集体自治的尊重，从而对集体经济组织的经营管理和乡村治理产生影响，并使法律成为其中的关键。也就是说，由于法律的进一步完善，集体经济组织经营管理中的行政性因素会进一步减弱，创新协同共治形式既是基层治理的需要，也是集体经济发展的需要。

2. 成员身份确认中规范性与自治性的争议

集体经济组织成员身份确认的规范性是指通过规范性文件规定集体经济组织成员身份的确认条件，而自治性是指由集体经济组织通过章程或者其他方式规定集体经济组织成员的确认条件。集体产权制度改革的起点是"从土地集体所有权中分离出承包经营权，并将其物权化。以承包经营权流转为中心的产权制度改革的重心则是从物权法定原则转向物权效率原则，侧重于承包经营权与经营权的分离，重在通过权利运行方式实现法定物权的经济功能"。[2]与之相应的是，在改革过程中强调对权利的保护，但是主体方面的制度构建较为薄弱，不仅相关的法律、法规和全国性的政策性文件没有规定，就省级层面而言，相关的规定亦较少，主要集中于基层政府的相关规定。集体经济组织由成员组成，集体经济组织成员需具备特定的身份，并不是每个自然人都可以成为集体经济组织的成员。而由谁来确定集体经济组织成员身份以及如何确定集体经济组织成员身份的问题亦存在诸多争议。

从争议的内容来说，持法定主义的观点认为，成员资格属于基本权利的内容，应由国家以立法的形式来确定集体经济组织成员身份。与之相反的观

---

[1] 李博阳：《农村集体成员资格界定的路径方式与治理效应——基于第一批农村集体产权改革试验区的案例研究》，载《农林经济管理学报》2020年第5期，第595页。

[2] 秦小红：《西方财产权理论的谱系及其对中国农村产权制度改革的启示》，载《江西财经大学学报》2014年第2期，第113页。

点则是，成员身份的确认属于成员自治的范围，应由集体经济组织按照民主程序自主决定。[1]处于两者之间的观点认为，从立法权限来说，全国人民代表大会常务委员会有权制定关于农村集体经济组织成员资格标准的法律规范文件，但是涉及农村集体经济组织的很多关系还没有理顺，不可能仅对集体组织成员资格进行立法。[2]作为对上述观点的中和，有观点认为，集体经济组织成员权是国家意志、农民集体意志和农民个人意志协调的结果，政府应该在维护公平正义和村民自治原则的基础上，加强对集体经济组织成员权的调解处理机制建设，而不是去制定完备的界定标准。[3]就现有情况而言，在《农村集体经济组织法》未颁布之前，各地的相关规定性文件会对集体经济组织成员的认定条件作出规定，其中户籍是决定集体经济组织成员资格的关键因素。

需要注意的是，集体经济组织成员资格确认的规范性和自治性的区分并不绝对。在实践中，在通过规范性文件规定成员资格的基础上，也会赋予集体经济组织一定的自治权。佛山市南海区《农村集体经济组织成员资格界定办法》（南办发［2008］59号）第2条规定，在10种条件下相关人员具有集体经济组织成员资格，其中第9个条件是"农村集体经济组织章程规定或经成员大会表决通过具有成员资格的人员"，以规范性的条文规定了集体经济组织在决定成员资格方面的自治权利。同时，该办法又在第3条规定了是否具有集体经济组织成员资格由农村经济组织章程或成员大会表决确定的条件，包括"出生时或被合法收养时不是随其具有成员资格的父或母一方入户，后来才入户农村集体经济组织所在地的成员的子女"等三种情况。也就是说，只有在一定的条件下，章程或成员大会才有确认集体经济组织成员身份的权力。

另外，在集体产权制度改革的过程中，很多地方没有规定统一的成员身份确认条件，在"一村一策"的背景下，成员资格的确定则完全取决于集体经济组织章程或集体经济组织决议；各地即使制定了集体经济组织成员资格

---

[1] 许明月、孙凌云：《农村集体经济组织成员确定的立法路径与制度安排》，载《重庆大学学报（社会科学版）》2022年第1期，第247页。

[2] 杨攀：《农村集体经济组织成员资格标准的法律分析与实践》，载《西南政法大学学报》2011年第3期，第33页。

[3] 唐浩、张聪：《农村集体经济组织成员权界定主体：理论、现状与制度设计》，载《农业现代化研究》2022年第1期，第70页。

确认的条件或标准，在不违背法律的强制性规定的情况下，也仍允许集体自治。这是因为我国地域广大，各地的情况也不相同，因而不可能以强制性规定的形式对成员资格的确认规定统一标准。但是，由于集体经济组织所具有的不仅仅是经济职能，也与社会主义公有制和基层治理有关，故不能将成员资格问题完全交由集体自治，比较可行的办法是通过立法明确成员资格认定的最基本标准，在此基础上，各地根据实际情况在自治的基础上确认合适的成员资格确认标准。

3. 成员身份确认的可诉性问题

与成员身份认定自治性相对应的另外一个问题是成员资格确认的可诉性问题。就现有的情况而言，集体经济组织成员身份确认纠纷是否具有可诉性有三种不同观点：暂时不具备可诉性、完全不具备可诉性以及具备可诉性。认为暂时不具备可诉性是因为成员资格的确认事关农民的基本权利，应由全国人民代表大会常务委员会决定，在其确认之前，暂时不具有可诉性；完全不具备可诉性的观点认为，成员资格的确认属于自治的范围，司法权力对此不应干涉；具备可诉性则认为，对集体经济组织成员身份的确认属于集体自治的范围，但是这种自治权容易被滥用，因而国家应制定指导性原则和标准，并建立包括司法审查在内的权益损害救济机制。[1] 2008年《民事案件案由规定》将"侵害集体经济组织成员权益纠纷"作为三级案由，但是除在处理其他纠纷附带对集体经济组织成员资格进行审查外，法院基本没有单独对集体经济组织成员身份进行处理。主要原因包括：资格认定不是平等民事主体间的纠纷，资格认定属于村民自治范畴，资格争议应由行政机关处理，资格认定缺乏实体法依据等。[2]

成员身份是取得权利的基础，在以"侵害集体经济组织成员权益纠纷"作为法定案由的情况下，成员身份的取得与否也应具有可诉性。但是，在现有法律没有对集体经济组织成员资格的确认作出明确规定的情况下，需要解决的则是法院作出司法裁判的依据问题，也就是司法裁判既要对成员的权益进行保护，也不能干预集体经济组织的自治权利。对于在资格确认中违反法

---

[1] 江保国：《集体经济组织成员身份确认的可诉性研究》，载《中外法学》2018年第4期，第1056页。

[2] 江晓华：《农村集体经济组织成员资格的司法认定——基于372份裁判文书的整理与研究》，载《中国农村观察》2017年第6期，第14页。

律强制性规定（比如侵犯妇女儿童合法权益）的情况，应通过司法裁判对合法权利进行保护，但是对于属于集体自治的事项，则应予以尊重。

（四）决议行为在成员身份确认中的地位和作用

1. 决议行为是否为成员身份确认的必要条件

针对集体经济组织成员身份的确认问题，《四川省农村集体经济组织条例》第9条规定"农村集体经济组织成立前其成员身份由村民会议确认，成立后其成员身份的取得或者丧失由成员大会决定"。[1] 从该条的内容来看，不仅区分了确认和决定，也区分了集体经济组织成立之前和成立之后。从字面含义来讲，确认属于程序性规定，而决定则包含实质性审查。而农业农村部于2020年11月印发的《农村集体经济组织示范章程（试行）》（农政改发〔2020〕5号）第9条规定"户籍在本社所在地且长期在本社所在地生产生活，履行法律、法规和本章程规定义务，符合条件的公民，经书面申请，由本社成员（代表）大会表决通过的，取得本社成员身份"，将户籍、生产生活、遵守章程、书面申请以及表决通过作为取得集体经济组织成员身份的条件。

与示范章程类似的是，《重庆市农村集体经济组织成员身份确认指导意见（试行）》（渝农发〔2018〕325号）规定，成员身份确认的程序包括：组建工作机构、制定工作方案、开展宣传动员、全面调查摸底、实施民主决策、公示确认结果以及报送备案归档。其中，民主决策是由工作机构形成成员建议名单，公示后经村民大会或村民代表大会讨论通过后，形成名单，公示无异议后备案归档。而吉林省德惠市《关于农村集体经济组织成员身份确认的指导意见》（德府发〔2019〕27号）则规定程序为宣传动员、成立组织、民主决策、调查摸底、结果公示和资料备案。民主决策是拟定成员确认的具体办法，在此基础上对成员身份进行确认。两者相比则可以发现以决议为代表的民主决策的作用并不相同。重庆市是对名单的民主决策，而德惠市则是对认定条件的民主决策。从理论上讲，认定条件应成为民主决策的事项，而在符合认定条件的情况下，对名单投票表决不应是必要条件，因为如果表决通

---

[1] 《四川省农村集体经济组织条例》第9条第1款规定："农村集体经济组织成员身份，应当依据法律、法规，按照尊重历史、兼顾现实、程序规范、群众认可的原则，统筹考虑农村土地承包关系、户籍关系，可以兼顾对集体积累的贡献等因素，通过民主程序进行确认。农村集体经济组织成立前其成员身份由村民会议确认，成立后其成员身份的取得或者丧失由成员大会决定。"

过,则只是对事实的一个确认,如果表决不通过,在符合条件的情况下,就是对个人权利的侵犯,虽然可以通过救济来实现权利,但是会降低效率,也不符合公平。

因而,如果说决议是集体经济组织成员身份确认的必要条件,则是混淆了成员身份的认定与成员身份的公示。重庆市的相关规定更类似于对成员身份的公示,而这种公示并不是一种有效率的方式。因而对于决议行为在集体经济组织成员资格确认中的作用来说,应包括两个方面:一是在不违背法律的强行性规定的条件下,以自治的方式确认成员资格的条件;二是在条件确定的情况下,在某些情况下,对于不完全具备成员资格条件的人员,可以由成员大会或成员代表大会表决,以决定其能否成为集体经济组织成员。不论采用哪种方式,对于确认成员身份的名单均应进行公示,以做到公开和公平。故决议行为在成员资格确认中的作用并不是在完全符合成员资格认定条件的情况下,再以民主决策的形式完成资格确认,而是决定成员资格确认的实质条件,在符合条件后,则不需在程序上再进行确认。这是因为"立法实质上是规范现实生活中存在的各种权利类型和义务类型,并对这些权利类型和义务类型进行价值评价,最后在这些基础上制定出共同遵守的法律规则",[1]当规则制定以后,则只需执行即可,在这方面对于立法规定的成员资格确认条件和合法制定的章程确认的成员资格确认条件同样适用。

2. 决议行为确认成员身份的情况

集体经济组织成员身份的确认是指,在不违背法律相关规定的条件下,通过自治决定成员的条件,对于符合条件的人员,经过公示和登记程序,确认成为集体经济组织的成员。决议在集体经济组织成员身份认定中的作用表现在两个方面:一是成员身份的认定条件必须以决议的形式通过民主决策作出,对此所有成员,不论是对改革时成员身份的认定还是改革后新增成员的认定,都要予以遵守。二是在对集体经济组织成员资格有争议,或者不完全符合集体经济组织成员资格的情况下,需要通过民主决策的形式来确定集体经济组织成员身份。通常表现为两种情况:一是新加入户籍人员的成员身份问题,"因结婚申请入户及随母入户的小孩,对方是农业户口迁入时仍然是农

---

[1] 张斌峰、陈西茜:《试论类型化思维及其法律适用价值》,载《政法论丛》2017年第3期,第19页。

业户口的，经过经济社、经济联合社同意迁入户口，同意享受股民待遇"[1]。二是具有特定身份的人能否成为集体经济组织成员，例如虽然户籍仍保留在原地，但是具有公务员身份的主体，能否成为集体经济组织成员，在实践中并没有统一做法。福建闽侯县规定，已经享受公务员、国家事业单位、国有企业、国有控股企业以及县级以上大集体企业职工生活保障的在编在册人员和退休人员，不再确认集体经济组织成员身份。[2]但是，在"一村一策"的背景下，在很多地方，公务员能否成为集体经济组织的成员取决于章程的规定，在章程没有规定的情况下，是否保留其成员身份由成员大会表决决定。

第三种情况则有一定的特殊性，从本质上来说，是集体经济组织股东而不是集体经济组织成员的加入。这主要包括不具有户籍条件的人如果要取得集体经济组织股权，需通过决议来实现，实践中出现的社会股东或非成员股东就属于这种情况。除此之外，集体经济组织成立后以项目或资金入股，成为股东也必须经成员大会表决通过。

（五）新增成员的特殊问题

与现有成员相对，基准日之后取得集体经济组织成员资格的成员就称为新增成员。不仅新增成员的条件不同于原始取得的条件，而且在集体经济组织成立（特别是股权确权）以后，能否新增成员以及在何种情况下新增成员，这些条件的确定既属于集体经济组织自治权的一部分，又涉及权利的分配，是立法的一部分。以后者而言，这个问题可以被进一步明确为是否需要在新增集体经济组织成员资格的认定方面对集体经济组织的自治权进行限制，如果需要的话，界限应是什么。

1. 新增成员与新增股东

集体经济组织成员与集体经济组织股东是两个不同的概念，成员可能是股东，但是股东不一定是成员。集体经济组织成员与集体成员有关，集体成员通过集体经济组织行使相关权利，成为集体经济组织成员，在成员身份的确认过程中，通常以基准日为基础，基准日前符合条件的集体成员也就会成

---

[1] 具体参见广州市荔湾区某经济联社的规定。从内容来看，这条规定容易产生争议。因为股权在按基准日确权以后，至少在一定的时期内不会改变，在这种情况下，新迁入的人员不可能也不应因迁入而直接取得股民身份。

[2] 《农业部关于农村集体资产股份权能改革试点情况的通报》，载农业农村部官网：http://www.moa.gov.cn/nybgb/2017/dyiq/201712/t20171227_6130409.htm，访问日期：2021年10月5日。

为集体经济组织成员,并获得股权,成为集体经济组织的股东,其逻辑关系是集体成员-集体经济组织成员-集体经济组织股东。如果对股权实行动态管理,则会根据集体成员情况的变化确认集体经济组织成员身份,调整成员数量,并对股权分配进行调整,在这种情况下,成员身份的确认条件应与基准日时的成员身份确认条件相同,并按当时的规定执行。在股权实行静态管理的情况下,股权数量确定,基准日之后新增加的集体成员,除继受现有的股权外,不能取得集体经济组织股权,股权的数量也不会增加,集体成员与集体经济组织成员的身份就会发生分离。

与之不同的是,在公司中,公司成员享有的成员权和与股东享有的股东权并无区别,股东之间虽然在持股份额上可能存在差异,但在章程未另有约定时,每个股东基于股东权都可以享有完全的成员权,且股东权与成员权在权利的内容和限制方面并不存在差异。[1]但是,在集体经济组织中,成员股东与非成员股东的权利内容并不相同,成员股东所享有的以成员权为依据的权利范围广于非成员股东的权利范围。例如,按照《农村土地承包法》的规定,只有集体经济组织成员才享有土地方面的权利,非成员股东不可能享有这方面的权利。另外,非成员股东也不享有医保等相关的福利待遇,在民主管理方面的权利更是受到限制,集体经济组织成员资格和集体经济组织股东资格并不是同一个问题。

2. 成员资格和股东资格的分离

按照《德清县社员身份确定办法》的规定,村股份经济合作社社员和持股人为社员股东(持股社员)、社员非股东(非持股社员)和非社员股东(集体经济组织外部持股人员)三种不同类型,社员股东是基准日登记在册确权的农村居民,社员非股东是基准日之后取得本村户籍或因三峡移民等政策性落户的居民,而非社员股东是股权酌情享受对象的照顾群体。社员非股东可通过转让、继承、增资购股获得股份,从而成为社员股东。非社员股东不具有选举权和被选举权,只有分红权,而社员股东和社员非股东都具有选举和被选举权,且一人一票,并同样具有土地承包权、宅基地使用权家庭共有人资格。德清县的这个划分其实是没有将集体成员与集体经济组织成员的概

---

[1] 严聪:《论农村集体经济组织中成员资格与股东资格的分离》,载《山东社会科学》2022年第2期,第69页。

念进行区分，社员（也就是集体经济组织成员）身份的取得具有自然性，与户籍的取得有关。社员非股东符合一定的条件可以转为社员股东，需要确认的是社员股东身份，而不是社员（成员）身份。因而，在集体经济组织人员的变化方面，需要进一步区分新增成员和新增股东。新增成员以具有集体成员身份为基础，核心在于血缘和地域关系，并以户籍为基础，而新增股东则可能具有开放性的特点，不以血缘身份和户籍为基础，两者并不是同一个问题。

集体经济组织成员资格与股东资格的分离不仅要求新增成员和新增股东的身份必须明确，而且会产生另外一个问题，即具有集体经济组织成员身份的股东转让股权后的身份问题。从理论上说，成员资格属于身份性权利，不能随之转让；从实践的角度来说，就是随着股权的转让，其成员资格能否保留的问题。在集体产权制度改革的过程中，如果量化资产的范围是经营性资产，股权所涉及的也只是经营性资产，对于非经营性资产，仍由集体经济组织行使，与集体经济组织股权无关，而集体经济组织成员基于其成员身份，仍对此类财产享有权利。从这个意义上说，随股权转让而失去的股东身份，不应对集体经济组织成员身份产生影响。新股东可以通过受让股份加入集体经济组织，但是集体经济组织成员则只能通过吸收新成员的方式增加。新增成员与新增股东是两个不同的问题。

3. 户籍是新增成员的主要依据

需要注意的是，新增成员虽然不以户籍作为必要条件，但是在对股权实行动态管理的情况下，以户籍为依据的集体成员身份也可以成为主张股权的主要条件。2018年10月，浙江省德清县武康街道丰桥村股份经济合作社召开增资扩股大会，以投票表决的形式通过增资扩股方案及增资扩股对象人员名单，共确定164名社员非股东具有增资扩股资格，增资扩股价格每股2万元。新增对象主要为2001年股改后新生及新增的社员，包括户籍在本社区且父母双方为本社社员的新生人员、股改后婚嫁人员，其中实际参与增资扩股的是45人，其余通过继承取得股权。[1] 从理论上分析，这种做法仍是以户籍为基础，以增资扩股的形式使社员非股东取得了股东身份，也就是增资扩股的对

---

[1] 张骥鸿、沈莺虹：《打破"生不增，死不减"股权规定，新居民也可以成为股东，德清率先全省改革农村集体经济股权》，载《杭州日报》2019年1月15日。

象具有限定性。

《成都市温江区关于进一步做好农村集体经济组织成员管理的指导意见（试行）》（温农发〔2021〕14号）将成员确认分为初始成员确认和新增成员确认，以2008年农村产权制度改革完成为分界，新增成员身份可以通过"加入取得"和"特殊取得"两种方式获得，每季度受理并确认一次。加入取得与户籍有关，也就是通过出生、婚姻、收养等方式获得集体经济组织所在地户籍的人员可以申请，经成员大会表决通过后，取得成员资格。特殊取得包括投资取得和人才取得，前者是指与集体经济组织进行合资或合作经营的自然人或经营主体的法定代表人，后者是集体经济组织因经营需要引进的特殊人才，均可申请取得特殊成员资格。

加入取得和原始取得除取得方式不同外，权利内容也不相同。加入取得的成员按照章程规定，在向集体经济组织缴纳一定的公共积累后，可以在户内共享收益的基础上，享有与初始成员同等的收益分配权，也就是享有财产方面的权利。而特殊取得则除具有经营性资产的收益分配权外，还有参加会议以及表决方面的权利。[1] 也就是说，加入取得与特殊取得相比，权利的范围更小，没有户籍通过特殊取得的新增成员，除不能担任成员代表、理事会成员和监事会成员外，其权利范围与初始成员相同。温江区这一规定的特殊性在于实质上使集体经济组织成员的身份与集体成员的身份相分离，非集体成员不仅可以成为集体经济组织成员，也可以享受以集体成员为基础的初始成员的部分权利。而新增的集体成员虽然可以成为集体经济组织成员，但是却只有财产方面的权利。

4. 新增股东的条件

（1）股权继承。现有集体经济组织成员身份的确认以户籍为基础，而户籍具有一定的行政管理特点。温江区的规定说明，随着户籍制度的放开以及集体产权制度改革的进一步发展，户籍作为集体经济组织成员身份的认定基础可能会发生改变，就现有情况来说，集体经济组织股东的身份可以突破户籍的限制要求，其中一个主要表现就是股权继承。

出于对财产权的保护，集体经济组织成员持有的股权可以继承，只是在

---

[1]《成都市温江区关于进一步做好农村集体经济组织成员管理的指导意见（试行）》第3条的相关规定。

权利方面受到限制。如果继承人不具有成员身份，在大多数情况下只能因为持有股权取得股东身份而不能因此取得成员身份。对于这方面的内容，下文会进行专门论述。

需要注意的是，在未来的发展中，集体经济组织成员的身份可能进一步放开，或者股东的权利进一步增加，最终与成员权利一致。2014年8月，中山市农业局印发《中山市加强农村股份合作制股权继承和流转管理的指导意见》（中农〔2014〕146号），将股东分为一般股东和流转股东。一般股东是"按其持有股份额享有相应的资产产权和收益分配权，同时享有股份合作组织的表决权、选举权和被选举权的股份持有者"。流转股东则是"按其持有股份额享有相应的资产产权和收益分配权，不享有股份合作组织的表决权、选举权和被选举权的股份持有者"。按照该意见的规定，一般股东的股权被继承、转让后，继承人或受让人登记为一般股东。而流转股东的股权被继承或者转让之后，其股权的性质取决于继承人或者受让人的身份。如果继承人或者受让人是一般股东，"其一般股东身份保持不变"，如果继承人或者受让人是流转股东，"登记为流转股东"。从这个意义上说，股份决定了股东的身份，通过继承取得某种股份，也就取得了与股份相关的权利。需要注意的是，这种新增股东并没有使股东的数量或者股权的数量发生变化，与通常意义上的新增股东并不完全相同。

（2）投资取得。集体经济组织改革的目的是使其成为真正的市场主体，这就要求必须与其他市场主体一样，解决其经营过程中的"人"与"物"问题，即吸引人才和取得投资。因而，除户籍的变化外，集体经济组织所面临的一个重要问题在于是否接受外来资本和外来人员的加入，以及由此产生的股东身份变化。

投资取得主要包括两种形式：以资金入股和以项目入股。从增加资金的来源来说，投资取得不应以户籍为条件，但是实践中的做法又有不同。东莞市《进一步完善农村（社区）集体经济组织股权管理的指导意见》（东农〔2015〕16号）规定，遵循"尊重历史、公平合理"的原则，实行有偿购股和项目入股。对于有偿入股的具体条件，《长安镇完善社区集体经济组织股权管理实施细则》（2019年征求意见稿）第13条规定"为稳定新增股东人数，社区股份社应综合考虑居民的户籍和履行居民义务等情况，科学合理界定有偿购股的入股对象"；第14条规定"对还未获得股权且户口在本社区的居民及新增人口,可考虑列入有偿购股的对象"。也就是说,有偿购股的取得与户籍有关,资金只能被用于扩大再生产,投入新增发展项目融资或偿还债务,不能用作股东分红;有偿购股的股东虽然以户籍为基础,但仍只享有财产方面的权利,并且只有在规定时间内交纳股款后的下一年才能享受分红。项目入股是指由集体经济组织主导,实行独立核算,允许非股东居民入股参与并享受股份分红的经营事项。方式包括:由居民独立出资,集体不占有股份的方式(项目回购)和集体以土地作价或现金出资并共同占有股份的方式。投资入股的股东与原股东享有同等的权利义务,项目入股的股东按项目实施方案的规定享有该项目的有关权利及义务。[1]需要注意的是,长安镇的这种资金入股与项目入股的区分,表面上看是以资金作为入股的基础,但是户籍仍具有关键地位。

在投资取得方面,成都市温江区关于"与集体经济组织进行合资或合作经营的自然人或经营主体的法定代表人是新增股东"的规定:属于外来人员取得集体经济组织成员身份,并没有户籍要求。与以户籍为基础,通过加入方式取得股东地位的新增股东只具有财产方面的权利而不具有经营决策权不同,这种新增成员(股东)由于拥有表决权,对集体经济组织封闭性改变的影响更大。

(3)人才加入。现阶段集体经济组织的经营以土地为主,并且主要方式是依靠土地取得地租收入,土地的市场价值决定了对集体经济组织经营管理的要求不高,对资金的要求也不高,集体经济组织的经营管理多由其内部成员完成,只是在个别财务等专业性岗位上,需招聘外来人员完成。随着改革的发展,通过"界定资格"解决了"谁来治理"和"谁受益"的问题,有助于乡村治理结构的创新。划分清晰的治权资格和集体资产权属资格也为集体经济组织的专业化和规范化管理创造了条件,有利于其向现代企业经营治理结构迈进,更好地与市场接轨。[2]与之相应,对集体经济组织的经营管理也就相应提出了更高的要求,甚至需要专业人员来参与经营管理和决策,也就会通过分配股权的方式来吸引人才。《成都市温江区关于进一步做好农村集体

---

〔1〕参见东莞市《长安镇关于进一步完善社区集体经济组织股权管理的指导意见》的相关规定。
〔2〕蒋红军、肖滨:《重构乡村治理创新的经济基础——广东农村产权改革的一个理论解释》,载《四川大学学报(哲学社会科学版)》2017年第4期,第14页。

经济组织成员管理的指导意见（试行）》（温农发［2021］14号）"人才取得"是新增成员的一种方式，是指集体经济组织因经营需要引进的特殊人才，经申请可以取得本集体经济组织的成员资格，成为集体经济组织股东。"投资取得"和"人才取得"都属于特殊取得，除不能享受承包土地、使用宅基地等集体资源性资产权益和不享受公共服务、集体福利外，其他与初始成员的权利基本相同。

对比成都市温江区和东莞市长安镇的规定，我们可以发现，长安镇虽然区分投资入股和项目入股，但是由于投资入股有户籍条件，更接近于温江区所规定的加入取得。同样，温江区的加入取得也需"在向集体经济组织缴纳一定的公共积累后，享有与初始成员同等的收益分配权"，与投资入股相似。长安镇的项目入股接近于温江区的投资取得，但是项目入股取得的权利不同于投资取得的权利，投资取得除不享有集体成员所享有的资源性资产的权利外，与初始取得的权利相同，并拥有加入取得所不具有的表决方面的权利。而项目入股只取得与项目相关的权利。

对比浙江省德清县与成都市温江区的规定则可发现，德清县将集体经济组织成员等同于集体成员，但是不同于股东，所以社员非股东也可以享有表决权以及选举权和被选举权，但不具有收益分配权。而温江区的"投资取得"和"人才取得"的股东身份，则同样具有表决权以及选举权和被选举权，但是不具有集体成员的土地等资源性资产的权利。初始成员的身份与集体成员、集体经济组织成员、集体经济组织股东合一，而"投资取得"和"人才取得"的新增成员只有集体经济组织成员和股东身份，不具有集体成员身份，集体经济组织成员与集体经济组织股东的身份具有一致性。东莞市的投资入股，则只享有收益分配方面的权利，并不具有经营管理权。在这种情况下，集体成员仅是集体经济组织股东，而不是集体经济组织成员。

5. 关于新增成员中的民主决策问题

作为新增成员的一种，《成都市温江区关于进一步做好农村集体经济组织成员管理的指导意见（试行）》（温农发［2021］14号）规定，特殊取得要先申请，并由成员（代表）会议2/3以上有表决权的成员讨论通过，然后登记备案，取得成员身份。《长安镇关于进一步完善社区集体经济组织股权管理的指导意见（征求意见稿）》则规定，有偿购股的程序为制定方案、表决审核、申请办理、理顺衔接即发放股权证，表决审议的是方案而不是具体的有偿购股的股东名单。关于新增成员资格的取得是否必须经成员大会或者成员代表大会同意，理论上存在不同的看法。出于对集体自治的尊重，有观点认为，集体经济组织成立时的成员来源于集体成员，因而只需进行确认，但新增成员身份的取得，则需要成员大会决定。这是因为即使社会股东不具有成员资格，但由于其能分享集体资产带来的利润，故吸收社会股东不仅是单纯的营业政策上的问题，而是属于可对其他集体成员的利益直接造成巨大影响的事项。[1]因此，表决同意是新增成员资格认定的重要条件，不具备这一条件便不能具有成员资格。反对观点则认为，在符合新增成员条件的情况下，如果再要求表决同意，便是对合法权益的不合法剥夺。故民主决策在新增成员中的作用与成员身份的确定一样，对于符合条件的新增成员，通过登记的方式进行认定即可，而对于是否符合新增成员的条件，或者对认定新增成员产生争议的，则需要通过民主决策来确定，对于民主决策的最终决定有异议的，则可以按照法律的规定进行救济。从实践可行性来说，后一种观点能够在考虑公平的条件下进一步兼顾效率的要求。

三、集体经济组织股东的身份

在集体产权制度改革的过程中，集体经济组织成员与集体经济组织股东有相一致的一面，即集体经济组织成员通过获得相应的股份成为集体经济组织股东。但是，集体经济组织成员身份与股东身份也有不一致的一面，不仅集体经济组织股东可能不是集体经济组织成员，而且在股权实行静态管理的情况下，集体经济组织成员也不一定是集体经济组织股东。浙江省德清县就区分了社员股东和社员非股东，同样按照佛山市南海区的规定，集体经济组织成员按其所享有的不同权益分为持股成员和非持股成员两种类型。持股成员是指具有集体经济组织成员资格又持有集体经济组织股权的人员，而非持股人员则是指只具有成员资格但不持有集体经济组织股权的人员。[2]另外，

---

[1] 严聪:《论农村集体经济组织中成员资格与股东资格的分离》，载《山东社会科学》2022年第2期，第75页。
[2] 《佛山市南海区农村集体经济组织成员资格界定办法》（南办发［2008］59号）第5条。按照该办法第5条的规定，非持股成员能否转为持股成员和以何种条件转为持股成员由集体经济组织章程确定。就实践情况来说，购买成为主要方式，如果以户籍作为成员的判断标准，成都市温江区采用的也是这种方式。

按照相关法律的规定，一个集体成员只能在一个农村集体经济组织中享有成员权，但不限制特定主体在多个农村集体经济组织中因持有股份而享有股东权，并且集体经济组织成员只能是自然人，而股东权的主体则可以为其他民事主体，如集体股股东。[1]因而，同为集体经济组织股东，身份不同，权利也不同。在基准日确定的成员股东和非成员股东同属原始取得，但权利并不相同，非成员股东只有收益分配权而无经营决策权。决定集体经济组织股东地位的除了集体经济组织成员身份以外，还有其他因素。就各地的情况来说，除集体股股东以外，[2]集体经济组织股东与集体经济组织成员的关系可被分为三种不同的情况：

（一）集体经济组织成员即是集体经济组织股东

2016年《中共中央、国务院关于深入推进农业供给侧结构性改革 加快培育农业农村发展新动能的若干意见》（中发〔2017〕1号）提出："全面开展农村集体资产清产核资，稳妥有序、由点及面推进农村集体经营性资产股份合作制改革，确认成员身份，量化经营性资产，保障农民集体资产权利。从实际出发探索发展集体经济有效途径，鼓励地方开展资源变资产、资金变股金、农民变股东等改革。"从上述内容来看，集体产权制度改革应包括两方面的内容，即推进股份合作制改革和在此基础上实现"资源变资产、资金变股金、农民变股东"。就实践情况来看，集体产权制度改革通常会确定一个基准日，基准日之前的集体成员可以通过决议成为集体经济组织成员，持有集体经济组织股权，同时也是集体经济组织股东。在这种情况下，集体成员、集体经济组织成员和集体经济组织股东具有一致性。集体经济组织股份的确定应以成员权为基础，并以集体的民主决策为依据。因而，在集体资产改革的初期，特别是在股权确权的时间点上，集体经济组织成员来源于集体成员，并通过获得集体资产股份成为集体经济组织股东。

对于集体经济组织成员的股东身份，有的集体经济组织通过章程进行明确规定，具体包括两方面的内容：一是只有集体经济组织成员才能取得股份，成为股东；二是拥有股权是具有成员身份的条件，成员经登记保持稳定，新

---

[1] 严聪：《论农村集体经济组织中成员资格与股东资格的分离》，载《山东社会科学》2022年第2期，第69页。

[2] 集体股股东是否设置取决于决议，而集体股的股东既可能是村民委员会，也可能是集体经济组织等。

增人员由于没有股权也就不具有成员资格。例如，广州某股份经济联合社的章程规定："本社以持有本联社或所属各经济社股份分配权（即股份证）的自然人为本社成员（或股东）。按联社股份章程规定属继承股，只有分配资格而没有股东资格的持股人，不计入本社成员。"在这种情况下，集体经济组织股权与成员权接近，对集体经济组织的经营决策具有决定权。

(二) 集体经济组织股东不是集体经济组织成员

集体经济组织成员身份的取得通常以地域或血缘为基础，户籍是集体经济组织成员身份判断标准的关键。但是，在四种情况下，非集体经济组织成员也可以成为股东。一是因符合特定条件而成为特别成员，从而成为特别股东。比如"下派村党支部书记在履职期间，作为'当然社员'享有'当然股东'身份，享有表决权、选举和被选举权，不享有股份和收益分配权"。[1]二是非集体经济组织成员也会因为达到某种条件而成为股东，但是权利同样受到限制，与"当然股东"相反，只有经济方面的权利而没有其他方面的权利。这类非集体经济组织成员通常是由于历史原因与集体经济组织产生联系，或者是曾经具有集体经济组织户籍，但是在改革时已不具有成员身份，没有承担生产与管理义务，但又可以参与股份分配，包括招工转居、参军转业、招工或提干、读书后外出就业或按国家有关规定农转非的人员。三是通过继承或者转让等其他方式取得集体经济组织股权的人员。《黑龙江省农村集体经济组织条例》第13条第3款规定："成员股份可以继承，本集体经济组织成员以外的人员通过继承取得股份的，不享有选举权和被选举权；是否享有表决权，由章程规定。……"在这种情况下，继承人因继承股权而成为集体经济组织股东，但是并不具有集体经济组织成员身份。四是非集体经济组织成员可以通过投资等形式取得集体经济组织股东身份，包括资金入股和项目入股等。

非集体经济组织成员虽然可以取得股权，但是其内容通常会受到限制。就限制的范围来说，最常见的是仅保留财产方面的权利，而不享有非财产方面的权利。或者即使享有非财产方面的权利，其权利的行使方式也不同于成员股东。这种权利安排的依据在于一方面出于公平的考虑，对因历史原因对集体经济组织做出贡献的人以分配股权的方式在经济上给予补偿，另一方面

---

[1] 参见《浙江省绍兴滨海新城管理委员会关于推进农村集体资产股份合作制改革的实施意见》（绍滨海委〔2014〕60号）。

是维护集体经济组织的稳定性，防止外来资本和外来人员损害集体经济组织的合法权益，从而影响社会主义公有制的实现。因而，虽然"非成员股东呼唤治理身份和治理权利，以期通过参与治理获取财产性收益；但成员股东担忧非成员股东为逐利而参与高风险经营活动，故通过排除其选举权和被选举权的方式否定其治理身份，从而避免对农村集体经济组织法人的社区性造成冲击"。[1]

需要注意的是，成员股东与非成员股东的权利预期虽然并不完全相同，通过完善内部治理提高集体经济组织的经营管理能力，提高集体经济组织收益，应是其共同的目的，因而不能过于强调成员股东和非成员股东的不同而忽视其权利预期中相同的一面，简单排除非成员股东在经营管理方面的权利，并不能从根本上解决问题，也不利于集体经济组织的发展。只是，不可忽视的是，非成员股东对个人财产性权利的重视，不仅可能与集体所有权的公有制的一面相矛盾，也可能与乡村治理以及集体经济组织的社会职能相矛盾，因而集体经济组织内部的股东平等应不同于《公司法》所强调的股东平等原则。

另外，在某些地方，虽然非集体经济组织成员取得的股份只享有收益权和转让权，不享有成员权和继承权，但是可以通过一定的方式行使经营管理方面的权利，例如拥有股份的非集体经济组织成员可与拥有成员股的家庭"并户"，由各镇统一拟定合同，双方签订托管协议，村集体经济组织盖章确认后，通过成员转达意见。[2]这种做法的优势在于给非集体经济组织成员以表达意见、行使非财产权的机会，但是其缺点亦十分明显。这不仅表现为其权利的限制性，也就是其意见能否最终表达，取决于集体经济组织成员是否转达，具有被动性的特点。除此之外，这种处理方式也增加了股权户内部关系的复杂性，特别是在并户的双方无法达成一致意见的情况下，如何形成意见的统一是一个必须解决的问题。

（三）集体经济组织成员不是集体经济组织股东

集体经济组织成员不是集体经济组织股东主要是因为股权确权以后实行静态管理，即"生不增、死不减"，而集体经济组织成员身份的取得与集体成

---

[1] 房绍坤、宋天骐：《"化外为内"与"以特为基"：农村集体经济组织治理机制的方法论建构》，载《探索与争鸣》2022年第1期，第123页。

[2] 董帅兵、邱星：《改革主体、改革逻辑与农村集体资产股权配置模式——以T市农村集体产权制度改革为例》，载《农村经济》2021年第8期，第102页。

员相关,具有身份性的特点,新增的成员就可能具有成员身份,而不具有股东身份。[1]浙江省德清县 2015 年 5 月成为 29 个"积极发展农民股份合作赋予农民对集体资产股份权能改革"全国试点县,[2]也是浙江省唯一的试点县。按照《德清县社员身份确定办法》的规定,股东分为社员股东(持股社员)、社员非股东(非持股社员)和非社员股东(集体经济组织外部持股人员)三种不同类型,社员股东是在股改时已认定为集体经济组织成员并自动享有全额股权的成员;社员非股东是在村集体资产股份制改革基准日截止后尚未继承或受让股份的人员。社员股东与社员非股东都具有选举权与被选举权,同样具有土地承包经营权、宅基地使用权家庭共有人资格;非社员股东仅享有收益分配权,一般不具有村股份经济合作社选举权与被选举权。[3]德清县这种做法的特殊性在于明确了集体经济组织中各个主体的法律权利,社员非股东的权利基础是集体成员的身份,由此而成为集体经济组织成员,并拥有经营管理方面的权利。这种做法的基础在于集体经济组织除集体经营性资产以外,还有其他集体资产,因而集体成员应对其拥有经营管理的权利,其优势在于对集体成员权利的保护。但是与之相对应的是,由于社员非股东对集体经营性财产不享有利益,但又行使经营管理方面的权利,就可能产生类似于公司的代理权问题,对参与集体经济组织的经营管理缺少动力,从而不利于集体经济组织的发展和集体资产的保值增值。

除此之外,非股东成员参与集体经济组织经营管理也有另外的途径。在基层党组织、集体经济组织和村民委员会组成的"三位一体"的村社组织中,非股东成员可能因为其成员身份,在集体经济组织或村民自治组织担任职务,对集体经济组织的经营管理就有决策方面的权利。在这种情况下,集体经济组织的管理者就有了类似于公司中职业经理人的身份,集体经济组织的经营管理中不仅会出现所有权和行使权的分离(成员集体和集体经济组织),而且还会涉及经营权与收益权的分离,《公司法》中的代理权问题,在这里呈现出

---

[1] 关于这方面有另外一个需要解决的问题,新增的是集体成员还是集体经济组织成员并不明确,只是因为新增的成员对集体经济组织具有经营管理权,因而被认为属于集体经济组织成员。

[2] 2015 年 6 月,经报请国务院同意,农业部、中央农办、国家林业局联合下发了《关于积极发展农民股份合作赋予农民对集体资产股份权能改革试点工作的批复》,在全国设立 29 个试点县。

[3] 参见李敢:《乡村振兴:从德清实践看"土地上人的改革"能向何处去》,载搜狐网:http://www.sohu.com/a/203559055_617377,访问日期:2018 年 2 月 11 日;德清县发展和改革委员会:《德清县农村集体资产股份权能改革经验》,载《浙江经济》2018 年第 22 期,第 54 页。

一种另外的特点。

四、集体经济组织成员权与集体经济组织股权

(一) 集体经济组织成员权的内容

我国现有立法未对集体经济组织成员权内容作出明确规定。从理论上说，农村集体经济组织成员权是农民基于集体经济组织成员资格，依据法律规定和自治规约对集体经济组织自身及其财产和事务所享有的一系列权利的统称。农村集体经济组织成员权是一种财产关系和人身关系相结合的权利。[1]另外，农村集体经济组织成员权是集体经济组织成员在集体经济组织中享有的权利，在本质上来源于农民集体财产权。集体经济组织经营管理的是集体财产，集体财产的多少、经营状况和权益维护状况同样会直接影响集体经济组织成员权。[2]从其产生来说，集体经济组织成员权的界定很难由国家或集体经济组织单独完成，需由国家及集体经济组织共同来界定，即两者分别就集体经济组织成员权界定的基本标准和具体标准明确界定边界。[3]在这方面，国家的相关规定是底线，集体经济组织的自治权不能违背国家的强制性规定，而集体经济组织则可以在国家规定的基础上结合自身情况进行调整。从其内容来说，集体经济组织成员权与集体成员所享有的权利有关，也与集体经济组织股权有关，但是三者之间并不是一个相同的问题。

1. 集体经济组织成员权的性质

集体经济组织成员权是社员权的一种。从理论上说，社员权源于《宪法》规定的结社权，是具有公法性质的结社权在私法上的延伸。如果没有赋予公民结社的自由，那么便无法组成社团，也不会基于社团成员资格而享有社员权。因而，通常所说的社员权属于一种混合型权利，可以分为公司股东的成员权、合作社成员的成员权、集体经济组织成员的成员权、建筑物区分所有人（对共有部分）的成员权以及某些行业协会成员的成员权等。[4]集体经

---

[1] 王利明：《物权法研究》（修订版·下卷），中国人民大学出版社2007年版，第537页。

[2] 张安毅：《论农民集体经济组织成员权救济的立法完善》，载《广西警察学院学报》2017年第6期，第4页。

[3] 唐浩、张聪：《农村集体经济组织成员权界定主体：理论、现状与制度设计》，载《农业现代化研究》2022年第1期，第70页。

[4] 章光圆：《论社员权的概念、性质与立法》，载《宁德师范学院学报（哲学社会科学版）》2005年第4期，第9页。

第三章　集体经济组织成员与集体经济组织股东

组织成员权与公司股东的成员权有一定的相似性，但是又有着本质的不同，这也是集体经济组织作为特别法人的原因之一。

从逻辑上讲，有集体经济组织，就应有相应的集体经济组织成员，也就有集体经济组织成员权。集体经济组织成员权作为一个概念，虽然在相关的法律和政策性文件中经常出现，但是不论是《物权法》《农村土地承包法》还是《民法典》都没有明确规定。2013年十八届三中全会《中共中央关于全面深化改革若干重大问题的决定》、2014年中共中央、国务院印发的《关于全面深化农村改革加快推进农业现代化的若干意见》（中发〔2014〕1号）以及2016年《中共中央、国务院关于稳步推进农村集体产权制度改革的意见》都将集体经济组织成员权利或集体经济组织成员的合法权益作为重要内容。与之相应，各地关于集体经济组织以及集体产权制度改革的规定也将集体经济组织成员权利作为重要内容，一方面延续了《物权法》和《民法典》关于集体成员权的规定；另一方面也以列举的形式规定了成员权的内容。

从性质上说，成员权表明的是集体经济组织与其成员之间的关系。集体经济组织成员间基于成员身份而形成联合，这种成员身份的认定虽然存在规则多元难题，但其根源是基于血缘和村落社会身份，这种社会关系属性要求集体组织成员之间应该是公平性、平等性、联合性的关系，集体成员之间不存在尖锐的社会分化，在集体经济中的利益是相对均衡的，只有平等、公平的成员关系才能促进成员对集体组织的依赖。[1]因而，集体经济组织成员权表现的既是集体经济组织与其成员之间的关系，也是集体经济组织成员之间的关系，个人与集体之间的公平关系、个人与个人之间的平等关系都可以在集体经济组织成员权中表现出来。以此为出发点，集体经济组织成员权不同于普通的财产权，不能因对其财产权的过分强调而伤害集体所有权。

集体产权制度改革一方面是对集体经营性资产的股份化，另一方面是进一步深化土地制度改革。"三权分置"就是有关集体土地有效实现的有益探索，并由《民法典》确定下来，而集体建设用地的流转也处于试验阶段。集体土地所有权、土地承包经营权、集体建设用地使用权、宅基地的所有权和使用权都在《民法典》中得到了较为明确的规定，但是与《物权法》"弱化

---

[1] 陈靖：《解析集体：制度通道与治理实践》，载《南京农业大学学报（社会科学版）》2021年第3期，第98页。

所有权、强化和细化使用权不同",《民法典》集体所有权的立法理念发生了改变,在深化农村土地制度改革进程中,党和国家政策提出了实行承包地"三以分置"和宅基地"三权分置"的举措,其中明确将"落实集体土地所有权"作为首要目标,[1]并在修改后的《农村土地承包法》中得以体现。这种转变并不是说不保护农民个人财产权,而是要在实现集体所有权、发展壮大集体经济组织的前提下,实现农民更多的财产性权利。因为赋予农民更多财产性权利是集体产权制度改革的主要目标。

从法律含义上讲,所有权指向的是物的归属,因而集体所有权与私人所有权不同。集体财产并不是归成员个人所有,而是归成员集体所有,并不能将集体经济组织成员权中的财产性权利简单等同于私人财产权。正因如此,集体经济组织在决策过程中不能以股份作为表决的基础,实现资本多数决,而是以人作为表决的基础,在表决的过程中实行一人一票,以少数服从多数的方式作出决定。这是因为集体经济组织改革虽然以保护集体成员的合法利益为出发点,但是其所有决定必须以集体经济以及集体经济组织的发展为出发点,而不仅仅是以成员个人的利益保护为出发点。

2. 财产性权利与非财产性权利的划分

成员权是社员权的一种,而所谓社员权是"在某个团体中的成员依据法律规定和团体的章程而对团体享有的各种权利的总称"。[2]社员权的综合性决定了成员权是一个综合性的权利。与其他成员权相比,集体经济组织成员权系一种新型权利,包含财产性的收益分配权能、剩余财产分配请求权能等内容,以及人身性的参与表决权能、监督权能等内容,这些权能融合为一体共同构成成员权整体,某一权能的实现实际上是行使整体性的成员权的结果。[3]从法律规定来看,《民法典》关于集体成员权的规定延续了《物权法》的规定,但是增加了"集体成员有权查阅、复制相关资料",也就是增加了知情权行使的积极方式。但是,《民法典》却没有规定通常所认为的集体成员权中的一个最重要的权利——收益分配请求权,导致收益分配请求权与成员权的关系,在法律上并不清晰。

---

[1] 高飞:《〈民法典〉集体所有权立法的成功与不足》,载《河北法学》2021年第4期,第6页。

[2] 王利明主编:《民法学》,复旦大学出版社2004年版,第58页。

[3] 房绍坤、林广会:《农村集体产权制度改革的法治困境与出路》,载《苏州大学学报(哲学社会科学版)》2019年第1期,第40页。

虽然法律层面没有明确规定，但在各省制定的集体经济组织管理条例以及其他相关的政策性文件中，关于成员权的规定都是重要的内容。这些规定虽然在细节上有些不同，但仍具有较多的一致性：即财产权利、非财产权利和其他权利，对于财产权利和非财产权利，也可以按其作用划分为自益权和共益权。财产权利主要是指收益分配权，非财产权利主要是指选举权、被选举权、表决权、知情权和监督权等，除此之外，还有一些其他权利，包括优先就业权、社会保障权及以及公共服务和社会福利方面的权利等。[1]这些权利具有明显的社会保障性质，是集体经济组织成员权不同于公司法人成员权的主要内容。

在财产权利方面，集体经济组织成员有两种特殊的权利：一是对土地等资源性资产的权利。具体包括三种类型，即土地承包经营权、宅基地使用权以及对自留地（山）享有的权利。[2]这类权利与土地相关，只有具有集体成员身份的集体经济组织成员才能享有，并从本质上区别于集体经济组织股东的权利，不具有集体成员身份的股东不享有此类权利。二是对集体经济组织项目的优先权。《广东省农村集体经济组织管理规定》第 16 条规定，集体经济组织成员对集体经济组织公开招标的项目，在同等条件下有优先权。"成都市温江区也有类似的规定，但是这类权利与集体成员的身份没有直接关系，集体经济组织股东通常也会具有这方面的权利，从性质上说，这类权利的设置是集体自治权的内容，由集体经济组织决定。

（二）集体经济组织成员权的内容与集体成员权相关

就像农民集体与集体经济组织的关系一样，集体经济组织成员权与集体成员权也交织在一起，既有含糊性的特点，也在不同的语境下有着相同或类似的指向。《民法典》没有规定集体经济组织成员的权利，但是规定了集体成员的权利，权利的指向对象却是集体经济组织或者是村民委员会。例如，《民法典》规定，对集体经济组织决定的撤销权属于集体成员而不是属于集体经济组织成员，在主体的对应关系中具有特殊性。《民法典》的这一规定在理论和实践中所造成的结果是，集体经济组织与成员集体、集体经济组织成员与

---

[1]《四川省农村集体经济组织条例》第 11 条。

[2] 耿卓：《农民土地财产权保护的观念转变及其立法回应——以农村集体经济有效实现为视角》，载《法学研究》2014 年第 5 期，第 110 页。

集体成员之间的关系交叉在一起。

对于集体经济组织成员权与集体成员权的关系，理论界的认识并不一致：一种观点认为，集体经济组织成员权来源于集体成员权，农民集体经济组织成员权利是指农村集体经济组织成员依据法律和章程对农村集体经济组织的财产权的行使和其他重大事务的处理所享有的管理权，以及收益分配权等权利。农民集体经济组织成员权利的上位概念是农民集体成员权，而农民集体成员权由农民集体所有权派生，是农民作为集体成员对集体所享有的权利的总称。[1]从这个意义上说，是集体成员权决定了集体经济组织成员权的内容。

另一种观点认为，虽然集体经济组织成员与集体成员具有一定的重合性，但是两者并不完全一致。在集体经济组织发展的早期，其成员权与集体成员权具有相一致的特点，但是随着集体经济组织的发展，集体经济组织成员的多样化，集体经济组织成员权与集体成员权具有不一致性。具体来说，农民集体成员是农民集体的组成部分，在高级社至人民公社时期，集体经济组织成员和农民集体成员具有高度重合性，两者的户籍也具有高度重合性。但是随着社会的发展，集体经济组织成员的范围已经在较大程度上偏离了集体所有权形成时期的社员权范围，在集体产权改革过程中，集体经济组织开始了开放性的探索，成员资格可通过申请并由团体决议的方式获得。因而集体经济组织成员与集体成员虽有重合，但并不完全一致。[2]

这两种观点从表面上看是关于集体经济组织成员权与集体成员权内容的争议，实际上是对集体经济组织成员和集体成员概念的理解不同。集体产权制度改革后，特别是在股权实行静态管理的情况下，集体成员、集体经济组织成员和集体经济组织股东这三个概念并没有从理论上进行明确区分，在实践中也经常混合使用。就第一种观点为而言，强调的是集体成员与集体经济组织成员的一致性，对于第二种观点而言，强调的是集体经济组织成员与集体经济组织股东的一致性。实际上，这三个概念之间并不存在两两相同，集

---

[1] 王雷：《农民集体成员权、农民集体决议与乡村治理体系的健全》，载《中国法学》2019年第2期，第132页。

[2] 高圣平：《〈民法典〉与农村土地权利体系：从归属到利用》，载《北京大学学报（哲学社会科学版）》2020年第6期，第145页。需要注意的是，除非存在社员非股东的情况，否则在大多数情况下增加的是集体经济组织股东，并且通常只享有财产方面的权利，而没有经营决策权。在这种情况下，是否属于集体经济组织成员，取决于对集体经济组织成员身份的界定。

体经济组织成员与集体经济组织股东之间也不能简单画等号,集体成员不一定是集体经济组织股东,集体经济组织股东同样也不一定是集体经济组织成员。集体经济组织成员虽然源于集体成员,但是随着股份的流动,最终集体经济组织是由股东构成。虽然从广义上说,集体经济组织股东就是集体经济组织成员,但是这里的集体经济组织成员已不同于来源于集体成员的"集体经济组织成员",其享有的权利以股权为依据,而不是以身份为依据。

1. 集体经济组织成员权与集体成员权的一致性

集体产权制度改革以基准日为标准,在基准日确定的集体经济组织成员,其权利与集体成员权具有相一致的一面。这是因为其权利来源于自然繁衍,不论出生先后、贡献大小、对组织是否有资金投入,只要在基准日具有集体成员资格,就可以成为集体经济组织成员,享有相应的权利。这种在基准日所确定的集体经济组织成员与集体成员的关系,是造成集体经济组织成员与集体成员概念混用的主要原因。对此,有学者试图对两者进行区分,即农村集体与农村集体经济组织的关系,恰如国家(全民)与诸国企之间的关系。农村集体、农村集体成员应是更基础的概念。但是,在进一步的探讨中,仍是沿用了集体经济组织成员的内容,只是用集体成员这一概念直接代替了(等同于)集体经济组织成员这一概念。[1]同样以此为出发点,集体经济组织成员权与集体成员权的内容具有一致性。

从来源来看,"农民集体成员权是农民对集体所享有权利的总称,包括实体性的受益权能和程序性的管理权能"。[2]集体成员权是集体经济组织成员权的上位概念,农民个人基于其在集体所有权主体构成中的成员身份而享有集体所有权中的成员权,集体经济组织依法代表本集体的成员集体行使所有权,集体成员也基于其集体所有权主体构成成员的身份成为集体经济组织成员,从而享有成员权。[3]从这个角度来说,集体成员权的内容与集体经济组织成员权的内容具有一致性,集体经济组织成员权是指农村集体经济组织成员依

---

[1] 秦静云:《农村集体成员身份认定标准研究》,载《河北法学》2020年第7期,第162页。该文的题目是集体成员身份的认定标准研究,但是在内容中,在确定农村集体成员身份的论证中,作为论证依据的是农村集体经济组织成员确认方案。也就是对两者并没有进行区分。

[2] 王雷:《农民集体成员权、农民集体决议与乡村治理体系的健全》,载《中国法学》2019年第2期,第134页。

[3] 韩松:《论农民集体所有权的成员集体所有与集体经济组织行使》,载《法商研究》2021年第5期,第156页。

据法律和章程对集体经济组织的财产权行使和其他重大事务的处理所享有的管理权以及收益分配权等权利。按照不同的划标准，可被分为财产权利与非财产权利、自益权与共益权以及实体性权利和程序性权利等。

从权利的内容来看，集体经济组织作为特别法人，行使集体所有权，但不享有集体所有权，因而不同于营利法人以成员的出资作为财产基础，而是与社会主义公有制相关。集体成员所取得的量化后的股权是基于其成员身份而不是出资，更不是将集体财产量化给个人。并且，在集体产权制度改革中，虽然股权量化的是集体经营性资产，但是基准日确定的集体经济组织成员，除享有以股份为基础的收益分配权外，也可以享有土地等资源性资产的土地承包经营权和宅基地使用权，以及对土地征收补偿主张权利。除此之外，成员股东还享有社会福利和社会保障方面的权利，从这个角度来看，集体经济组织成员权与集体成员权具有更明显的一致性。

2. 集体成员权与集体经济组织成员权发展的非一致性

集体经济组织成员权与集体成员权的一致性在基准日之后就发生了变化。首先，在股权静态管理的前提下，因户籍等原因新增的集体成员就不能直接取得股权，成为集体经济组织股东，也就无法对集体经济组织主张与股权相关的权利，即使可以享受承包土地等其他方面的财产性权利，其是否具有集体经济组织成员身份也并不明确。从实践情况来看，有的地方规定只有拥有集体经济组织股份才能成为集体经济组织成员，将新增的集体成员排除在了集体经济组织之外。按照浙江省德清县的规定，明确新增集体成员的集体经济组织成员的身份，作为社员非股东可以享有土地等资源性资产的权利以及表决方面的权利，但是不具有分红权。集体成员权的内容由此发生了分离，决定成员在集体经济组织权利的是股东身份。

并且，即使是在基准日，集体经济组织股东身份的取得也并不以集体成员身份为绝对依据，非成员也可因一定的原因取得股权，而股权的流转也会进一步实现股东的开放性，集体经济组织成员就会相应发生转变，集体经济组织股东与集体成员的身份就会进一步分离。现阶段集体经济组织成员权兼有身份性和财产性两方面，而随着时间的推移，特别是随着股权转让的进一步开放，两者之间也会出现分离，对身份关系的依赖就会进一步减轻，集体经济组织股东虽然不享有土地等资源性资产权利，但是可以股份为依据行使其他权利。当以股权代替成员权时，集体经济组织成员与集体成员之间的关系会进一步相离。

(三) 集体经济组织成员权与公司股权的区别

民法调整的是平等主体之间的人身关系和财产关系，包括人身权和财产权两部分的内容。人身权包括人格权和身份权，而身份权则包括两部分，即因亲属关系产生的身份权和非亲属关系的身份权。成员权则属非亲属关系的身份权。另外，非亲属关系的身份权有两类：具有营利性的权利和非营利性的权利。营利性的身份权是《公司法》中的股权，而非营利性的身份权则是集体经济组织成员权以及建筑物区分所有权。[1]《民法典》对非亲属关系的成员权并没有作一般规定，但是专门规定了建筑物区分所有权，另外在物权部分也对集体成员权作出了某些概括性规定，但没对集体经济组织成员权的内容作出明确规定。

集体经济组织成员权是集体经济组织成员因其成员资格所享有的权利，具有身份性，但又与亲属关系有关的身份权不同。对于成员权来说，因其成员资格，或者说身份，是其获得财产的基础，通常被认为兼有财产权和人身权性质。与公司股权相比，集体经济组织成员权具有以下特点：

第一，集体经济组织成员权与公司股权虽然都有一定的身份性，但是两者关于身份的含义并不完全相同。对股份有限公司来说，成员的身份具有一定的开放性，有限责任公司因人合的性质，股权的转让受到限制，但是并没有对股东身份的特殊要求。从法律上说，每个人都有权利成立有限责任公司，在经股东同意的情况下，每个人都能以受让股权或增资的形式加入公司。与之相反，就现阶段的情况来看，集体经济组织成员身份的取得受到的限制相对较多。首先，集体经济组织是承续历史改革而来，也就是说，并不是任意设立，集体经济组织成员身份的取得与户籍有关，也与行政区划有关，具有社区性的特点；其次，加入一个集体经济组织，成为集体经济组织成员，则会受到更多的限制，必须符合一定的条件。

从未来的发展来看，集体经济组织的社区性可能会发生变化，《乡村振兴

---

[1] 江平、木拉提：《〈民法典〉编纂中民事主体的三个问题》，载《山西大学学报（哲学社会科学版）》2020年第6期，第14页。需要注意的是，对集体经济组织成员权是否有营利性质，与集体经济组织的性质相关，在理论界，有学者认为集体经济组织具有营利性，是营利性组织，因而集体经济组织成员权就有营利性。现在通行的观点认为集体经济组织虽然有营利的特点，但并不是营利法人。

战略规划（2018-2022年）》等相关政策性文件也鼓励社会资本进入农村，只是同时又强调防止外部资本侵占集体财产，也就是对外来资本的加入持慎重态度。在实践中，虽然北京、上海等大城市允许外部资本进入集体经济组织，但大部分地方暂时不允许外部资本进入。反对外来资本进入集体经济组织的主要理由是强调集体经济组织的社区性和封闭性，而支持外来资本的加入则主要是从经济方面考虑，通过外来资本的加入促进集体经济组织的发展，实现集体资产的保值增值。

第二，与公司股权相比，集体经济组织成员权的内容不具有确定性。《公司法》虽然没有对股东权利作出一般性规定，但是《公司法》作为组织法和行为法，也有相当多关于股东权利的内容，而在没有关于集体经济组织专门立法的情况下，集体经济组织成员权的内容是什么并不清晰，《民法典》只规定了集体成员的知情权和决定权，但是并没有明确集体经济组织成员与集体成员的关系。不仅如此，在集体经济组织改革过程中，集体经济组织成员的权利通常以股权的形式表现出来，至于集体经济组织成员权与集体经济组织股权的关系，则是一个必须解决的问题。

第三，《公司法》实行资本多数决原则，使用股东这一称谓所体现的是成员各自持有股份或者出资的差异，所持的股份也是表决权的基础。但是，集体经济组织成员权与出资没有关系，是基于身份而取得，所持股份虽然对收益有决定性作用，却与表决权的行使无关。集体经济组织在决策中实行的是"一人一票"或者"一户一票"，其民主决策与村民自治有更多的联系，而不是实行资本多数决。

（四）集体经济组织成员权与集体经济组织股权的区别

集体经济组织成员权是基于成员身份所享有的权利，这里的成员身份通常指的是集体成员。而股权既可能来源于集体成员权，也可能与集体成员权无关，因为非成员股东也会因为拥有股份而享有股权。在集体经济组织成员与其股东身份不一致的情况下，土地承包经营权和宅基地使用权都明显不属于股权的范围。对此，有观点认为，集体成员权中的收益分配权能与表决权能呈现出了两种不同的实现路径：集体成员的收益分配权转换为集体经济组织的股份，集体成员按股取得收益；集体成员的表决权通过集体经济组织大会"一人一票"的表决机制实现。集体经济组织股份中不包括表决权能，不会影响集体成员行使表决权。相反，若集体经济组织股份中包含表决权能，则可能混同集体成员的表决权能和收益分配权能。[1]同样，按照2016年《集体产权制度改革意见》的规定，"将农村集体经营性资产以股份或者份额形式量化到本集体成员，作为其参加集体收益分配的基本依据"，也就是股权主要表现为一种收益分配权。在实践中，非成员股东只享有收益分配方面的权利，没有经营管理方面的权利。成员股东同时享有这两方面的权利，其关键在于"集体成员"的法律地位。从这个意义上说，集体经济组织成员与集体经济组织股东是两个不同的概念，拥有不同的法律地位，享有不同的权利。也正是因为这一原因，集体经济组织成员与公司成员不同。因为在公司中，股东即是成员，股权与成员权具有一致性，但集体经济组织股东与集体经济组织成员则是两个不同的主体。

但是简单地认为集体经济组织股权的内容仅限于收益分配权也与实践不符合。特别是在2015年以前，很多地方将经营性资产和非经营性资产一并折股量化为股权，实现"资金变股金、农民变股东"。在折股量化的过程中，通常是在确定成员身份后，将股份配置给集体经济组织成员，并出具股权证，作为参与管理决策、享有收益分配的凭证。集体经济组织形成了集体所有权与集体经济组织成员股权结合的财产权结构，集体经济组织成员权与集体经济组织股权形成了两种既互相联系但又不同的权利。[2]

从产权主体的角度，集体资产股权是集体经济组织成员权的具体实现形式，在收益分配方面更是如此。这是因为"集体产权这个概念有着浓厚的中国本土特色，是我国公有制经济中的一种体现，等同于集体所有制。它与私有制经济中的财产权利不一样，因为它没有排他性的使用权，也没有转让权"。[3]集体产权的这一特点既不利于集体经济的发展，也不利于对集体成员个人权利的保护，因而需要通过集体产权制度改革，以股份合作制的形式在确定集体经济组织成员权的基础上将集体资产划分为股份，进行股份合作制改革，以股权的形式实现集体资产的流动，使之成为集体经济有效实现的重要途径。只是，就现阶段的情况而言，并不是所有的集体经济组织股东都是

---

[1] 綦磊：《集体经济组织法人的特别性识别研究》，载《暨南学报（哲学社会科学版）》2021年第10期，第32页。

[2] 李爱荣：《集体经济组织改革中的成员权问题研究》，经济管理出版社2019年版，第210页。

[3] 党国印：《论农村集体产权》，载《中国农村观察》1998年第4期，第1页。

集体经济组织成员，也就不能简单地将集体经济组织成员权和集体经济组织股权视为同一个权利。

五、决议行为侵犯集体经济组织成员权的救济问题

从理论上说，有权利就有救济，集体经济组织成员权也不例外。从主体来说，对集体经济组织成员权的侵害既可能来自集体经济组织外部，也可能来自集体经济组织及其管理者的行为，即来自集体经济组织的内部。来自集体经济组织外部的侵害可以适用普通侵权行为的救济原则，而来自集体经济组织内部的侵害，则包括两方面的内容：一是集体经济组织的管理者直接侵害成员权利；二是决议行为给集体经济组织成员权造成损害。两者之间具有一定的相关性，并且集体经济组织的管理者除侵害成员个人权利以外，还可能有其他违法行为，因而这里主要讨论决议行为对集体经济组织成员权造成的损害。这主要是因为集体经济组织的决议以表决形成，多数成员难免会利用其多数地位，损害少数成员的合法权益，故对决议行为进行救济是集体经济组织成员权救济的主要内容，既涉及对集体经济组织成员权利的直接侵害，也涉及对集体经济组织成员权利的间接侵害，两者的救济方式并不完全相同。

（一）集体经济组织决议行为适用法律行为理论

在集体经济组织的经营管理中，决议是基础，以此形成集体经济组织的意思表示。集体经济组织成员权中的财产性权利和非财产性权利的实现也在相当程度上依赖于决议行为。

对于决议的法律性质，理论上有两种不同的认识：一种观点认为决议属于一种社团意思形成过程，而法律行为属于意思表示，决议无法适用法律行为理论；[1]二是决议是多方法律行为的一种，是多数据意思表示合致而促成的法律行为。[2]《民法典》第134条第2款规定："法人、非法人组织依照法律或者章程规定的议事方式和表决程序作出决议的，该决议行为成立。"从该条的规定来看，虽然没有明确规定决议属于民事法律行为，但是结合相关法条的规定可以推定该条文属于特殊类型的民事法律行为。因而，农村集体经

---

[1] 陈醇：《意思形成与意思表示的区别：决议的独立性初探》，载《比较法研究》2008年第6期，第54页。

[2] 芮沐：《民法法律行为理论之全部》（民总债合编），中国政法大学出版社2003年版，第81页。

济组织决议效力的认定可以借助民法上的法律行为理论而展开。[1]

集体经济组织取得法人资格后，成员通过决议将个体意思表示转为共同决定的方式管理集体经济组织事务。与围绕个体意思表示构建的民事法律行为制度不同，法定程序和成员拥有平等参与权是决议行为的两大效力基础。[2]《民法典》第265条第2款规定："农村集体经济组织、村民委员会或者其负责人作出的决定侵害集体成员合法权益的，受侵害的集体成员可以请求人民法院予以撤销。"虽然与关于公司决议行为的规定相比，这一规定相对简单，但是也明确规定了集体成员的撤销权。

从权利的来源来说，村民自治组织和集体经济组织的民主决策从主体到内容并不相同。但是，由于两者的职能有交叉的一面，现有法律也没有为集体经济组织构建特别性的民主决策规则，农村集体经济组织建设的缺位注定了现实中私法意义上的民主决策与公法意义上的民主决策的混同。[3]集体经济组织的民主决策既包含公法意义上的强制性内容，也涉及私法意义上的经济自由权的处理，如何协调两者之间的关系是集体经济组织经营管理中的重要问题。另外，民主决策作为一个决策规则有其优势，能够体现大多数人的意志。但是也有局限性，即由于少数服从多数的基本原则，不同意决策内容的成员也要受到决策的约束，容易用多数人的名义侵犯少数人的合法权益。因而，集体经济组织成员的救济权不仅可以纠正不合法的决议行为对其个人权利的侵犯，也有利于集体经济组织经营管理的规范发展。

（二）决议行为侵犯集体经济组织成员权的救济方式

公司决议行为的法律效力不仅是《公司法》中的重要内容，而且《民法典》在"法人"和"民事法律行为"两章作了专门规定，《公司法》的相关司法解释也在法律规定的基础上做了较为全面的补充。相对来说，对于集体经济组织的决议行为，《民法典》只在"物权编"有一条规定，在《农村集体经济组织法》还没颁布的情况下，涉及集体经济组织决议行为的相关内容

---

[1] 房绍坤、张泽嵩：《农村集体经济组织决议效力之认定》，载《法学论坛》2021年第5期，第6页。

[2] 綦磊：《集体经济组织法人的特别性识别研究》，载《暨南学报（哲学社会科学版）》2021年第10期，第29页。

[3] 管洪彦、傅辰晨：《农村集体经济组织法人民主决策的异化与匡正》，载《求是学刊》2020年第3期，第88页。

制度供给不足,在某些情况下,只能依赖《公司法》的相关规定为集体经济组织的决议行为提供相应的参考。

但是,即使集体经济组织和公司都是以决议行为作为决策的依据,按少数服从多数的原则作出决议,两者决策的基础并不相同。公司的决议行为是以资本为基础,实行资本多数决,集体经济组织的决议行为则是以人数为基础,实行少数服从多数的民主管理制度。因而,在参照适用时需要注意公司的决议行为和集体经济组织的决议行为作出的方式并不相同,注意集体经济组织作为特别法人的"特殊性"。

从某种意义上说,这种特殊性的表现之一就是不论从其关联性还是实际情况来看,集体经济组织决议的形成均会类推适用《村民委员会组织法》的相关规定,从而与《公司法》表现出明显的不同。只是由于集体经济组织与公司都对相关的资产进行经营管理,在法律没有明确规定的情况下,《公司法》中关于决议行为的规定可以为集体经济组织提供参考。就决议行为的救济方式而言,按照《公司法》的相关规定,如果有决议行为侵犯成员权利,会产生三种不同的结果:决议不成立、决议撤销和决议无效。其中,决议不成立涉及的是严重的程序问题,以至于决议无法形成,也就不存在撤销或无效的问题;而决议撤销既可能是程序问题,也可能因为决议的内容违反章程的规定;决议无效涉及的则是内容方面的问题,主要是内容违反法律,损害社会公共利益,决议虽然作出,但是不发生法律效力。

1. 决议不成立

通常来说,一个民事法律行为需要先成立再生效,如果成立后不生效,则可能是因为无效或被撤销。决议不成立不同于决议的无效和被撤销,是指决议本身不成立。就其法律规定来说,《公司法》修改前没有决议不成立的规定,但是《最高人民法院关于适用〈中华人民共和国公司法〉若干问题的规定(四)》(以下简称《公司法司法解释(四)》)增加了这方面的内容,规定如果出现严重的程序瑕疵,包括未召开会议、未进行表决、未达到出席人数或表决比例等情况,足以导致决议事实上从未存在,则构成决议不成立。

决议不成立的核心在于既然决议本身就不成立,也就没有讨论决议效力的必要,因而决议不成立的条件是在程序方面存在重大瑕疵,与决议可撤销相比,程序瑕疵更加严重。并且,决议不成立为事实上的当然发生,当事人可以随时主张其不成立，不发生除斥期间的问题。[1]《公司法司法解释（四）》对公司决议不成立规定了三种情况：未召开会议而虚构会议、未经表决而作出决定以及已召开会议并进行表决但没有达到法定的比例。对于集体经济组织决议不成立的条件，有学者认为，集体经济组织的设立目的兼具有营利性和互助公益性，决议程序具有灵活性，出于维护集体成员合法权益的需要，应该对其决议不成立的事由进行缩减解释，以维持集体经济组织决议的稳定性。故不能仅以未召开会议、未作出表决以及表决结果未达多数门槛等事由来否定农村集体经济组织决议的存在。[2]这种做法虽然可以保持集体经济组织决议的稳定性，但是不论是从规范集体经济组织的发展还是从维护成员个人的权利来说，都应在《公司法》的相关规定的基础上完善集体经济组织的制度设计，对其决议是否成立作出专门的规定。例如，未召开会议就进行决议已经完全背离了集体经济组织民主决策的初衷，不利于成员民主权利的实现，这种情况应该属于决议不成立的情形。需要注意的是，这里的没有召开会议是以能否实现表决权来判断，并不是限制表决的形式，就实践的情况来看，随着网络技术的发展，集体经济组织的很多决议是以电子表决的形式作出，这并不属于未召开会议。除此之外，在法定决议的事项之外进行表决，也应认定为决议不成立。

2. 决议撤销

决议行为通常发生在社团成员用投票方式表明集体的意愿，但据此通过的决议未必与团体成员个人意思一致，即使是那些没有参加投票的成员或持反对意见的成员也是要遵守团体决议，[3]也就是平时所说的少数服从多数。决议的撤销就是为防止多数成员以决议的形式侵犯少数成员的合法权益，从而给予救济的权利。与决议不成立不同，决议无效和决议撤销都涉及已成立的决议行为的效力问题。在《合同法》上，合同效力瑕疵以无效为原则，可

---

[1] 史尚宽：《民法总论》，中国政法大学出版社2000年版，第573页。

[2] 房绍坤、张泽嵩：《农村集体经济组织决议效力之认定》，载《法学论坛》2021年第5期，第11页。在"杨某秀等与金子堰村五组侵犯集体经济组织成员权益纠纷案"中，虽然金子堰村五组有关分配征地安置补偿费的决议，因未获半数以上成员同意而不成立，法院就集体经济组织决议是否成立略而不提，仅就其成立状态下的法律效果进行调整，以避免对集体成员的合法权益带来损害，从本质上讲，这种做法是以司法裁决的方式豁免了决议的程序瑕疵。

[3] 王雷：《论民法中的决议行为 从农民集体决议、业主管理规约到公司决议》，载《中外法学》2015年第1期，第83页。

撤销的事由是限定的。但对于决议行为而言，出于对自治权的尊重，其效力瑕疵以可撤销为原则，只在法律有特别规定时，才能认定为无效。[1] 关于决议撤销，2018年《公司法》第22条规定了2个条件，即决议程序、表决方式违反法律、行政法规和章程的规定以及决议的内容违反章程的规定，包括实体和程序两方面的内容。《民法典》除第134条涉及决议行为外，第85条也规定了营利法人出资人对决议的撤销权，撤销的理由包括程序违反法律、行政法规或法人章程，以及内容违反章程两种情况。但是，这条并没有涉及特别法人，也就不适用于集体经济组织成员。而第265条关于集体成员撤销权的规定对比第85条的规定，范围更窄，仅涉及"侵害集体成员合法权益"的情形，并没有程序方面的规定。虽然这可以被看成是立法存在漏洞，但是在参照《公司法》的相关规定时，仍要注意集体经济组织的特殊性，不能简单照搬《公司法》的相关规定。

（1）侵犯集体成员合法权益。从理论上讲，决议的撤销应主要是基于程序方面的原因，而决议的无效则涉及实体权利的处理，但是《民法典》关于集体经济组织决议的规定并未对此加以区分。基于集体经济组织的特殊性，为防止权利的滥用，对于《民法典》第265条规定的集体经济组织决议侵犯集体成员合法权益的撤销权，必须根据不同的情况进行处理，特别是不能认为所有对集体成员权利进行限制的决定都是对其合法权益的侵害，而应在集体利益、团体自治与个人权利之间寻求平衡。

第一，侵犯个人财产的决议需要撤销。按照财产权理论，个人对其财产拥有合法的所有权，可以在法律规范的范围内自主支配，不能以少数服从多数的方式进行限制或剥夺。决议行为决定的是集体事务，这些事项涉及的是集体的共同利益。在决议行为中，起决定作用的是依多数决得出的意思表示，团体意思源于个体表决权人的个体意思但又高于个体意思。[2] 如果集体经济组织越出自治的权限范围，对集体成员的个人合法权益进行不合法的限制或者剥夺，则应予以撤销。具体来说，分红权是集体经济组织成员个人的重要财产权利，但是与集体经济组织成员拥有的其他个人财产权利不同，集体经

---

[1] 房绍坤、张泽嵩：《农村集体经济组织决议效力之认定》，载《法学论坛》2021年第5期，第13页。

[2] 王雷：《论民法中的决议行为——从农民集体决议、业主管理规约到公司决议》，载《中外法学》2015年第1期，第97页。

济组织出于集体合法利益的考虑，可以按照一定标准限制集体经济组织成员的分红权利，但是必须对全体集体经济组织成员平等对待。如果仅仅对个别集体经济组织成员的分红权进行不合理的限制，权利受到侵害的集体经济组织成员有权提出撤销之诉。

第二，侵犯集体成员的知情权、表决权等民主决策权利。不论是从成员个人利益的保护还是从集体自治来说，成员个人的知情权和表决权等民主决策权利都不能受到侵犯。但是，由于集体经济组织的特殊性，其作出的决议可能涉及集体利益，如果机械地因为程序问题就简单撤销集体经济组织的决议，则可能侵犯集体利益，影响集体经济的发展。因而，对于这类行为是否严重到需要撤销决议，即需要根据不同的情况进行处理。如果是可以弥补的，不应简单撤销；如果故意隐瞒真实情况或者提供虚假情况，以及导致法律或章程规定的表决方式无法实现，则应予以撤销。

（2）程序瑕疵。虽然在全国层面，现有法律没有明确规定集体经济组织的议事方式和表决程序，但是地方立法和相关的政策文件对此会有涉及。从各地规定的内容来看，既与农业农村部印发的《农村集体经济组织示范章程（试行）》（农政改发〔2020〕5号）具有一定的相似性，也有灵活性的特点。这种规定一方面能够简化流程、提高效率，另一方面也因为灵活概括容易对集体经济组织成员的合法权利造成损害。需要注意的是，虽然决议行为的根本特征是根据程序正义的要求采取多数决的意思表示形成机制，决议结果对团体全体成员都具有法律约束力，[1]但是决定决议效力的并不是程序正义本身，而是成员的自治权。程序正义的工具理性价值只能证成多数决的正当性，无法解释依多数决所作决议产生法律效力的正当性；只在观察决议是否因违反程序性规定而发生效力瑕疵或不成立时才有意义。[2]也就是说，程序正义只能作为工具理性而存在，不作为产生决议效力的基础性条件。

决议程序方面的瑕疵既包括因为未提前进行通知或因错误的通知而未能参加表决、决议主体不适格、未满足出席人数的最低要求、表决时未达到法定多数或表决统计有误等，也包括在会议记录上伪造签名、虚假记录等。对

---

[1] 王雷：《论民法中的决议行为——从农民集体决议、业主管理规约到公司决议》，载《中外法学》2015年第1期，第79页。

[2] 房绍坤、张泽嵩：《农村集体经济组织决议效力之认定》，载《法学论坛》2021年第5期，第7页。

于此类行为的判断，主要依据在于是否会对少数服从多数的民主表决机制产生决定性影响，并根据不同的危害程序，采用不同的救济方式。如果程序违法显著轻微，未对决议产生实质影响，则可以参照《公司法司法解释（四）》第4条的规定，不因该轻微瑕疵而撤销决议。比如，仅仅是记录错误，进行更正即可。

（3）决议违反章程的规定。决议违反章程包括两方面的内容，即章程关于集体经济组织成员权利的规定以及关于集体经济组织决策程序的规定。集体经济组织章程是集体经济组织自治的基础，集体经济组织成员可以在法律法规及政策规定的范围内以民主决策的形式决定其内容，并作为集体经济组织经营管理的基础，如果决议内容违反了章程的规定，则可以参照《公司法》的相关规定，予以撤销。

3. 决议无效

关于集体经济组织决议是否可以被断定无效，在何种情况下无效，包括《民法典》在内的现有法律没有作出规定，但决议行为是民事法律行为的一种，当然适用《民法典》第143条关于无效法律行为的规定。也就是说，集体经济组织决议违反法律、行政法规的强制性规定以及违背公序良俗，则应无效。例如，如果集体经济组织作出侵犯"外嫁女"合法权益的决定，就属于无效决定。与其他民事法律行为一样，集体经济组织的决议必须是违反法律的强制性规定才能主张无效，而关于公序良俗的判断，也应考虑侵犯他人基本权利、危害公共秩序和善良风俗的情况。

（三）决议行为间接侵犯集体经济组织成员权的特殊性

由于集体经济组织在经营管理中也会产生代理人问题，从而损害集体经济组织的权益。而集体经济组织权益的保护程度直接影响成员权的实现，对集体经济组织权益造成的损害也会间接损害集体经济组织成员合法权益，因而可以吸收《公司法》的相关规定，建立集体经济组织派生诉讼制度。但是，由于集体自治是集体经济组织经营管理的基础，因此除非违反法律的强行性规定，否则不能轻易以诉讼的方式对集体经济组织的经营管理进行干预，集体经济组织成员的派生诉讼需要解决成员权救济与集体自治的关系，派生诉讼只是一种在不得已的情况下所采取的补救措施。与《公司法》中的派生诉讼相比，集体经济组织的派生诉讼应注意以下问题：一是要明确集体经济组织管理人员的义务，在缺少集体经济组织管理人员义务规定的情况下进行派生诉讼，容易造成权利的滥用；二是要对原告的资格进行限制，不能由任一成员提起派生诉讼，应明确规定可以提起诉讼的成员的条件；三是必须设置先置程序，在《公司法》中，只有在公司自己没有提起诉讼而又没有正当理由时，才允许股东提起本来属于公司的诉讼，这就是所谓的先诉请求。[1]这种先置程序的要求既是对公司经营管理权的尊重，也是为了防止股东权利的滥用。集体经济组织的特殊性决定了应在派生诉讼方面比《公司法》的要求更加严格，只有集体经济组织拒绝或者怠于提起诉讼时，集体经济组织成员才能以自己的名义提起诉讼，并将所得的收益归于集体经济组织。四是要建立适度司法审查制度，也就是既要对违法行为追究责任，又不能干预集体经济组织的经营管理。从审查内容来说，这种审查既要从程序合法性审查，也要从公平正义的角度来审查，但同时要注意集体和个人利益相协调的关系，[2]并且不能代替集体经济组织作出决策。

　　总而言之，与国家所有权和私人所有权相比，集体所有权的主体具有特殊性。除由集体经济组织代表行使所有权外，对于成员个人来说，围绕集体资产的经营管理，有两方面的权利：一是以财产权为基础的收益等方面的权利，二是经营决策方面的权利。由于财产的性质不同，在财产权利方面又可以分为对经营性财产和资源性财产的权利。就前者而言，由于法律规定由集体经济组织代表行使管理权，因而随着集体产权制度的改革，多是以集体经济组织股东权利的方式表现，而对后者而言，则表现为土地承包经营权和宅基地使用权。由于权利的行使主体不同，又产生了不同的成员身份，包括集体成员、集体经济组织成员以及集体经济组织股东。三种身份之间既有交叉，又有分离。就现有法律规定而言，对三种身份并没有进行明确规定，不论是在理论研究中还是在实践中，都没有形成统一的看法，除强调股东资格和成员资格的分离外，对于如何界定集体成员、集体经济组织成员和集体经济组织股东也并不清晰。特别是对集体成员和集体经济组织成员的界定，缺少明确的依据。在新增成员方面，没有对三者进行区分，在大多数情况下是属于取得集体经济组织股权而成为集体经济组织股东，是否由此取得集体成员和

---

〔1〕 施天涛：《公司法论》（第 2 版），法律出版社 2006 年版，第 447 页。
〔2〕 戴威、陈小君：《论农村集体经济组织成员权利的实现——基于法律的角度》，载《人民论坛》2012 年第 2 期，第 23 页。

集体经济组织成员身份，在实践中具有不一致性。在很多情况下，是因为其取得的权利，而可以反推其身份，与通常理论所认为的身份决定权利不同。在这种情况下，是身份决定了权利还是权利决定了身份是一个需要考虑的问题。同样，在身份界定不清的情况下，如何确定资格以及如何实现权利的保护，则留有进一步考虑的空间。

第四章
集体经济组织改革中"户"的特殊性

"户"的历史渊源可被归纳为两个方面：一是受家族观念的影响，"户"长期是我国传统社会包括财产权在内的权利主体，"别籍异财"一直被传统法律所否定，强调家庭高于个人，个人利益服从家庭利益，家长代表家庭行使财产权。这种整体性的价值取向是土地承包经营户和集体产权制度改革中股权户的基础，侧重于户内部的整体性。二是对户籍关系的依赖性。1911年《大清民律草案》第1232条规定，"凡隶属于一户籍者，为一家。父母在，欲别立户籍者，须经父母允许"，将家庭与户籍联系在一起。[1]虽然现在户籍观念已发生一些改变，但是在现实生活中，户籍与户的主体地位仍密切相关。《户口登记条例》关于户籍的规定是户的基础，但是从其内容和名称来看，《户口登记条例》侧重于行政管理，"户"是不是一个独立的民事主体，仍存有争议。

在集体产权制度改革中，"户"作为一个主体，与土地承包经营权的设置有关。从土地承包经营权到农村承包经营户，对农村集体产权制度改革有着根本性的影响，其中最主要的表现就是"量化到人，确权到户"，以户为单位行使股权，即"户内共享"。从实用主义的角度来看，以户作为股权配置的主体，即对集体经营性资产股权量化后所产生的权利可以在户内共有，不仅可以解决股权分配问题，而且也可以解决在股权实行静态管理后，集体成员个体对集体资产所享有的权利差别的问题。从法律的角度来说，从《民法通则》到《民法典》，农村承包经营户是法定的民事主体，既是独立的生活单位，也是独立的生产单位，是农村集体经济中一个独立的经营层次；以户作为生产经营单位，与一般自然人个人作为民事主体有所区别，但又不同于非法人组

---

[1] 申惠文：《农村村民一户一宅的法律困境》，载《理论月刊》2015年第8期，第104页。

织这类民事主体。与"户"相关的另外一个概念是"农户"。《农村土地承包法》第16条第1款规定:"家庭承包的承包方是本集体经济组织的农户。"但是,并没有对"农户"作出界定,其他相关的法律也没有对户或者农户的概念作出补充性规定。与承包经营户、农户不同,在集体产权制度改革中出现的股权户,并不是一个明确的法律概念。

一、"户""家户"与"农户"

(一) 概念辨析

从词语的含义来说,"户"与"家庭"具有相似性,"一家一户"是这两个词语的共同联结。在相关的理论研究中,"户"也易与"家户"相联系,两者之间通常没有区分,只是在不同的语境下,选择使用不同的概念。通常认为,"家"和"户"是一体、对等的,所谓的家户在生活方面是指没有分家的同食共财的家庭结构,具有独立的身份、社交、文化以及政治资格和功能,且得到国家户籍制度承认的农民家庭组织。家户可以是一个人的家户,也可以是由多个家庭构成,它产生的标志是分家析产并获得独立的利益单位与身份资格。[1]但是,"家"与"户"也不完全相同。"户"更多是社会学意义上的概念,是社会管理的基本单位,而家庭更多是生物学意义上的概念。[2]家户制主要包括两方面的含义:一是以强大的习俗为支撑构成的完整家庭制度;二是以强大的国家行政行为支撑的户籍制度,体现的是一种团体性的整体论思想。[3]另外,虽然家户作为一个概念在相关的理论研究中经常被使用,但是在相关的规范性文件中,农户则是一个重要的法律概念,户、家户和农户三个概念具有交叉性的特点,相对来说,农户是一个较小的概念。

(二) 关于"户"的法律规定

1. "户"的不同法律含义

虽然从《民法通则》到《民法典》都规定个体工商户和农村承包经营户是民事主体,但是对"户"的主体地位以及其构成都没有作出明确规定。相

---

[1] 陈明:《"家户":中国农村治理研究新视角的建构》,载《内蒙古社会科学(汉文版)》2015年第6期,第2页。

[2] 申惠文:《论农村承包经营户的死亡》,载《河南财经政法大学学报》2016年第2期,第108页。

[3] 耿卓:《家户视角下的妇女土地权利保护》,载《法学》2016年第1期,第117页。

关法律虽然有关于"户"的内容，但是所指向的对象并不相同。

民法对个体工商户和农村承包经营户主要是从主体的角度进行规定，在其他法律中，户也是或明或暗地成为民事主体。这既包括刑法中关于盗窃家中财物和近亲属财物的特殊规定，也包括在合同法律关系中关于租赁关系的规定，甚至连《侵权责任法》关于监护人责任的规定也体现了责任的"户"性。[1]正是因为家庭成员对财产有共同的占有、使用、收益和处分权利，以及相互之间还具有抚养、赡养等关系，《最高人民法院关于审理盗窃案件具体应用法律若干问题的解释》规定"偷拿自己家的财物或者近亲属的财物，一般可不按犯罪处理"。除对家庭关系的保护外，刑法还从另外的角度对户进行了规定。2000年11月《最高人民法院关于审理抢劫案件具体应用法律若干问题的解释》第1条第1款规定："……'入户抢劫'，是指为实施抢劫行为而进入他人生活的与外界相对隔离的住所，包括封闭的院落、牧民的帐篷、渔民作为家庭生活场所的渔船、为生活租用的房屋等进行抢劫的行为。"2011年《刑法修正案（八）》将"多次盗窃、入户盗窃、携带凶器盗窃、扒窃"等情形直接规定为犯罪，不再单纯以盗窃数额作为定罪标准，2013年《最高人民法院、最高人民检察院关于办理盗窃刑事案件适用法律若干问题的解释》将户定义为"供他人家庭生活，与外界相对隔离的住所"。从上述规定的内容来看，户并不是一个主体，而是一个住所，或者说是一个住宅。

但是理论上对户的解释并不仅仅是一个住宅。不论是入户盗窃还是入户抢劫，其立法目的都与人身权有关，侧重于对人身和住宅的保护。立法者采用入户而非入室，其实大有深意，户是家的别称，而室则不限于家，还包括旅馆、办公等场所。如果入户盗窃侵犯的客体仅是公民的财产权和住宅权，则入室会更恰当，法律的这一规定在于该行为侵犯的还包括"户"所内含的家庭整体的利益。[2]这一立法取向基本上代表了关于户的立法的总体特征，即户所涉及的是家庭整体利益。

2. "户"和家庭

从法律的角度说，家庭也是一个法律术语。《民法典》虽然没有明确规定

---

[1] 徐国栋：《我国民法总则制定中的四个问题》，载《暨南学报（哲学社会科学版）》2017年第2期，第69页。

[2] 张龑：《论我国法律体系中的家与个体自由原则》，载《中外法学》2013年第4期，第703页。

家庭是法律主体，但对家庭关系有专章规定。从内容来说，第一节是夫妻关系、第二节是父母子女关系和其他近亲属关系，涉及的主体包括父母与子女、继父母与继子女、祖孙之间以及兄弟姐妹之间的部分法律关系，并没有对家庭的含义、范围以及财产关系等作出规定；婚姻家庭编有关于夫妻共同财产的规定，但是夫妻共有关系与家庭关系并不完全相同；而继承编关于平等继承权的规定虽然可以保证继承人之间的平等权利，但是如果在处理家庭财产方面简单套用，则又可能出现不公平的情况，也就是现有法律在家庭关系中涉及的主体和内容有限。从相关的立法内容来看，在家庭关系方面以血缘为基础，强调家庭生活的自然属性。但是，法律作为一种调整社会关系的行为规范，应落脚于家庭的社会属性而不是自然属性。

从主体的角度进行分析，户主要有以下特征：一是成员彼此间具有血缘或亲属关系；二是成员互相依存，换言之，彼此不独立；三是户的成员死亡，并不必然导致其缔结的法律关系消灭，涉及专业技能和人身信任关系的除外；四是户的成员间彼此可代理而无需专门授权，尤其是在夫妻之间；五是户的成员间的关系类似于全产合伙，各成员除了少量生活用品，不得有异财。[1]"户"的这一特点使其与家庭有着密切的关系。家庭由具有特定血缘、姻亲和收养关系的自然人组成，其产生、变更和终止须履行登记手续，即进行户口登记。成员以家庭名义实施民事行为，物质基础是家庭共有财产，家庭以成员共有意志为基础，追求成员整体利益，带有团体性。[2]家庭在传统社会中有着重要的地位与作用，在修身、齐家、治国、平天下的连续性观念中，家是基础，也是个人生活世界的基本生活方式。按照2016年《集体产权制度改革意见》"提倡农村集体经济组织成员家庭今后的新增人口，通过分享家庭内拥有的集体资产权益的办法，按章程获得集体资产份额和集体成员身份"的规定，股权改革虽然确权到户，但家庭却是权利行使的基础。由于"户"与家庭的这种天然联系，现有法律关于家庭和界定家庭内部法律关系缺失，同样反映在"户"的主体地位和内部法律关系上。

---

〔1〕 徐国栋：《我国民法总则制定中的四个问题》，载《暨南学报（哲学社会科学版）》2017年第2期，第69页。

〔2〕 鲁晓明：《从家户并立到家庭统摄——我国民事法上家户制度的问题与出路》，载《法商研究》2018年第5期，第140页。

3. 农户与承包经营户

从 1982 年始，连续 5 年涉及农村问题的中央一号文件都有关于"农户"的表述，但并没有对农户作出明确说明。2002 年《农村土地承包法》规定农户是土地承包合同的承包方，但没有其他更多的规定。集体产权制度改革也经常使用"农户"这一概念。这既包括"稳定农户承包经营权"，也包括保障"农户宅基地用益物权"，一直强调农户在改革中的权利，但是既没有关于农户权利能力和行为能力的规定，也没有规定其义务，更没有涉及农户内部成员之间的法律关系。

与之相对，从《民法通则》到《民法典》，农村承包经营户都是法定的民事主体。《民法典》第 55 条规定："农村集体经济组织的成员，依法取得农村土地承包经营权，从事家庭承包经营的，为农村承包经营户。"《农村土地承包法》第 16 条规定："家庭承包的承包方是本集体经济组织的农户。农户内家庭成员依法平等享有承包土地的各项权益。"从内容的衔接来说，《农村土地承包法》中的农户应该就是农村承包经营户。另外，随着"三权分置"的推行，家庭承包的农户也呈现出四种不同身份的情形：拥有土地承包经营权的农户；只拥有土地承包权的农户；与"受让方"之间存在土地经营权流转合同的农户；在特殊情形下不仅拥有土地经营权而且拥有土地承包权的农户。[1] 不同的农户在不同的法律关系中享有不同的权利，在《农村土地承包法》没有作出明确规定的情况下，进一步加强了农户法律关系的复杂性。

另外，农村土地承包经营户可以成为民事主体，但是这与农户并不是一个同一的概念，农户可能是土地承包经营户，也可能不是土地承包经营户。在概念的使用过程中，农户不仅可以成为农村承包经营户，有时也可以成为集体产权改革过程中"确权到户"的"股权户"。

（三）农户的法学和经济学维度

在集体产权制度改革中，"农户"是一个重要的概念，既出现在规范性政策文件中，也出现在相关的理论研究中。但是，除《农村土地承包法》规定农户是承包合同的主体和《土地管理法》关于"一户一宅"的规定外，并没有关于农户主体地位的其他法律规定。在关于农户的研究中，除法学外，经

---

[1] 丁关良：《〈农村土地承包法〉中主体规范的模糊性问题剖析和化解》，载《中国不动产法研究》2019 年第 1 期，第 71 页。

济学也会将农户作为一个主体（即一个基本的经济单位）进行研究。

1. 法学视野中的农户

农户作为一个法律概念，其产生与土地承包制有关，《农村土地承包法》规定家庭承包的承包方是农户，即农户内家庭成员依法平等享有土地承包的各项权益。

在统分结合的双层经营体制中，农户通过向村集体承包土地，通过向村集体缴纳"三提五统"费用和农业税等与集体经济组织发生联系。随着农村市场化改革的深入，这种联系越来越弱，农户的市场主体地位逐渐得到确认，农户家庭经济在集体经济中的独立性越来越强。[1]但是，这种农户法律地位的变化更多的是一种事实描述，法律规定并没有随之发生变化。除《农村土地承包法》和《民法典》关于土地承包经营户的规定外，《土地管理法》第62条第1款规定"农村村民一户只能拥有一处宅基地，其宅基地的面积不得超过省、自治区、直辖市规定的标准"，明确规定了户的主体地位，并形成通常所说的"一户一宅"。但是，这里的户缺少作为一个主体的必要条件，宅基地取得中的分家和立户的标准，多依赖于习俗的判断，缺少相关的法律规定。

就户的法律地位来说，《民法典》承续《民法通则》和《民法总则》的规定，将农村承包经营户规定在公民一章，因而有观点认为"户"的性质应是自然人。[2]也有观点认为，"户"是一种独立的民事主体，农村承包经营户在承包经营的范围内能以"户"的名义进行商品生产和经营、参与各种民事经济活动。[3]还有观点认为，"户"属于家庭合伙中以家庭成员为合伙人的、营利为目的的经济组织。法律对家庭合伙的调整由合伙法和亲属法中的有关规定结合起来行使。[4]由于《民法典》延续了《民法通则》的规定将个体工商户和承包经营户规定在自然人部分，从这个角度来说，"户"具有自然人的属性，如果作为一个组织，则需要另外的法律构建。

在集体产权制度改革中，股权配置多实行"量化到人，确权到户"，但是

---

[1] 高鸣、芦千文：《中国农村集体经济：70年发展历程与启示》，载《中国农村经济》2019年第10期，第22页。

[2] 佟柔主编：《中国民法学·民法总则》，中国人民公安大学出版社1990年版，第137页。

[3] 李由义主编：《民法学》，北京大学出版社1988年版，第67页。

[4] 司法部法学教材编辑部编审，彭万林主编：《民法学》（第二次修订版），中国政法大学出版社1999年版，第135页。

这一实践中的做法暂时还没有法律对其进行规定，在具体操作中，"户"的确定也多与户籍有关，是否拥有户籍成了确定集体经济组织成员身份的关键性条件。由于户籍设立的目的是对人口的行政管理，在城乡二元结构下，户籍是一种明显的身份标签，随着户籍制度的改革，城乡二元户籍的管理模式最终改变。户籍制度改革的一个任务就是剥离户籍的利益分配功能，使其成为单纯人口基本信息记载的制度，人口流动、资源分配要通过市场与法律调节。[1]在这种情况下，"户"的存在基础与判断依据则是一个必须解决的现实问题。

2. 经济学视野中的农户

总体来看，虽然对农户研究的角度各不相同，经济学视野中的农户是一个生产单位，与法律上的主体地位并不是一个相同的问题，经济学更加关注的是效率而不是权利义务问题。有学者通过对经济发展对传统农户的影响进行分析，认为传统农户的演化逻辑和特征可以被概括为：农业过密——既是一个生产单位也是一个消费单位，农户家庭不能解雇单一的劳动力，存在边际劳动生产率和边际报酬的递减倾向，即"内卷"化。[2]有学者通过对农业经济的运行进行分析，认为种植大户、家庭农场和合作社等新型农业经营主体虽然在多方面存在差异，但他们在发展中实现了对小农户的改造，增强了小农户的农业生产能力、组织化程度以及社会适应能力，还与小农户建立了利益联结，形成了有效的耦合。因而，要重视小农户存在的社会价值与主体性特征，实现小农户与现代农业发展的有机衔接。[3]就家庭与农户的关系来说，家庭根据传统厂商理论的成本最小化原则组织生产决策，根据传统消费理论的效用最大化原则组织消费决策。家庭资源结构作为农户经济活动的载体，其自身的结构特征性必然对农户经济行为产生潜在影响。[4]在涉及权利的流转方面，效用理论则认为农户土地承包权退出决策不是个人行为，通常是基于家庭经济社会效用最大化理性考量的家庭行为，只有当退出土地承包权的成本在可承受范围内，并且带来的收益较大时，农户才会将退出意愿转

---

[1] 张安毅：《户籍改革背景下农民集体经济组织成员权制度立法变革探讨》，载《理论与改革》2015年第6期，第182页。

[2] 陈春生：《中国农户的演化逻辑与分类》，载《农业经济问题》2007年第11期，第80页。

[3] 徐晓鹏：《小农户与新型农业经营主体的耦合——基于中国六省六村的实证研究》，载《南京农业大学学报（社会科学版）》2020年第1期，第62页。

[4] 郑杭生、汪雁：《农户经济理论再议》，载《学海》2005年第3期，第74页。

化为退出行为。[1]

虽然经济学关于农户的研究是将农户作为一个生产主体，但是其相关结论可以为相关法律制度的设计提供参考。这既包括根据经济学的相关理论，特别是成本-收益理论，对农户的行为进行分析；也包括关于传统厂商理论中的成本最小化原则，可以适用于法学关于承包经营户与股权户的规定，家庭之间以血缘为基础的亲缘关系，使矛盾可以在家庭内部解决，不仅可以提高效率，而且也不会有损公平。而"三权分置"将国家、集体和农民共同纳入配置资源的主体，从而降低了私人个体分散决策的信息成本和搜寻成本，是交易成本最小化的理性选择。农地确权登记颁证是将农地所有权、承包权和经营权细分的产权制度，通过农地产权制度的改革来培育农村土地和相关要素的发育，激励农户根据交易成本选择生产要素配置的行为。[2]从这个角度来看，法学和经济学具有一致性，法学关于"户"的法律规定也符合经济学对效率的要求。

除法学和经济学对农户进行研究外，社会学视野中的农户多是从乡村治理的角度进行分析。具体来说，相对于经济生产、消费以及再生产单位，户的政治体制建构的特征更为重要，户而非个人既是集体收入的分配单位，又是主要的消费单位，它是由"政治-行政"体制界定的。[3]户的这一特征既是传统社会中的"一家一户"观念的延续，也不同于西方社会的个人主义特征，并因此而对乡村社会的治理产生影响。

二、股权配置中的确权到人和确权到户

集体产权制度改革与土地承包制度具有相关性，土地承包制度既是改革的内容之一，也对改革的其他方面产生影响。就现有情况而言，确权到户包括两种情况：一是土地承包经营权的确权到户，并以此成为土地承包经营户，是法定的民事主体。二是借鉴土地承包制度的股权确权到户，也即以户为单位配置集体资产股权。两者之间的区别在于土地承包经营权确权到户法律有

---

[1] 李荣耀、叶兴庆：《农户分化、土地流转与承包权退出》，载《改革》2019年第2期，第18页。

[2] 胡雯、张锦华、陈昭玖：《农地产权、要素配置与农户投资激励："短期化"抑或"长期化"？》，载《财经研究》2020年第2期，第114页。

[3] [加]朱爱岚：《中国北方村落的社会性别与权力》，胡玉坤译，江苏人民出版社2010年版，第135页。

明确规定，必须以户为主体签订土地承包经营合同；而股权确权到户虽然与土地承包经营权的实现有关，但是并没有明确的法律依据，相关的规范性文件停留在政策层面。除此之外，土地承包经营权只能确权到户，而股权配置中确权到户只是一种形式，除量化到人、确权到户外，股权配置也可以确权到人。

（一）股权确权的两种方式

在集体产权制度改革的过程中，股权的配置有确权到人和确权到户两种形式。确权到人是指将集体资产股份量化到集体成员个人，而确权到户则是指以户为单位获得股份。只是对于如何确权到户，即具体的分配依据，各地的做法并不相同。在改革的初期，我国对确权到人和确权到户并没有作出明确规定，各地的相关指导性文件也将决定权留给集体经济组织。相对来说，与确权到户相比，确权到人可操作性强，而确权到户则由于涉及户内成员的问题，操作起来相对困难。但是，在股权行使的过程中，特别是在涉及成员变动问题时，确权到户有其自身优势，能够克服确权到人容易造成股权随着成员的变动而变动的问题。这种变动从表面上看实现了成员权利的平等，但是由于成员变动造成的股权分配的动态调整频繁，从而使交易费增加。与确权到人相比，确权到户后实行静态的股权管理，有利于将相关矛盾限制在户的内部，户内人员的变动不会对集体经济组织的经营管理产生影响，也不会对其他集体经济组织成员产生影响，从而具有一种稳定性的优势。

2007年《农业部关于稳步推进农村集体经济组织产权制度改革试点的指导意见》（农经发〔2007〕22号）要求集体资产折股量化到户的股权确定后，要及时向股东出具股权证书；2014年原农业部《积极发展农民股份合作赋予农民对集体资产股份权能改革试点方案》（农经发〔2014〕13号）提出，"要将集体资产折股量化到人、落实到户。建立健全农村集体资产股权证书管理制度，以户为单位向其出具股权证书，作为成员占有集体资产股份、参与管理决策、享有收益分配的有效凭证，保障农民对集体资产股份实际占有权"。2016年中央一号文进一步明确："探索将财政资金投入农业农村形成的经营性资产，通过股权量化到户，让集体组织成员长期分享资产收益。"就现有情况而言，确权到人和确权到户两种情况在集体产权改革过程中并存，属于集体经济组织自治的范畴。

在实践中，股权配置确权到人和确权到户也不是固定不变的。佛山市南海区最初的股权分配是确权到人，但是由于原股东并非无偿获得股权，而是将自家承包地自愿交由集体股份合作组织统一经营，以此获得自身股权收益。而此后的新股一概采取无偿配股，以致原股东经济利益不断被稀释，利益冲突因此不断加剧。[1]面对不断加剧的争议和巨大的交易费用，南海区于2015年改变了股权配置的方式，实施"确权到户、户内共享、社内流转、长久不变"的模式，以户为单位进行股权登记和股份分红，无论人口增减，户内股数长久不变。

（二）确权到户的主要做法

股权配置确权到户的优势是集体经济组织及其成员的稳定性：户内成员的增减不会对集体资产股份的数量产生影响，从而使户内成员的变动不会对其他集体经济组织成员产生影响，也不会对集体经济组织的经营管理产生影响。现阶段，股权确权到户主要有三种形式：一是类似于云南省大理市，以1983年第一轮土地承包人口为基础，以户为单位进行股权设置，实现户内人口变化，与股权持有量脱钩，户内股权分配由各户自行决定，以户为单位参与股份分红，行使表决权；二是类似于佛山市南海区，量化到人，但是以户为单位发放股权证书，以户为单位对户内股权进行管理，实行一户一证，若家庭成员变动，有确权证的家庭成员进行相应的调整，但家庭股权分红不再变动；三是类似于苏州市吴中区，在确定成员的基础上，以户为单位进行股权配置，股权配置明细需逐户签字确认。[2]这三种做法的共同特点是以户为单位行使股权，只是在股权的配置依据方面有所不同。第一种做法是以土地承包人口为基数，直接将股份配置给户，确权到户；第二种是将股份配置给人，但是最终确权到户；第三种做法与第二种做法有一定的相似性，但是更强调个人的主体地位，虽然确权到户，但是要有户内全体成员的签字。与前面两种做法相比，这种做法在股权变动过程中增加了复杂性，特别是户内成员因结婚或死亡等原因离开，其股份应如何解决是一个必须面对的问题。

确权到户的股权数量也有三种形式：一是平均分配，不论每户人数多少，所拥有的股权数额不变；二是实行一人一股，将集体资产按人数折股量化，再计算每户所持的股份数额；三是实行一人多股，将集体资产按总股（份）

---

[1] 郭晓鸣、王蔷：《农村集体经济股权分配制度变迁及绩效评价》，载《华南农业大学学报（社会科学版）》2019年第1期，第3页。

[2] 管洪彦：《农村集体产权改革中的资产量化范围和股权设置》，载《人民法治》2019年第14期，第47页。

数进行量化，再计算每户所持的股份数。[1]第一种强调的是绝对的平均，与历史延续有关；第二种决定每户股份数量的是人数，每人持股数量相同；第三种是既与每户的人数有关，也与每人所持的股份数额有关。

(三) 股权户的主体地位问题

股权确权到户后就形成了"股权户"，股权户虽然并不是法律规定的明确概念，但是由于拥有股权而具有了类似法律主体的地位。在这种情况下，股权户拥有何种权利以及如何行使权利则是一个必须考虑的问题。

1. 财产权的分配

在股权确权到户时，不论是每户平均分配还是按每户拥有的成员数进行股权分配，收益权的行使都是以户为单位。对于每户内部的分配情况，相关的政策文件和集体经济组织章程，或者没有规定，或者仅规定由户内自己决定，出现争议也是由户内部解决。典型的做法是规定"每户股权由本户在册家庭成员中内部自己分配股权，家庭内部各人的股权属本人自己所有，按照自己占有的股权份额参加分配"。[2]如果发生争议，在争议解决之前，通常暂停该户的分红，保留在集体经济组织，争议解决之后再发放。在调研的过程中，一个集体经济组织的女性干部开玩笑说，虽然现在她为女性争取利益，保护包括外嫁女在内的女性的合法权益，但是自己的权益却无法保障。因为虽然在股权量化中取得股份，但其父亲作为户主，拒绝将户内所得的分红再分给女儿。当她被提示说可以到法院起诉要求分红时，她又表示不愿意将法律问题引入家庭关系。与之相反，在另外一个集体经济组织则发生过女儿起诉母亲限制其分红权，将户内分红的大部分分给儿子，要求法院保护其应得份额的案例。最终结果是法院按照男女平等的原则作出判决，要求母亲平均分配，并按生效的判决要求集体经济组织强制执行。这个女儿将法律引入了家庭关系，维护了自己的合法权益，但是在调研中发现此事并未得到完全肯定的评价，被认为在一定程度上伤害了亲情。因而，户作为股权的配置主体，

---

〔1〕 在调研过程中，在股权配置到户的情况下，只有一个经济联社由于历史原因，每户不分人数多少，配置100股，其余都是"量化到人，确权到户"。而"一人一股"和"一人多股"的规定，可以参见《大连市人民政府办公室关于农村集体经营性资产股份合作制改革的指导意见》关于"股权设置"的规定。

〔2〕 这是广州市海珠区一集体经济组织章程的规定。从内容来说，章程只是确认了"每户股权由本户在册家庭成员中内部自己分配股权"，并没有对户内关系作出规定。

从表面上看是以家庭关系解决了可能出现的争议,将矛盾化解在家庭内部,但是如果家庭的处理违反了法律的强制性规定,法律仍然可以对其进行干涉。另外,当法律介入家庭关系后,又可能对当事人的生活产生另外的不利影响。

从这个意义上说,在未来的发展中,相关的法律应是解决户内部法律关系的主要依据,并对此作出权利安排。但是,为实现确权到户的最终目的,可以协议的形式来决定户内部的法律关系。这种协议并不同于以交换为基础的合同关系,而是应以互惠原则以及家庭关系为基础。这是因为任何一种互惠关系,不论它通过社会形式来运作的方式多么曲折,都会令人们扮演一种双重角色:一方面作为自己的目的,另一方面又作为实现他人目的的手段。[1]这种双重关系可以调适合同关系中的交换性因素,有助于户内主体的权利安排。

2. 经营决策权的行使

在确权到户的情况下,与财产权的分配不同,以表决权为代表的决策权的行使则更具有复杂性。这是因为集体经济组织表决权的行使以人为基础,实行一人一票或者一户一票,除特殊情况外,并不以所持股份作为表决的基础。[2]如果股权确权到户,每户所拥有的一个表决权不可能分割,而只能由户代表来统一行使。除此之外,与经营决策相关的是选举权和被选举权的问题,即是否只有户代表享有选举权和被选举权、户代表在何种程度上享有选举权和被选举权,以及与之相关的如何确定户代表的问题。

《大连市人民政府办公室关于农村集体经营性资产股份合作制改革的指导意见》(大政办发〔2019〕71号)规定,成员大会由所有成员组织形成,是集体经济组织的权力机构,可授权成员代表大会讨论决定重大事项。"成员代表大会选举,以户为单位推举出集体经济组织户代表(通常每户推举一名),再由户代表按每五户至十五户选举产生一名集体经济组织成员代表。"按照这一规定,户代表的主要作用在于选举成员代表,至于表决权以及选举权和被选举权等经营决策方面的权力则由成员代表行使。

关于户代表的产生,在实践中与财产权的分配具有一定的相似性,由户

---

〔1〕 [美]富勒:《法律的道德性》,郑戈译,商务印书馆2005年版,第31页。

〔2〕 在调研过程中,笔者发现,在某些集体经济组织,虽然在通常情况下实行"一人一票"或者"一户一票",但是在涉及股权数额的变动时,包括股权总量以及成员所持股权数量变化时,实行"一股一票"。

内部解决，如果户内部无法确定，该户可暂时不行使经营管理方面的权利，直至户代表产生才能继续行使这方面的权利。由于有这方面的规定，抛开时间方面的因素，户代表最后总能产生，由此产生的矛盾可以在户内部解决。

但是，也有些问题无法在户的内部解决，例如股权户的分户问题，也就是在何种情况下可以分户，从而行使经营决策方面的权利。这不仅涉及户内部的法律关系，也涉及集体经济组织内部的法律关系。在调研中笔者发现，在一个集体经济组织中，由于历史原因，一个宅基地上出现两个户口本，也即父亲与女儿都将户籍登记在一个宅基地地址上。在确权的过程中，女儿因其作为集体经济组织的成员，获得了相应的股权，但是在决策权的行使方面，女儿主张要有两个户代表，也就是其应作为一户，享有经营决策方面的权利。但是，集体经济组织对这一主张却不认可，父亲也不愿意将其并入自己这个股权户，从而一直未能解决。

三、"户"的内部法律关系问题

（一）以家庭血缘关系为基础的内部关系

《农村土地承包法》虽然规定了农户的权利，但侧重于其外部权利关系，对其内部关系的处理，除第16条规定"农户内家庭成员依法平等享有承包土地的各项权益"外，对如何平等享有并没有作出明确规定。同样，从现有规范性文件的内容来看，在集体产权制度改革过程中，集体所有权、农户土地承包经营权、股权户的股权等外部关系规定相对较多；土地承包户以及股权户的内部关系，相对来说较少，家庭血缘关系是解决此类问题的主要途径。

在传统社会中，户是一个基本的社会单位，除涉及税赋等问题外，对于户的内部关系，并不在国家和法律的关注范围之内。户内部关系的处理，依赖于家庭关系，以亲缘为基础，法律不做干预，对于户内部成员的意志考虑相对较少。这种解决问题的内部性从外部来看是一种优势，但从内部来看，除血缘和情理之外，缺少解决问题的规范性依据。就前者而言，户具有整体性的特点，矛盾解决的内部性使其在集体产权改革过程中具有优势，不仅可以实现集体经济组织股权的稳定性，而且户内成员的减少不会使股权随之减少，户内成员的增加也不会使股权随之增加。在这种情况下：一方面，以保障生存者的权利为目的，户内成员的减少意味着其他成员隐性份额的增加，而成员的增加则意味着户内全体成员隐性份额的减少。另一方面，成员之间存在着期待性利益，同居共财期间的互惠合作使成员即使在份额不明的情况下也能满足基本生存需要，为个体成员提供基本的生存保障。[1] 就后者而言，户内部关系的缺失也会使其主体地位受到限制，成员个人权利的实现会受到影响或者被侵害。

（二）户内部关系需要解决的问题

在以户为单位进行股权确权的初期，集体成员基于身份资格获得平等的、份额明确的股份，实践中很多地方的股权证上也会列出所有户内成员的名字，虽然以户单位行使经营决策权时会有一定的困难，但是从表面上看，这时户内成员的个人权利是明确的。但是，随着时间的推移，户内成员也会随之变化，特别是随着继承和转让的出现，户内部的组成也会更加复杂化，个体份额会相应变得模糊，在户的内部关系缺少规定的情况下，相关权利的行使就会出现更多的争议，在这种情况下，户的内部法律关系出现了一些必须解决的问题。

1. 户的资格条件和成员界限问题

户本身是一个模糊的概念，除农村承包经营户外，户本身并不是一个严格的法律术语，也不是一个主体形态，分户和立户在实践中也没有统一的标准，"不少村集体多以风俗习惯来判断，也有的通过户籍登记来判断"。[2] 但是，户籍制度的目标在于行政管理，并且现在正在进行户籍制度改革，以户籍作为判断民事主体的标准，就会出现一些不相合性，如何划分户的成员界限也就成了一个必须解决的问题。

就继承来说，现有法律关于家庭关系和家庭财产的规定主要侧重于夫妻关系和家庭财产，在继承关系方面侧重于继承人的顺序而不是家庭内部关系的处理。由于家庭共有财产和夫妻共有财产在性质上并不相同，夫妻共有财产存在法定之情况，即若夫妻之间没有约定，则适用共有财产制而非个人财产制。但家庭共有财产并不存在法定之情况，若家庭成员之间没有约定，财产共有制度就不会在家庭成员之间产生效力。均分继承之规定虽然可以保证继承人之间继承权的平等，但如果在"分家析产"中类推使用该规则，则可

---

[1] 肖盼晴：《农村集体产权改革背景下成员共益权的实现困境与出路》，载《南京农业大学学报（社会科学版）》2021年第4期，第72页。

[2] 戴威、陈小君：《论农村集体经济组织成员权利的实现——基于法律的角度》，载《人民论坛》第2012年第2期，第22页。

第四章 集体经济组织改革中"户"的特殊性

能打击个体在家庭中创造和劳动的积极性。[1]而在股权确权到户的情况下，继承所涉及的不仅是个人对其财产权的处理，也与户内部的法律关系相关。户内成员去世后，该成员的继承人是否有权继承其在户内的股权份额、在什么样的情况下继承其股权份额、是否因继承股权份额而成为户内成员，则是需要明确的问题。福建省松溪县《村集体经济组织股权管理暂行办法》第22条规定"股权户的股份在本户内所有成员死亡后，股权继承人方可办理继承手续。继承人根据被继承人订立的遗嘱、遗赠、遗赠扶养协议、法定继承的顺序进行继承"，同时第8条规定，"股份总数和户内份数保持不变，若股权户内的成员增加或减少，其每个成员享有的股份数由股权户自行协商确定"。从这两条规定的内容来看，包括两个不同的方面：一是户内成员的变动对股权分配的影响。每个成员所享有的股份数以及由此产生的收益分配，由各户自行决定，强调户内的共享性，为股权及其收益不进行平均分配提供了条件，并且可以实现传统家庭观念中的赡养、扶助等要求。二是继承发生的条件。只要户内仍有成员存在，则不发生股权继承，强调户的稳定性。但是，需要注意的是，这一规定从表面上看对股权继承作了明确的规定，但是有一个核心问题仍未解决，即户内成员范围的确定问题。这两条规定结合起来看就可以发现户内成员的减少并不发生继承问题，而仅是户内人数的变化。如果继承人不是户内成员，则对被继承人的股份不享有权利；只有户内的全部成员死亡后才能发生继承问题。在户内成员的条件和范围不确定的情况下，何种情况发生继承是一个问题。虽然集体经济组织股权具有一定的特殊性，但这种规定是否违反现有法律关于继承的规定则是另外一个问题。

2. 关于户主的确定问题

在户的内部关系中，有一个重要问题是户主或者说户代表的产生并不明确。户的主体地位虽然与传统有关，但传统的父权家长制肯定不适应现代社会。在实践中，土地承包经营权证上虽然有户主一栏，但并没明确的户主制度，也没有规定户主如何产生，更不代表土地经营权证上的户主就可以单独从事相关的民事活动。重庆市高级人民法院于2007年发布的《关于当前民事审判若干法律问题的指导意见》承认了"农村承包经营户"的民事主体地位，

---

[1] 池骋：《法律困境与路径选择：家庭共有财产制度再探析》，载《华中科技大学学报（社会科学版）》2016年第4期，第55页。

但是同时规定"诉讼中既不能以签订合同的户主为当事人,也不能以该所有家庭成员为当事人,应当以农村承包经营户为当事人",又将问题拉回了家庭内部关系。

3. 权利的分配和行使问题

在股权户的内部法律关系中,除户主的确定及其权利义务外,也涉及户内成员的法律关系。因为按照确权到人、量化到户的规定,股权的持有以户为单位,户内成员的变动并不会对股权户持有的股份产生影响,但是会对个人的财产权利产生影响。例如,因婚姻原因离开原来的户,有可能丧失股权分红的收益。并且,如果以户为单位行使表决权,户内成员的个人意志就难以表达,户内成员作为一个个体与户作为一个团体的矛盾就会逐渐突出,随着代际之间的传承,血缘关系就会进一步稀释,权利的消灭、继承与重新分配等问题就需要解决,传统社会中的分家和分户显然无法解决这一问题。

(三)以契约为基础构建户内部法律关系

1. 户内部关系的相关理论

对于户的内部法律关系,理论上有三种看法:代表说、代理说和合伙事务执行人说。代表说强调户是一个组织体,这是代表关系存在的基础,户内区分户主和户内其他成员。户主是户的当然代表,其对外代表本户所为的民事行为,一切法律后果由户的全体成员承担。[1]这一学说的优势在于强调户的整体性,但是需要解决的一个主要问题就是户主的确定。虽然实践中通常将户籍登记上的户主登记为承包经营户或股权户的户主,但是户籍登记属于行政管理,与民事主体并不一致,最典型的是一个家庭可能出现两个户口本,因而也就是两个户主,这明显不是承包经营户或股权户的户主。代理说强调户内成员的独立性一面,不论是在土地承包还是集体资产改革过程中的"量化到人,确权到户",个人都是权利分配的基础,只是以户的名义进行登记。家庭成员之间可以相互代理行使权利,无行为能力人或限制行为能力人则按法定代理处理。[2]按照这一观点,代理人依授权或法律规定进行一定的行为,权利的真正所有者仍是成员个人。这一学说强调个人权利的保护,但是代理

---

[1] 王利明、郭明瑞、方流芳编著:《民法新论》(上),中国政法大学出版社1988年版,第200页。

[2] 宋刚:《论土地承包权——以我国〈农村土地承包经营法〉为中心展开》,载《法学》2002年第12期,第68页。

关系是依法律或授权而产生，成员之间如何授权仍是一个需要解决的问题，否则权利的行使就会出现困难。合伙事务执行人说强调成员之间的合伙关系，在家庭合伙说下，户主或其他家庭成员因执掌家庭事务而成为家庭合伙事务的执行人。[1]但是，这一学说忽视了一个重要内容，那就是合伙强调合伙人之间的意思自治，合伙人之间可以入伙和退伙，而不论是土地承包经营户还是股权户，作为一个政治构建和法律构建，所缺少的正是意思自治，入伙和退伙都不能完全依意思自治完成。

解决这一问题的思路在于虽然私人自治和公共自治是现代社会的两大基本支柱，但这也意味着在私人和公共事物之外，如果还有第三种同时既有私人性又有公共性的事物，就无法将之归类和纳入这种治理的体系。倘使将私人自治等同于个体自治，而公共自治将家庭排除在外，一方面私人自治会导致个体任意性的泛滥，另一方面公共机构将不堪重负。[2]这就要求在私人自治和公共自治之外，在以家庭关系为基础的户的内部另外构建张弛有道的社会关系。

2. 契约在户内部法律关系中的适用

在集体产权制度改革过程中，户内成员所获得的股权是一项具有财产性的权利，这种名义上由户所拥有的股权，由户内成员所拥有的股权所构成，也就是所谓的量化到人、确权到户，个人是权利的基础。集体资产股权"量化到人、确权到户"的构建的基础具有权利保护的一面，也有解决政治问题和社会问题的一面。也正是基于这一原因，户内部所拥有的股权既不适用于按份共有的规定，也不适用于共同共有的规定，而是应将契约关系引入户内部财产关系的处理。

与普通契约不同，这种契约关系并不是以个体自由为基本价值，而是在此基础上的扬弃，个体既不是从家而生的未成年个体，也不是离家出走的个体，而是否定之否定后重新回到家的个体。这些个体代表的不是自身，而是作为家庭的代表，他们达成的合意不是个体自由的合意，而是以家价值为基

---

[1] 白呈明：《"农户"内部法律关系解析》，载《法学论坛》2003年第5期，第50页。
[2] 张龑：《何为我们看重的生活意义——家作为法学的一个基本范畴》，载《清华法学》2016年第1期，第18页。

础的合意。[1]就财产关系来说,家庭共同财产应为"全体或部分家庭成员依托家庭共同生活关系将共同取得或个人财产自愿约定为共同所有的法律关系"。[2]这并不是说家庭共有财产的取得完全依赖于自愿或者契约,也并不否定家庭成员个人以契约的形式将个人财产约定为家庭财产,关键在于家庭内部关系的划分以及财产的处理。就户的内部法律关系来说,这个契约有两方面的特点:一是契约的产生具有法定原因。如果现有法律没有将户构建为一个法律主体,则此类契约不会产生。从这个角度来说,这个契约不同于普通的民事商事契约;二是这个契约同样有个人自治的特点,家庭成员以契约的形式决定财产的归属和行使。

需要注意的是,户在集体产权制度改革中的重要地位,虽然早期与家庭有关,但最终会与家庭区分开来,至少会与自然意义上的家庭区分开来。家庭着重于强调血缘关系,是人类依据自然生存规律而自动形成的生活单元,承担着延续后代的基本职能。而农户则着重于强调主体地位,是人、资本以及劳动的有机结合体,承担着进行农业生产的基本职能。[3]两者的性质并不完全相同,后者中的身份不仅是一种简单的家庭关系,而是与公司股东具有某些相似性。从这个角度来说,在集体产权制度改革中,户的主体地位起源于身份,最终也回归身份,只是这个身份与原来相比已发生改变。最终回归的身份"不仅仅是基于血缘伦理上的,还包括基于不同团体成员的身份认同,以及民族国家公民的身份认同"。[4]在这种情况下,户的身份构建具有自主性,以契约为纽带,以共同的经营目标为基础,对外作为一个整体独立从事民商事活动,对内则以契约或协议的形式,确定内部成员的权利和义务,与之相适应,集体经济组织成员或集体经济组织股东的身份也会得到重塑。

因此,在涉及集体经济组织的制度安排中,户是一个较为特殊的概念,户和农户概念的使用也有含糊性的特点。既与传统相关,又不是传统的简单

---

[1] 张龑:《何为我们看重的生活意义——家作为法学的一个基本范畴》,载《清华法学》2016年第1期,第16页。

[2] 池骋:《法律困境与路径选择:家庭共有财产制度再探析》,载《华中科技大学学报(社会科学版)》2016年第4期,第55页。

[3] 王立争:《农户主体地位的法政策学辨思》,载《中南大学学报(社会科学版)》2015年第2期,第89页。

[4] 侯猛:《权利观念的中国化——从民族国家选择到社区伦理挑战》,载《法律科学(西北政法大学学报)》2011年第5期,第11页。

延续。虽不是一个明确的法律主体，却可以享有一定的权利。土地承包经营户虽然是法定的民事主体，但与之相关的股权户却没有明确的法律规定。这种权利安排的目的既是对效率的考虑，也有公平的一面。在集体产权制度改革中，确权到人和确权到户是两种不同的方式，前者的可操作性更强，而后者则更强调公平目标的实现，并以此实现效率。但是，这种实践中的做法也有一些问题需要解决，其中最主要的表现就是这种以整体性为目标的权利安排，会对户内成员自身权利的主张形成障碍。在这种情况下，对外应明确股权户的主体地位问题，对内则应构建户内部的法律关系，以实现对个人权利的保护。

第五章
CHAPTER 5

集体经济组织财产与集体经济组织股权

通常认为，法人财产是法人存在的前提，集体经济组织作为特别法人，也应遵循这一原则，有自己独立的财产。但是，按照现有法律的规定，集体所有权的主体是农民集体，而不是集体经济组织。如果集体经济组织对土地等集体财产不具有所有权，集体经济组织是否满足"有独立的财产"这一核心要件则是一个必须考虑的问题。对此，有观点认为，虽然集体土地所有权对集体经济组织具有直接影响，但是集体经济组织应当根据相应的组织章程成立，而不是根据集体土地所有权成立。[1]这虽然可以解决集体经济组织的成立问题，但仍未解决集体经济组织的财产问题。从实践情况来看，虽然在集体经济组织成立的过程中会有成员的出资，但这种出资并不是集体经济组织财产的主要来源，对于集体经济组织的财产必须作出另外的分析，作为特别法人，集体经济组织财产有其特殊性。

与集体经济组织财产相关的是集体经济组织股权。通常来说，股份与股权是两个不同的概念。对于公司来说，股东出资形成股份或出资比例，由此而形成的权利则是股权。而对于集体经济组织来说，集体资产量化后形成股份，由股份进而形成股权。集体经济组织既不是资合性的组织，也不是典型的人合性组织，股权的取得以集体成员身份为基础，以决议的形式形成，以配置的方式取得。股权的取得通常不需要支付对价，即使象征性地支付费用，也并不代表股权的实际价值。[2]集体产权制度和集体经济组织改革的目标之一就是在确定集体经济组织成员权的基础上，以股权的形式实现集体资产的

---

[1] 杨一介：《我们需要什么样的农村集体经济组织？》，载《中国农村观察》2015年第5期，第17页。

[2] 就现有情况而言，大多数集体资产的价值都没有进行评估，因而地其量化后的股权价值，也就无法确定。

流动性，其目的在于"赋予农民对集体资产股份占有、收益、有偿退出及抵押、担保、继承权"，[1]是集体经济有效实现的重要途径。

一、集体资产的归属和利用问题

(一) 产权理论与集体产权制度改革

从理论上说，产权安排确定了每个人相应于物时的行为规范，每个人都必须遵守其与其他人之间的相互关系，或承担不遵守这种关系的成本。因此，产权是一系列用来确定每个人相对于稀缺资源使用时的地位的经济和社会关系。[2]一方面，作为名词的产权是一束规范经济行为的权利和义务，它的产生和演化不仅需要关注经济行为本身的价值导向和内在逻辑，还必须考察产权制度及其运作机制的实践基础和社会结构；另一方面，作为动词的产权本质上是产权秩序实践和制度变迁的过程，不能脱离产权生成与深化的外部因素的结构性制约，尤其是产权秩序实践所处的社会环境和制度体系。[3]产权是一个权利束，具有可分解性和可转让性，以权利明晰为目标，将排他性的使用权、自由的转让权和收益权界定给个人，强调权利的独立性和排他性。产权明晰可以在相关主体之间确定明确的边界，以减少交易成本，提高资源分配和使用的效率。以产权理论为基础，在集体产权制度改革中，集体经济资产的产权束结构为：集体资产所有权归集体，集体资产股权归农民，集体资产经营权归集体，集体资产收益权由集体和农民共享，集体资产监管权归国家。[4]

就理论视角和研究进路而言，关于农村集体产权制度改革的学理研究主要包括三个研究进路："产权明晰—制度激励"的制度经济学研究进路，提出农村产权制度改革是推动新型集体经济发展的产权基础，明晰产权有助于提升集体经济运行效率；[5]"产权秩序—基层治理"的社会学研究进路，提出

---

[1] 十八届三中全会《中共中央关于全面深化改革若干重大问题的决定》。
[2] [美] R. 科斯等：《财产权利与制度变迁——产权学派与新制度学派译文集》，刘守英等译，上海三联书店、上海人民出版社1994年版，第204页。
[3] 田鹏：《嵌入视角下农村集体产权治理的实践逻辑及反思》，载《农业经济问题》2021年第9期，第48页。
[4] 赵家如：《集体资产股权的形成、内涵及产权建设——以北京市农村社区股份合作制改革为例》，载《农业经济问题》2014年第4期，第17页。
[5] 孔祥智：《产权制度改革与农村集体经济发展——基于"产权清晰+制度激励"理论框架的研究》，载《经济纵横》2020年第7期，第33页。

基于产权的社会文化性假设,构建产权制度改革与基层社会治理交通之间的现实基础;[1]"国家—市场—农民"秩序均衡的政治经济学的研究进路,基于产权治理与秩序重构的政治经济学分析,从国家、市场、农民三重相互关联的维度提出农村集体产权制度改革的实践过程、潜在风险及调适策略。农村产权制度改革兼有政治、经济与社会发展等多重维度。[2]上述研究拓宽了集体产权研究的原则、路径和方向。

(二) 相关理论引发的法律争议

与产权相对的法律上的概念是财产权。就财产权法律制度来说,英美法系和大陆法系并不相同。英美法系从权利束视角对财产权进行界定,并且随着社会的发展和交易的展开,权利束的内容越来越广,既包含传统排他性的占有权、使用权、收益权和转让权,也包括财产的管理权、安全权和剩余索取权等,财产权细分的各项权利束归属于不同的权利主体,强调的是人与人之间的关系,不同的关系决定了不同的权利。而大陆法系则按照物权法定原则,物的类型以及每一类型物权的内容均由法律加以规定,具有不同的权能。物权的权能是权利作用的体现,无法单独让与,不能视为一个独立的权利,[3]强调的是人与物之间的对应关系。集体所有权虽然是我国特有的所有权制度,但是仍受相关理论的影响。2014年11月原农业部《积极发展农民股份合作赋予农民对集体资产股份权能改革试点方案》(农经发〔2014〕13号)标志着农村集体产权制度改革试点工作全面启动,《农村土地承包法》规定了土地集体所有权、农户承包权和土地经营权分置并行,也有产权关于权利束理论的影响。同样,集体资产股份的设置也与此相关,集体资产的相关权利由不同的主体行使。总体来说,在集体产权制度供给不足的情况下,相关理论对集体经济组织改革有着重要的参考价值。

按照科斯定理,在交易成本为零的情况下,权利的初始配置与权利的最终归属没有关系。反过来说,因为交易成本不为零的世界并不真实存在,权

---

〔1〕 贺雪峰:《农村集体产权制度改革与乌坎事件的教训》,载《行政论坛》2017年第3期,第13页。

〔2〕 马池春、马华:《农村集体产权制度改革的三重维度与秩序均衡——一个政治经济学的分析框架》,载《农业经济问题》2018年第2期,第8~10页。

〔3〕 高飞:《寻找迷失的土地承包经营权制度——以农地"三权分置"政策的法律表达为线索》,载《当代法学》2018年第6期,第15页。

利的最初归属非常重要。这个配置不仅决定了权利的归属，而且也决定了权利所有者在交易中的主动地位，并因此获得相应的利益。集体产权制度改革也是一个权利配置的过程，并形成了明确权利和促进交易两个不同的研究进路。

强调交易的观点认为，既然权利的初始配置可以通过交易来改进，只要有权交易，权利归属（集体财产的所有权）并不重要，只要交易不受限制，通过使用权的行使也可以提高效率。而强调明晰产权的观点则认为，交易的进行离不开权利，无权利则无交易。集体产权改革的关键是明晰产权，通过明晰产权来促进交易，权利的归属具有核心作用，集体所有权的性质不可改变，并在此基础上实现集体经济的发展壮大。除要求明确集体所有权的主体外，还要求将排他性使用权、自由转让权以及收益权明晰到个人，从而实现"产权清晰"。权利主体是固定的，但同时也是开放的、可流动的；权能是充分的，权利主体在合乎条件的情况下可自由地转让其持有的全部或部分产权权利，且不受任何限制和干预。

但是，这两种观点的不同并不像看起来那么明显，强调交易是两者的核心，区别在于对所有权的看法，即是否需要明确所有权的主体。这种对交易的强调与支持会和集体所有制下的成员权优先逻辑产生冲突，因为集体经济组织成员与集体成员有关，集体成员的身份性使之具有封闭性的特点，以交易为基础，不受成员权约束的自由转让必然导致所有权的分配突破社区界限以及股权的集中，进而改变集体所有制的性质。[1]与之相应，在集体产权股份合作制改革过程中，股权的转让一直限于集体经济组织内部，对于能否突破集体经济组织的范围进行股权转让，也处于探索之中。

（三）集体资产产权归属与利用的实践情况

从理论上说，财产是从对财产的拥有中获得收入的权利，而获得收入的途径，或者是通过资源的生产性开发，或者是通过资源的交换。[2]《民法典》第205条规定："本编调整因物的归属和利用产生的民事关系。"前者属于静态所有，而后者则属于动态利用。同样，按照产权理论，产权是一个权利束，并不是单一的权利，产权中的不同权利可以分离。与之相应，集体资产股权

---

[1] 钟晓萍、吕亚荣、王晓睿：《是集体成员权优先还是私人财产权优先？——基于农村集体资产股份权能改革试点的观察》，载《西部论坛》2019年第5期，第42页。

[2] [法]蒲鲁东：《什么是所有权》，孙署冰译，商务印书馆1963年版，第139页。

中的财产性权利和非财产性权利分离。在集体产权制度改革过程中，一直允许集体经济组织成员外的继承人继承股权，只是权利的行使范围是否包括经营管理方面的权利等，并没有一致的做法。在股权转让方面，探索集体经济组织成员的开放性也一直是改革的重点，有些地方在一定的条件下允许以出资的方式取得股权，与继承与转让相同，以这种方式取得股权的内容不同于原始取得的股权。

在集体产权制度改革过程中，如果从财产的归属的角度，则会将重点放在集体所有权的主体方面，并认为农民集体不具有法律人格，因而不符合产权清晰、权利明确的要求，否认将农民集体作为集体所有权的主体。但是，就集体所有权的特点来讲，其并不同于个人所有权，国家对个人所有权的保护也不同于对集体所有权的保护，作为社会主义公有制的表现形式之一，集体所有权并不是让"集体"这一抽象的主体去直接经营财产，而是作为所有权人享有土地所包含的价值利益，其通过设定用益物权来实现，所有权人仅保留最终的处分权，且不具有现实存在及自我实现的可能，对集体土地所有权更应关注"利用"而非"归属"。[1]故集体所有权不能以传统民法中所有权主体的明确性作为唯一判断标准，而应构建有中国特色的集体所有权体系。基于法律明确规定集体所有权由集体经济组织行使，在没有集体经济组织的情况下由村民委员会行使，现有的关于集体资产的问题应主要在于利用而不是归属。集体经济组织作为民事主体，不论是采用特别法人还是其他组织形式，都并不是仅仅要解决集体财产的归属问题，而是要解决集体所有权的行使问题，也就是通过集体所有权行使的制度设计来实现集体资产的保值增值，实现农民作为集体经济组织成员的合法权益。集体产权制度改革也并非将家庭集体资产还原为集体成员所有，而是坚持农民集体所有不动摇，从保障集体成员权和避免集体资产产权虚置角度，通过清产核资、折股量化、确权到户等方式，实现经营性资产产权清晰、权能完善、落实好农民对集体经济活动的民主管理权利，保障民利民享。[2]根据2016年《集体产权制度改革意见》的要求，农村集体产权制度改革的目标就是"通过改革，逐步构建归属

---

[1] 房绍坤、袁晓燕：《农村集体经济组织特别法人制度建构》，载《上海政法学院学报（法治论丛）》2021年第3期，第5页。

[2] 王雷：《农民集体成员权、农民集体决议与乡村治理体系的健全》，载《中国法学》2019年第2期，第130页。

清晰、权能完整、流转顺畅、保护严格的中国特色社会主义农村集体产权制度,保护和发展农民作为农村集体经济组织成员的合法权益",也就是在坚持集体所有制不动摇的前提下,维护集体成员的合法权益,实现集体资产的保值增值。

二、集体经济组织财产的特殊性

集体经济组织即使作为特别法人,也是法人的一种,需要有独立的财产。但集体经济组织财产与集体所有权相关,集体所有权则与集体所有制相关。集体所有制是公有制的一部分,集体所有权只是其民法表达,集体产权制度改革的一个基本原则就是坚守法律政策的底线,即"坚持农民集体所有不动摇"。在这方面,《民法典》第261条第1款延续了《物权法》的规定,"农民集体所有的不动产和动产,属于本集体成员集体所有",这在一定程度上解决了农民集体所有权权利主体以及农民集体成员权利保护不足的问题。但这并不表明集体成员就集体财产形成共有关系,集体成员不能独自对集体财产行使权利,离开集体时也不能请求分割集体财产。[1] 集体财产的这一特点决定了集体经济组织财产的来源、行使和类型都有着不同于其他法人组织的特殊性。

(一)集体经济组织的财产不以成员出资作为必要条件

按照传统的民法理论,法人的财产来源于其成员的出资。对于公司法人来说,股东将财产投资于公司,取得公司的股权,公司取得股东出资所形成财产权。对于集体经济组织法人来说,成员出资与其设立的关系,或者是说成员出资是不是其设立的前提,取决于对《民法典》第58条"法人应当有自己的财产"的理解。持肯定的观点认为,集体经济组织作为特别法人,要符合法人的条件,如果没有出资,就是没有财产,也就不符合法人成立的一般条件。持否定的观点认为,法人应当有自己的财产并不限于法人成立时,《民法典》第58条并没有明确要求法人的成立必须有财产,集体经济组织财产与其成员出资之间不具有必然关系,集体经济组织法人成立后有自己的财产也符合法人应当有自己的财产这一条件。集体经济组织特别法人主要是在"政

---

〔1〕 高圣平:《〈民法典〉与农村土地权利体系:从归属到利用》,载《北京大学学报(哲学社会科学版)》2020年第6期,第144页。

经分离"的背景下,将村委会经营管理集体事务的职能予以分离而设立的,这也是集体经济组织特别法人设立上"特别性"的重要体现。[1]这种观点强调集体经济组织的职能,也与集体经济组织产生的实践具有一致性。集体经济组织财产与集体资产有着密切的关系,并不依赖于成员出资,集体资产股权化后由集体经济组织行使,其目标是实现集体资产的保值增值。

需要注意的是,在集体经济组织改革的过程中,虽然出现了集体经济组织成员出资并因此取得股权的情况,但是这里的出资并不是设立出资,所支付的获得股权的对价也不代表股权的实际价值。广州某经济联社章程规定:"股民(即股东)足16周岁以上持同等股数。入股基金集资,是指16周岁以下的人,若与16岁以上的人持同等股数,必须用钱补足,才能成为持股人同等股数。按16股(即16年)比例股、年数,每一股(即一年)30元交给集体(股份公司),差多少股(即多少年)交多少钱。比如:15岁半的人交30元;13岁的人交90元;7岁的人交270元;零岁儿童交480元。一次性交款,交款后与股民同等股数。"对于这类出资的用途,章程明确规定:"入股基金数额作为本社发展基金收入,待以后发展经济和扩大再生产之用。"这说明成员的出资既不是集体经济组织成立的基础,更不是集体经济组织财产的主要来源。

(二)集体经济组织财产来源特殊性的表现

对于集体经济组织财产的来源,有观点认为,将集体所有的财产界定为集体经济组织的法人财产一举两得,既能有效解决农村集体所有权虚化的问题,又能解释农村集体经济组织法人财产的范围。农民集体与农村集体经济组织均为集体资产的所有者,前者虽秉持维护公有制的目的却忽视了其私法表达方式,而后者则弥补了前者在民法技术上的缺陷。[2]这一观点从表面上看具有一定的合理性,但是一物只有一所有权,不可能农民集体与集体经济组织都是集体资产的所有者,《民法典》第262条明确规定,集体经济组织代表集体行使所有权,因而并不能将集体经济组织的财产与集体财产混为一谈。

对于集体经济组织财产的范围,有广义和狭义两种观点,两者的区别在于资源性资产和公益性资产是否属于集体经济组织的财产范畴。狭义的观点

---

[1]张先贵:《究竟如何理解农村集体经济组织特别法人》,载《暨南学报(哲学社会科学版)》2021年第10期,第19页。

[2]李倩、张力:《农村集体经济组织特别法人的产权建构》,载《新疆社会科学》2020年第6期,第87页。

认为："农村集体经济组织法人设立时的财产来源主要为经营性资产、政府拨款、减免税形成的资产，集体产权制度改革中免征因权能变动产生的契税、印花税以及不动产登记费用等相关税费。"[1]按照上述规定，集体经济组织的财产来源包括三个部分：政府的拨款、税收和其他相关费用的减免所形成的财产、经营性资产。另外，集体经济组织经营管理中的财产增值也应是集体经济组织财产，包括集体经济组织的经营所得以及取得的财产捐赠或其他合法取得的财产。除此之外，在集体资产股份化的过程中，成员的出资虽然不是集体经济组织财产的主要来源，但是在集体成员通过购买取得股权或以购买的方式补足股份的情况下，由此形成的财产也是集体经济组织财产。在集体经济组织财产的多个来源中有政府拨款，是集体经济组织财产来源特殊性的表现之一。

上述资产除经营性资产外，由集体经济组织所有应无问题。但对经营性资产，则需区分不同的情况。虽然有观点认为"农村集体经济组织对经营性集体资产享有所有权，对非经营性集体资产只享有委托代理意义上的运行管护职责"，[2]但是集体经济组织法人化改造后，并没有取得集体财产的所有权，例如农村集体经营性建设用地虽然属于经营性资产，但其所有权不能简单归集体经济组织所有。《石家庄市农村产权交易管理暂行办法》（石政规[2018] 22号）区分了农村集体经营性资产和农村集体资源性资产使用权。前者是由农村集体统一经营管理的经营性资产（不含土地）的所有权和使用权，后者是指农村集体所有的土地、林地、森林、山岭、草原、荒地、滩涂等资源性资产使用权。[3]由于集体经营性资产来源于集体财产，集体经济组织又代表成员集体行使集体所有权，因而集体经济组织财产与集体资产相关，是集体经济组织财产来源特殊性的表现之二。

广义的集体经济组织财产范围则以农业农村部印发的《农村集体经济组织示范章程》（农政改发[2020] 5号）为代表。按照该章程第4条的规定，

---

[1] 房绍坤、袁晓燕：《农村集体经济组织特别法人制度的建构》，载《上海政法学院学报（法治论丛）》2021年第3期，第3页。

[2] 姜红利、宋宗宇：《农民集体行使所有权的实践路径与主体定位》，载《农业经济问题》2018年第1期，第41页。

[3] 《石家庄市农村产权交易管理暂行办法》第9条。简单来说，集体经济组织对非土地性质的经营性资产，享有所有权。由于集体财产以土地为基础，这种非土地的经营性资产，更类似于集体资产的经营所得。

除上述财产外，成员集体所有的土地、森林、山岭、草原、荒地、滩涂等资源性资产以及"本社成员集体所有的用于公共服务的教育、科技、文化、卫生、体育等方面的非经营性资产"也属于集体经济组织的财产。在农业农村部示范章程发布前后，各地的示范章程也有类似的规定。但是，这个规定明显是将集体财产等同于集体经济组织财产，这种混同在没有村民自治组织而只有集体经济组织的情况下可能有合理性，因为此类财产也由集体经济组织管理，但是由于集体经济组织不同于成员集体，集体经济组织也不是集体所有权的主体。在《农村集体经济组织法》没有明确规定之前，关于集体经济组织财产范围的争议也是集体经济组织财产来源特殊性的另外一个表现。

三、股权量化的范围

（一）集体资产的分类

与集体经济组织财产类似，集体资产的范围也有狭义和广义之分：狭义的集体资产仅指集体账面资产，包括经营性资产和非经营性资产；广义的集体资产还包括土地等资源性资产，资源的使用、处置、经营收益分配也是集体资产管理的重要内容。[1] 2016年《集体产权制度改革意见》规定"农村集体资产包括农民集体所有的土地、森林、山岭、草原、荒地、滩涂等资源性资产，用于经营的房屋、建筑物、机器设备、工具器具、农业基础设施、集体投资兴办的企业及其所持有的其他经济组织的资产份额、无形资产等经营性资产，用于公共服务的教育、科技、文化、卫生、体育等方面的非经营性资产"，属于广义的集体资产范围。按照这一规定，集体资产主要分经营性资产、非经营性资产以及资源性资产三类，包括农用地、宅基地和集体经营性建设用地、非土地集体经营性资产以及公益性资产。对于农用地来说，实行的是集体所有、个人使用，包括集体经济组织成员的土地承包经营权和由此产生的经营权两个方面；对于宅基地来说，是集体所有、个人使用，集体经济组织成员所拥有的是宅基地使用权；对于集体经营性建设用地来说，则是集体所有、由集体使用，这里的集体使用，通常就是集体经济组织或者村民自治组织使用；对于非土地集体经营性资产来说，同样是集体所有，就现有

---

[1] 宋洪远、高强：《农村集体产权制度改革轨迹及其困境摆脱》，载《改革》2015年第2期，第111页。

的做法和改革的目标来说,则是通过股份制改革,"赋予农民对集体资产股份占有、收益、有偿退出及抵押、担保、继承权"。[1]

公益性财产是指具有公共性的非经营性财产,包括道路、教育、卫生、文化、体育等方面的公用设施,这类财产的使用具有身份的特点,只有具有集体成员身份才能享有,这个身份虽然与地域和血缘有关,但不是指亲属法或者其他法律上的身份权,而是指政治与公法意义上的身份。[2]集体资产股权化之后,这一身份性的要求也没有改变。

(二)股权量化范围的实践做法与理论争议

1. 实践做法

集体经济组织依法代表农民集体行使集体所有权,其财产主要来源于集体财产,但是在集体资产股份化的过程中,量化为股权的财产范围并不相同。从相关的政策性文件来说,集体资产的折股量化范围是一个逐步缩窄的过程。2007年《农业部关于稳步推进农村集体经济组织产权制度改革试点的指导意见》(农经发〔2007〕22号)规定,经营性资产、非经营性资产和资源性资产的折股量化范围、折股量化方式等事项,提交集体经济组织成员大会讨论决定。2016年《集体产权制度改革意见》提出"有序推进经营性资产股份合作制改革"。2019年《中共中央、国务院关于建立健全城乡融合发展体制机制和政策体系的意见》规定:"将农村集体经营性资产以股份或者份额形式量化到本集体成员。对财政资金投入农业农村形成的经营性资产,鼓励各地探索将其折股量化到集体经济组织成员。"与这一规定相关的法律依据是《土地管理法》第63条,仅仅规定了集体经营性建设用地的有偿使用和流转,并未涉及集体公益性建设用地。

在实际操作中,很多地方突破了上述规定,将集体的全部财产(包括非经营性资产和资源资产)都进行了量化。具体来说有三种不同的做法:一是突破现有政策文件的规定,把经营性资产、非经营性资和资源性资产都进行量化。2020年10月底,河南省完成了集体产权制度改革,全省70%以上没有经营性资产的村在改革时对总资产或净资产、部分村的资源性资产进行了折股

---

[1] 李爱荣:《集体经济组织改革中的成员权问题研究》,经济管理出版社2019年版,第48页。
[2] 张建文:《集体经济组织成员对公众用(集体)财产使用的性质与救济》,载《河北法学》2014年第6期,第25页。

量化；[1]二是仅对经营性资产，包括经营性资源资产进行量化，对非经营性资产和非经营性资源性资产不进行量化；[2]三是仅对经营性净资产，[3]或者是资金性资产进行量化。在这三种观点中，被较为广泛接受的是对经营性资产进行量化。2020年农业农村部印发的《农村集体经济组织示范章程（试行）》第39条规定将经营性资产（不含集体土地所有权）以份额形式量化到本社成员，也就是量化的范围仅限于经营性资产，同时规定"以集体土地等资源性资产所有权以外的集体经营性资产对债务承担责任"。也就是说，集体所有的土地是社会主义公有制的重要表现，承担政治功能和社会保障功能，属于成员集体所有，不能以股份的形式量化给集体经济组织成员。

2. 理论争议

对于现有的法律和政策文件将量化的范围仅限于经营性资产的做法，很多学者持反对态度，只是原因各不相同：较为温和的观点认为，中央文件将经营性资产的量化作为改革的重点，改革也主要在有经营性资产的村镇，但相关文件并没有一概否认其他量化方式，而是主张对农村集体的三类资产进行分类改革，特别强调要尊重农民意愿，因此应该在文件规定的基础上允许各地因地制宜，循序渐进地推进改革，但是不能逾越改革文件确定的改革底线。[4]也有观点认为，只对经营性资产折股量化的改革是不彻底的，对于没有经营性资产的村庄，如果改革后建立的经济合作社不需要对集体资产进行量化，就不能体现成员对集体资产的占有、使用、收益、继承、担保抵押等

---

[1] 田友、赵翠萍：《农村集体产权制度改革面临的急难问题及其破解——基于河南省焦作市的实践调查》，载《中州学刊》2021年第9期，第36页。

[2] 江西省泰和县《农村集体资产股份量化指导意见》第3条规定了四种情况：一是只有经营性资产的集体经济组织，将经营性资产以股份形式量化；二是只有经营性资源性资产的集体经济组织，将经营性资源性资产以份额形式量化；三是既有经营性资产，也有经营性资源性资产的集体经济组织，将经营性资产和经营性资源性资产，分别以股份和份额形式同时量化。四是既没有经营性资产，也没有经营性资源性资产的集体经济组织，重点开展清产核资和成员确认工作，待条件成熟后，再开展资产量化工作［但要成立＊＊＊村（组）经济合作社］。

[3] 福建省上杭县《农村股份经济合作社示范章程》第13条规定，根据《上杭县乡（镇）村（社区）集体经济组织股份设置与管理办法》，将本村（社区）截至2017年的经营性资产原值［详见上杭县乡（镇）村（社区）清产核资报表］进行股份量化。[没有经营性资产的表述为：根据《上杭县乡（镇）村（社区）集体经济组织股份设置与管理办法》，本村（社区）暂不量化股份，待条件允许时，再行量化]。

[4] 管洪彦：《农村集体产权改革中的资产量化范围和股权设置》，载《人民法治》2019年第14期，第46页。

权利。并且，各类集体资产不是一成不变的，经营性资产和非经营性资产也可能相互转化。[1]支持仅对经营性资产进行量化的观点则认为，农村集体经济组织中的资源性资产权益，在土地承包法中已有原则规定，通过承包经营土地或流转承包地获得收益；经营性资产以股份或者份额形式量化到本集体成员，作为参与集体收益分配民的基本依据；其他公益性资产收益，主要实行福利性分配或共享的方式。[2]这种观点强调对集体经济组织的分类管理，与相关文件的规定一致。

（三）社会资本的加入

在集体产权制度改革过程中，对社会资本的加入持谨慎态度。《乡村振兴战略规划（2018-2022年）》等相关规定鼓励社会资本进入农村，但是同时又要求防止外部资本侵占集体财产。2021年农业农村部办公厅印发《社会资本投资农业农村指引》（农办计财[2020]11号），强调"为社会资本投资农业农村开辟更多有效路径，探索更多典型模式"，支持农村集体经济组织通过股份合作、租赁等形式，参与村庄基础设施建设、农村人居环境整治和产业融合发展，说明社会资本的加入应成为一种趋势。现阶段社会资本加入集体经济组织的具体做法并不相同，主要采用项目的方式，有的可以此取得集体经济组织的收益分配权，而有的仅取得项目的收益分配权。[3]社会资本加入的优势是可以通过引入资本壮大集体经济，增强集体经济的竞争能力，其缺点在于现阶段集体经济组织以农民集体为基础，其财产以集体资产为基础，具有封闭性的特点，而社会资本的加入过度，则可能因其持股比例的增加而侵占集体财产。但是，从集体经济组织的发展来说，社会资本的加入应该成为一种趋势。

关于社会资本入股集体经济组织，北京市郑各庄村不仅时间较早，而且在一定程度上改变了集体经济组织的封闭性。郑各庄村于1996年组建"北京宏福机械化施工集团"，将村里的所有经济组织均纳入该集团。1999年落实中央土地第二轮承包政策时，通过村民大会实行"确权、确利、保收益"的土地流转机制，将土地量化到村民个人，按照"只租不卖"的原则，在所有权

---

[1] 田友、赵翠萍：《农村集体产权制度改革面临的急难问题及其破解——基于河南省焦作市的实践调查》，载《中州学刊》2021年第9期，第37页。

[2] 刘振伟：《建立规范的特别法人治理结构》，载《中国人大》2017年第10期，第28页。

[3] 具体可参见第四章关于新增成员部分的论述。

性质未发生转移的情况下，将土地的经营权委托给宏福集团，并由宏福集团向村委会和村民支付租金，村里的土地租金用于公共投入、村民福利以及股份分红，形成以村基础、企业为支柱的"村企合一"的运行格局。宏福集团是郑各庄村的经营实体，公司持有法人股，居于控股地位，村委会依靠集体原始资产折抵为第二股东，个人股以自愿为基础进行认购，既不配股也不派股，同时公司员工和社会股东也可以认购公司的股份，从而使股权设置跨越了社区范围，但村民占个人股的80%。公司所得的利润由个人股东、企业股东和集体股东进行分配。[1] 郑各庄村的改革有两个特点：一是股东的范围不以集体成员为限制，包括宏福集体团的员工，而在公司的决策层中，有一半是外部人员；二是宏福集团现改为"北京宏福集团控股有限公司"，属于自然人投资或控股的有限责任公司，从性质上说，已不是集体经济组织，因而社区股份合作制只是一种过渡的形态。[2] 与之相关的另外一个问题就是，按照法律规定，农民集体所有的不动产和动产，属于本集体成员集体所有，也就是由土地获得的收益归集体成员集体所有，但是按照郑各村的做法，其收益被分配到了集体之外，并且如果社区股份合作制只是过渡形态，最终将成为自然人投资或控股的有限责任公司。那么，如何衔接与社会主义公有制的关系便成了一个需要解决的问题。因为郑各庄村的特点是由"村企合一"发展为有限责任公司，集体资产最终成为有限责任公司的股份，特别是在法人股改变以后，集体成员拥有的是有限责任公司的股份，最终也就成了个人所有权，公司代替了集体、股东代替了成员。在现有的法律框架中，缺少相应的法律支撑。

与之相对的另外一种社会资本的加入则是在现有法律的框架内进行，四川省绵阳市孟津村利用原砖厂建设用地，以15亩地作为入股本金折价100万元，同绵阳市康丰源农牧有限公司合作经营有机肥厂，从而获得收益，[3] 这种做法也是社会资本参加集体经济的一种，但并不是入股集体经济组织本身。

〔1〕《北京郑各庄村的"村庄公司化"》，载《河南日报（农村版）》2013年12月4日；李竣、杨旭：《城镇化背景下社区股份合作制形态演进与终结———源自北京市郑各庄村的案例解读》，载《南京农业大学学报（社会科学版）》2015年第2期，第20页。

〔2〕李竣、杨旭：《城镇化背景下社区股份合作制形态演进与终结——源自北京市郑各庄村的案例解读》，载《南京农业大学学报（社会科学版）》2015年第2期，第24页。

〔3〕杨宗友：《绵阳市游仙区仙鹤镇"五位一体"立体化发展模式壮大村级集体经济》，载人民网：http://sc.people.com.cn/n2/2021/0401/c345458-34653717.html，访问日期：2022年4月13日。

四、集体经济组织股权配置与股权管理

（一）股权配置

集体产权制度改革始于20世纪90年代，在改革过程中，股权配置是核心环节，也决定了股权改革的整体效果以及对集体经济组织成员权利的保护。股权配置过程也是一种激励机制的建立过程，直接关系到集体经济组织的运行及集体经济能否发展壮大。[1]通常来说，股权配置是按照一定的标准，将集体资产股份配置给以集体成员为基础的相关主体，从主体来说，有个人股和集体股；从身份来说，有成员股和非成员股；从来源来说，可分为干部股、福利股以及贡献股等。2016年《集体产权制度改革意见》指出："将农村集体经营性资产以股份或者份额形式量化到本集体成员，作为其参加集体收益分配的基本依据。"从该规定来看，股权配置以集体经营性资产为基础，量化后的股份是集体收益分配的依据。从股权配置的方式来看，股份化或份额化的集体资产与家庭土地承包制之间也存在直接关联，农村集体资产股份化或份额化的主要依据之一是原集体经济组织实行家庭承包形成的土地承包关系和原集体经济组织成员的成员权。在农村集体经济组织的设立不以农业生产经营为目的的情形下，这可以解释农村集体经济组织为什么以家庭承包经营为基础。[2]这种渊源关系也决定了在股权量化的过程中，户是量化的主体之一，股权户与承包户也就成了相对应的概念。

从目标来说，股权配置以公平性为目标，而农村集体产权的公有性、社区性和市场性，这决定了集体资产股权配置受改革主体和改革逻辑的双重塑造。改革主体包括政府和村庄，分别依靠行政和自治的推动力量，改革的逻辑包括效率与公平，分别代表市场和社会的价值追求。[3]由于集体产权改革的基础在于集体所有权，集体所有权的特点决定了在股权配置的过程中要以公平作为出发点，在此基础上实现效率，而不能仅仅为了效率而牺牲公平。

---

[1] 于雅璁：《"特别法人"架构下我国农村集体经济组织改革发展路径研析》，载《海南大学学报（人文社会科学版）》2020年第6期，第74页。

[2] 杨一介：《合作与融合：农村集体经济组织法律规制的逻辑》，载《西南民族大学学报（人文社会科学版）》2022年第4期，第74页。

[3] 董帅兵、邱星：《改革主体、改革逻辑与农村集体资产股权配置模式——以T市农村集体产权制度改革为例》，载《农村经济》2021年第8期，第98页。

股权配置必须避免平均化，要体现差异的平等，即相同的条件相同对待、不同的条件不同对待，同时要加强成员与集体的联系，而不能使之松散化。集体经济组织要为成员提供利益分配和公共福利，而成员同样要为集体经济组织的经营管理负责，在这种情况下，集体经济组织成员的共益权在某种意义上也是其应履行的义务。

1. 股权配置的通常做法

在集体资产改革的过程中，股权配置不外乎按以下程序进行：确定成员资格—清产核资—配置股权，从表面看这是一个简洁明确的过程，但实际上涉及各方面的利益关系，仅以国家或地方的相关政策难以推行，因而中央、农业管理部门以及各省通常只提供框架性文件，具体的操作则由各地按实际情况落实，从而以自治权为基础，形成了"一村一策"的股权配置策略。从形式来看，这一过程主要通过集体成员以讨论、制定、执行规则来完成，这些规则既构成了自治的基础，同时也是自治权行使的重要内容，从而形成了政府与集体经济组织并行的改革主体。

（1）基本股份的平等分配。从名称来说，基本股份是一种通称，是指除特殊原因取得股份外，基于身份而在基准日取得的股份。这种类型的股权以改革时确定的基准日为基础，根据股权配置方案规定的条件进行分配，同等条件下的集体成员平均分配股权，或者是确权到户，或者是确权到人。这种配置以成员身份为基础，进行平均化配置和差异化配置。平均化配置即由每位成员依据身份平均享有特定数量的股份，差异化配置是依据不同的条件将集体成员区分为不同类型，再依据类别进行配置，这个时间标准通常是出生时间或者入籍时间。其目的在于为集体成员提供最基础的集体资产收益保障，以体现集体成员身份权利。[1]

需要注意的是，作为分配依据的身份虽然与户籍有关，但是非成员也可以因为历史上的贡献等其他原因而取得股权。按照广州天河区长兴街长湴股份合作经济联社章程的规定，根据是否具有村民身份，股东分为社区股东和社会股东。社区股东具有村民身份，是拥有"股东+享受村民福利待遇的村民"双重身份的自然人，享有财产收益、重大决策表决、选举权和被选举权

---

[1] 杨明：《权利与义务对等：农村集体资产股份配置有效实现形式——基于农村集体产权制度改革试点单位的考察》，载《农村经济》2020年第7期，第138页。

等其他权利。而社会股东则是不具备村民身份,没有承担社区生产与管理义务但又可以配股的外出自然人,享有股份分红权和其他权利,但是没有选举权和被选举权。社会股东主要包括外嫁女、转业军人和农转居等相关人员。社区股东和社会股东的不同区分在股权配置时就已确定,且不再改变。这种按一定的标准平等分配的配置方式是股权配置的基础,其他配置方式只是在此基础上以一定的标准进行调整。

(2) 按贡献配置股份。除基本股份的平均分配外,某些成员在符合一定的条件,可按规定另外配置股份,对集体经济组织的贡献就是其中的标准之一。具体来说,按贡献配置股份一般是根据成员在集体组织中的劳动或务农时长、劳动贡献予以确认,通常被称为贡献股、劳龄股,其出发点是尊重历史,承认集体资产是成员的劳动积累,有利于根据不同成员有差别的贡献而公平地分配利益。劳动时长及贡献对股权分配的比例需要各地根据历史等实际情况予以确认。在实践中,个人股是单独设置农龄股或是人口股,还是两者共同构成,由各村最终表决通过。从理论上说,农龄股比单纯的人口股能更好地通过差别反映公平,最理想的做法是严格按照村民参加集体劳动的贡献来分配,但是又会涉及两个问题:一是哪些人、什么时间、参加什么性质的劳动可以算集体劳动;二是如何核定这些劳动对集体的贡献。[1]这些指标的设计需要一个复杂的计算过程,但在实践中,通常只是以年龄或者时间(即在本集体经济组织的劳动年限)作为确定标准。

(3) 按需要进行分配。这类股份的设置标准是以生活保障为目标,在基本股份的基础上,对老年人或者贫困人口另外设置具有福利性的股份,通常被称为福利股。2020年农业农村部印发的《农村集体经济组织示范章程(试行)》规定,成员股的类型除了人口股和农龄股以外,还包括扶贫股和敬老股。除此之外,这类股份还包括为学生配置的学生股以及计生股等。从性质上说,这类股权配置具有福利的性质。由于股权是一种特殊的财产权,其核心在于因股权获得的收益,但是并不是所有的集体经济组织都有收益进行分红,在没有分红的情况下,这种以福利为目标的财产性权利也将无法实现。换句话说,这种以福利为目的的股权配置,会因为股权的变动或者股权收益

---

[1] 刘玉照、金文龙:《集体资产分割中的多重逻辑——中国农村股份合作制改造与"村改居"实践》,载《西北师大学报(社会科学版)》2013年第6期,第10页。

的变化而影响福利权利的实现。因而，就此类股份的设置来说，应区分福利权利和财产权利，对于需要生活保障的特殊人口，应通过社会福利包括社会保障制度的建设以及集体经济组织提取公积公益金来实现，以保证上述人口的生活保障不受集体经济组织收益的影响。

（4）基于经营管理需要配置股份。基于经营管理需要而设置的股份通常会被称为干部股或者管理股，包括三种情况：一是为建立激励约束机制，以设立管理股的形式聘请职业经理人，从而提高集体经济组织的经营管理水平。由于现阶段集体经济组织多由成员进行经营管理，这部分管理股的设置相对较少；二是对现有干部设干部岗位股，随干部岗位调整而调整，不能继承、馈赠、转让、兑现。根据不同的职位，配置不同数量的股份，比如"下派村党支部书记在履职期间，作为'当然社员'享有'当然股东'身份，享有表决权、选举和被选举权，不享有股份和收益分配权"。[1]在这类干部股中，还有一种情况是为解决历史问题而设置，也就是干部贡献股为一次性确认，在规定期限内认购，此后新当选的班子成员或其他人员不再配给贡献股，持股者不再担任职位时，股权自然消失。[2]第三种情况与上面两种情况都不同，而是仅为集体经济组织的经营管理设置干部岗位股。浙江省绍兴市规定，外来村干部只享受干部岗位股，无人口基本股和农龄贡献股。如干部离开现职岗位，便不再保留岗位股。[3]

从上述情况来看，第二种干部股的设置具有历史阶段性，具有过渡性的特点；第一种岗位股的设置则类似于《公司法》中的员工持股和股权激励，未来需要进一步探索适合集体经济组织的特殊的股权激励方式，第三种情况在未来的发展中可能会成为常态，与集体经济组织经营管理的发展方向具有一致性。

2. 关于是否设置集体股的问题

（1）集体股的内容和作用。所谓集体股，是指按集体资产净额的一定比例折股量化，由全体集体经济组织成员享有的股份。[4]集体股的特殊性在于

---

[1] 《连云港市村（社区）（股份）经济合作社示范章程》第3条。
[2] 具体参见广州市天河区部分集体经济组织章程的规定。
[3] 参见浙江省绍兴滨海新城管理委员会《关于推进农村集体资产股份合作制改革的实施意见》（绍滨海委［2014］60号）。
[4] 王玉梅：《农村社区股份合作社的商主体制度构建》，载《中国政法大学学报》2016年第2期，第72页。

主体，即集体股通常由集体所有，只是对于这个"集体"的身份，各地的规定并不相同，集体经济组织可能是集体股的持有者，但是也可能在集体经济组织之外另有持有者，包括村民委员会等。《深圳经济特区股份合作公司条例》第39条规定，设置集体资产管理委员会代持集体股。

与个人股相比，集体股的不同主要表现在两个方面：一是主体不同，集体股不属于个人所有，而是由集体所有，这也是集体股被认为主体不明确的主要原因。二是内容不同，由于股权通常分为财产性权利和非财产性权利，集体股由于通常属于集体，包括集体经济组织所有，因而通常不具非财产性的权利，在这方面类似于2018年《公司法》第103条和第166条的规定，即公司可持有本公司的股份，但不享有表决权和利润分配请求权。但是，这方面各地的做法并不相同，北京市海淀区设置集体股、个人普通股和个人优先股。集体股的性质是普通股；普通股股东享有选举权和被选举权以及享有监督权和决策权。[1]三是集体股所分得的收益，主要是用于集体组织的公共事务和项目及公益事业，如福利性支出、解决历史遗留问题、村级债务或是行政费用的缴纳或补缴、公共资源配置或公共基础设施建设及维护等。

（2）关于是否设立集体股的争议。在集体产权制度改革过程中，是否设置集体股是一个有争议的问题，主张设立集体股的理由有三个方面：一是不设集体股，就失去了集体所有的公有制性质；二是通过设置集体股，解决公共事业经费开支；三是需要通过设置集体股解决成员的社会保障以及可能存在的债务问题。[2]除此之外，设立集体股可以解决集体产权制度改革中出现的遗漏成员以及折股量化计算错误等问题，从这一点来看，集体股与预留股份具有一定的相似性。

与之相反，有人认为集体产权制度改革的目的就是将集体资产折股量化到人、确权到户，集体所有的公有制性质，不需要通过设立集体股来实现。设置集体股会产生产权不清晰的情况，对集体资产管理和二次分配造成隐患，

---

〔1〕《北京市海淀区农村股份经济合作社示范章程（试行）》第12条规定，本社设置集体股、个人普通股和个人优先股。集体股的性质是普通股；普通股是指在本社经营、盈利和剩余财产分配上享有普通权利的股份，普通股股东享有选举权和被选举权，享有对本社经营的监督权和决策权；优先股是指在盈利和剩余财产分配上比普通股享有优先权的股份，优先股股东不享有选举权和被选举权，不享有对本社经营的监督权和决策权。

〔2〕余葵：《全面推开农村集体产权制度改革试点需要把握的八个问题》，载《农村经营管理》2020年第6期，第23页。

并且意味着股权流转和有偿退出面临不完全的流转退出，因为理论上个人股流转退出后，其仍然享有集体股的权益，存在对剩余集体股的索取权。[1]对于是否设立集体股，2016年《集体产权制度改革意见》提出股权设置要体现成员集体所有特有的社区性，只能在集体经济组织内部进行，以成员股为主，是否设立集体股由集体成员民主讨论决定。与之相应，按照该意见的规定，股权量化的范围是经过清产核资确认的集体经营性资产，对于资源性资产和非经营性资产，原则上不纳入折股量化的范围。

各地在规定是否可以设立集体股时，有两种不同做法：一是明确规定不设置集体股；[2]二是规定可以设立集体股和个人股，但是对于是否设置集体股采用弹性规定的方法，例如"原则上设置集体股和个人股""股权设置以个人股为主"等，将是否设立集体股的决定权交由集体经济组织成员讨论决定，属于自治权的一部分。[3]通常来说，在对资源性资产进行股权量化的情况下，通常设立集体股，以集体的土地、林地等自然资源作为量化的对象。[4]另外，在允许设立集体股的地方，通常会规定集体股的比例，只是集体股的比例各地并不相同，《黑龙江省农村集体经济组织条例》第12条规定集体股不超过总股权的30%，《韶山市村集体经济组织股权设置与管理暂行办法（试行）》规定集体股所占比例原则上不超过20%，从全国情况来看，集体股的比例大概是10%~30%。另外，通过调研笔者发现，除了规定集体股的最高比例，即不得高于一定的百分比外，还会规定集体股的最低比例，广州一个区规定集体股总股额的比例不超过30%，经济联社不少于20%，经济社不少于10%，用于发展经济和公益性开支，同时规定不得以集体股的权重参与投票决定股份和经济组织的经营管理事项。

（3）集体股未来的发展。集体股设置的目的是解决公共服务和社会福利

---

[1] 管洪彦：《农村集体产权改革中的资产量化范围和股权设置》，载《人民法治》2019年第14期，第46页。

[2] 江西省上栗县《农村集体股份经济合作社示范章程》第11条规定，以个人股形式进行股份量化，不设集体股。

[3] 《黑龙江省农村集体经济组织条例》第12条第1款规定："股权设置可以分为集体股和成员股。集体股占农村集体经济组织总股权的比例不超过百分之三十。是否设置集体股以及集体股占农村集体经济组织总股权的具体比例，由本集体经济组织成员民主讨论决定。"

[4] 董帅兵、邱星：《改革主体、改革逻辑与农村集体资产股权配置模式——以T市农村集体产权制度改革为例》，载《农村经济》2021年第8期，第103页。

等核心社会资源分配问题。因而,未来集体股的发展取决于上述问题是否能解决,以及以何种方式解决。在不设立集体股的情况下,根据在股权设置时是否对公益性支出进行规定,可分为两种情况:一种是仅规定不设立集体股,对上述问题没有进行明确规定;二是在规定不设立集体股的同时,规定提取一定比例的公积金和公益金,作为个人股权利益分配的前提。

从实践情况来看,是否设立集体股由集体经济组织成员民主讨论决定,属于集体自治的范围,如果设立集体股,则通常没有法定继承人的股份就会被划入集体股。各地集体经济组织成员个人股与集体股的占比并不相同,相对来说,北京的占比较高,达到29.79%,天津的占比较低,只有1.08%,全国平均占比为15.72%。[1] 集体股的设置主要是基于其功能性的考虑,也就是方便公共福利的支出以及对股权进行动态调整。对于集体股的批评则主要侧重于产权清晰的角度,认为集体股权改革的目的是明晰集体资产归属,集体股的主体是"集体",则无法实现产权清晰的目的。根据《农业部关于农村集体资产股份权能改革试点情况的通报》(农经发〔2016〕17号),首批29个县(市、区)股份权能改革试点中大多数以成员股为主,普遍不设立集体股。[2]

关于集体股的未来发展,普遍的看法是未来应用公积金制度和福利费来代替集体股所承担的集体公共事务以及成员社会保障开支。2016年《福建省农业厅关于印发福建省农民合作社规范化建设指南的通知》(闽农经管〔2016〕137号)第13条规定:"……农民合作社从当年盈余中提取公积金、公益金和风险金后的可分配盈余,按成员与本社的交易量(额)比例返还的,返还总额不低于可分配盈余的60%;……"2015年《安徽省农业委员会关于开展农民土地股份合作社试点工作的指导意见》(皖农合〔2015〕175号)第3条规定的内容也是合作社实现的利润扣除保底红利和公积金、公益金、风险基金后进行股份分红。《浙江省人民政府办公厅关于全面开展村经济合作社股份合作制改革的意见》(浙政办发〔2014〕101号)第3条第2项规定,按规定提取公积金、公益金和福利费用后,实行按股分红。2020年农业农村部印发的《农村集体经济组织示范章程(试行)》(农政改发〔2020〕5号)第

---

〔1〕 农业农村部政策与改革司编:《中国农村政策与改革统计年报(2019年)》,中国农业出版社2020年版,表5-1。

〔2〕 《农业部关于农村集体资产股份权能改革试点情况的通报》,载农业农村部官网:http://www.moa.gov.cn/nybgb/2017/dyiq/201712/t20171227_6130409.htm,访问日期:2021年12月15日。

45条规定了集体经济组织可分配收益的分配顺序，只有在提取公积公益金和福利费后才能进行分红。2021年财政部、农业农村部《农村集体经济组织财务制度》（财农〔2021〕121号）规定"农村集体经济发展成果应当用于村级组织运转保障、农村公益事业"。集体经济组织的收益分配顺序是："弥补以前年度亏损、提取公积公益金然后才能向成员分配收益，公积公益金按组织章程确定计提比例。"[1]由于在提取公积金后才能进行收益分配，在实践中产生的一个矛盾就是，公积金与分红的比例可能是一个此进彼退的关系。因而，笔者在调研中发现，有的基层政府在面对此类矛盾时，试图通过减少享有福利的成员的比例，从而减少公积金费用，增加分红的比例。这种做法从表面上看解决了矛盾，但是既不符合集体所有权的社会主义公有制性质，也不符合现有关于集体经济组织财务制度的规定。

因而，在不设集体股或者取消集体股的情况下，应该通过规定公积公益金和福利费的提取比例来实现集体股的功能。对于公积公益金提取比例的标准区间，可以参照集体股提取比例的规定，设立一个上限，允许各集体经济组织通过成员大会或者成员代表大会的形式确定提取公积公益金的具体比例。除此之外，公积金的提取要有确定的程序。也就是说，首先要由集体经济组织的理事会（或行使经营管理权利的其他机构）制定收益分配方案，并提交成员大会（代表会议）审议，表决通过后由成员大会（代表会议）批准年度收益分配方案，报基层政府备案，根据分配方案提取公积公益金。

3. 关于预留股份的问题

预留股从表面上看与集体股有一定的相似性，但这是两个不同问题。预留股解决的是在股权设置基准日，由于成员资格界定不完善等原因造成的股权设置不合理或者遗漏等问题。例如，江苏省溧阳市在改革过程中，按村级量化集体资产的一定比例设置集体机动股，专门用于解决因信息不全、工作失误而造成的成员股权错漏登记等问题。[2]这种集体机动股不同于普通的集

---

〔1〕 2020年农业农村部印发的《农村集体经济组织示范章程（试行）》第45条同样规定，本社本年可分配收益按以下顺序进行分配：①提取公积公益金，用于转增资本、弥补亏损以及集体公益设施建设等；②提取福利费，用于集体福利、文教、卫生等方面的支出；③按持有本社经营性资产份额（股份）分红。

〔2〕 高强、鞠可心：《农村集体产权制度的改革阻点与破解路径——基于江苏溧阳的案例观察》，载《南京农业大学学报（社会科学版）》2021年第2期，第8页。

体股,虽然在权利的行使方面可能与集体股具有一定的相似性,但并不是为解决集体福利和集体发展问题,而是为解决历史遗留问题。这种集体机动股本质上属于个人股,因为在符合条件的情况下,可以随时登记到个人名下。从作用上来看,这种股份的设置既可以保障集体成员的合法权益,也为新成员加入集体留下了更大的空间。

(二)股权管理

与股权配置相对应的是股权管理,两者之间具有延续性,股权管理发生在基准日之后,即股权初始配置之后,所涉及的仍是权利的分配问题。这是因为就权利的配置要求来说,既要重视权利的初始配置,也应关注权利的配置结果,或者说最终归属。相应的可以分为立法阶段的权利配置(初始配置)和立法阶段之后的权利配置(再次配置)两种形式。前者关注的是总体的、一般的情形而不是局部的、个别的情形;后者必然会对权利的初始配置造成一定程度的损害,因而应当保持在最小范围之内。[1]如果说股权确权所涉及的是权利的初始配置问题,股权管理则与再次配置相对应。

从内容来说,股权管理涉及两个方面,即时限管理与权能管理。关于权能管理,下文将在股权内容方面专门进行论述,这里所涉及的主要是时限管理,即股权是否变动的问题。股权确权后不再改变,则是静态管理,与之相反则是动态管理。从实践情况来看,无论对股权实行静态管理还是动态管理,都有各自的理由和依据,换句话说就是都有其合理性。这是因为集体经济组织成员作为一个理性的个人,从某种程度上也是一个机会主义者,在对静态管理和动态管理有决定权的情况下,会根据自己所处的位置不同,主张动态管理或者静态管理。并且,同一个人在自身不同的情况下,选择动态管理还是静态管理,以及作出选择的理由,可能并不相同。

1. 静态管理与动态管理

所谓静态管理,是指股权设置后不再变化,即"生不增、死不减、人不增、出不减",而动态管理则是股权设置后根据一定的标准进行调整。具体来说,就是每隔一个时间段,根据人口的变化对股权进行调整,重新确定拥有的股权数额或比例。

---

[1] 吴义龙:《权利冲突如何解决?——以农村承包地调整问题为例》,载《制度经济学研究》2017年第3期,第64页。

从权利的稳定性来说，股权应实行静态管理，这是因为权利的稳定可以形成稳定的预期，人们可以据此做出行为，从而可以提供一定程度的激励。[1]这不仅有利于股权确权目的的实现，而且也可以节约成本，特别是因股权变动而产生的社会成本，有利于保持社会稳定，从而提高效率。但是，主张动态的股权管理则有一种朴素的公平观念作为支持，并更为强调集体经济组织股权的生存保障功能，或者说资源配置功能，并同样从这个意义上对于社会稳定具有不可或缺的作用。

但是，不论是动态管理还是静态管理都有其不足的一面。静态管理没有考虑到人员的自然更替；动态管理没有考虑到股权的变动既会影响整个集体经济组织的利益，影响集体经济组织的经营管理，也会影响集体经济组织成员的个人利益。不仅增加一个股东可能会稀释另外一个股东的利益，而且股东的减少同样会使相关股东的利益受到影响。如果仅以公平为基础主张动态管理，则忽视了所有的问题都是在发展变化的。比如，就社会保障功能而言，过去农村居民的保障来源于集体或集体经济组织，但随着社会保障制度的发展，将与城市居民一样，全部由社会承担，在这种情况下，集体经济组织股权的社会保障功能将会减弱。同样仅以稳定来强调静态管理，则忽视了稳定并不意味着要绝对稳定，随着社会的发展，农民集体的凝聚力也需要维持，绝对静态的股权管理很难达到这一目的。

在决定股权管理采用静态还是动态的方式时，可以对两者的收益进行比较。动态管理所主张的社会保障功能和社会稳定功能，随着户籍制度改革和保障体系的完善，会越来越不需要集体经济组织承担，而随着股权流转的推进，以股权变动为目标的管理也就会变得相对不重要，因为股权的变化可能通过交易来完成，因而从理论上说，股权的静态管理应成为管理的主要方式。

虽然集体产权制度改革的时间相对较短，但是土地承包制则有几十年的历史，承包土地调整研究可以为此提供一定的参考。从现有的研究来看，农村土地承包制的调整与人口的增长并不直接相关，而是与以下三个因素相关：一是人均土地的占有数量，当人均占有的土地多或少时，对土地调整的需求不高，只有那些人均土地适中的地区，土地调整才会相对频繁；二是收入的

---

[1] 张维迎：《信息、信任与法律》（第2版），生活·读书·新知三联书店2006年版，第77页。

高低以及土地流转市场也会影响土地的调整，收入越低，调整的意愿越高；三是土地流转情况，当土地以流转的方式进行配置时，调整的次数也会降低。[1]参照这一结论，在股权流转顺畅的情况下，股权管理不论是采用静态还是动态的方式，影响都相对不大，因为股权流转可以实现股权配置中的效率与公平的目标。但是，反过来说，在股权流转不是常态的情况下，股权管理的方式非常重要，并直接影响集体产权制度改革目标的实现。

股权调整从表面上看是股权的变动，但实际上是股权背后的主体变动。从集体经济组织、集体成员和集体经济组织成员的关系来说，由于股权量化多以基准日为基础，基准日的集体成员就成了集体经济组织成员，同时成了集体经济组织股东。但在集体经济组织运行的过程中，集体经济组织股东可能由于资本或人员等因素而发生变化，但是这与集体成员的变化不同，股权管理的关键是集体成员和集体经济组织成员是否在基准日之后发生变化。

2. 股权管理的实践做法

2016年《集体产权制度改革意见》提出："提倡农村集体经济组织成员家庭今后的新增人口，通过分享家庭内拥有的集体资产权益的办法，按章程获得集体资产份额和集体成员身份。"也就是实行以家庭为基础的静态管理。从实践情况来看，自2015年以来，全国共开展了4批农村集体产权制度改革试点，试点单位包括15个省份、89个地市、442个县（市、区）。除此之外，没有参加试点的其他省份也选择了在部分县村开展省级试点。截至2020年，各级试点单位已覆盖全国80%左右的县（市、区）。对于经营性资产折股量化到成员形成的股权，多数地方实行不随人口增减变动而调整的方式，实行"量化到人、确权到户、户内共享、长久不变"的股权静态管理模式。[2]但同样是在实践中，股权管理的方式并不具有绝对性。广州某区实行动态和静态两种股权管理方式，股权实现永久固化的村庄占比不足1%，而固化5年~15年的占比为54.77%，该区对实行5年或以上股权固化的集体经济组织股东以人为基数，以户为单位发放股权证。在新的固化周期，成员和股权信息发生变化、

---

[1] 吴义龙：《权利冲突如何解决？——以农村承包地调整问题为例》，载《制度经济学研究》2017年第3期，第57~60页。

[2] 韩长赋：《国务院关于农村集体产权制度改革情况的报告——2020年4月26日在第十三届全国人民代表大会常务委员会第十七次会议上》，载中国人民网：http://www.npc.gov.cn/npc/c30834/202005/434c7d3 13d4a47a1b3e9edfbacc8dc45.shtml，访问日期：2021年11月16日。

变更（新生、合法收养、户口迁入、分户并户、股权流转等），如需获得成员（股东）资格，则需填写申请表，由集体经济组织和村党组织审核确认。另外，由于现有的政策文件并没有规定股权必须实行静态管理，因而在实践中也会对持股的份额进行调整，也就是采取静态和动态相结合的股权管理方式。[1]另外，有些集体经济组织即使开始时实行动态管理，在发展中也可能转变为静态管理。[2]

除以年限为标准进行动态管理和静态管理以外，大理市关邑村还在股权管理方面采用了另外一种方法，将股权设置与承包土地联系起来，并以此为基础形成成员股和贡献股。贡献股主要根据拥有土地的数量进行设置，而成员股则以成员身份为基础。股权确定后，针对成员享有的不同股种按不同情况进行动态或静态管理。具体而言，成员股实行动态管理，失去成员身份后调减成员股股份，取得成员身份按规定配置成员股股份，而贡献股则实行静态管理，由家庭继承，但不得转让、退股和提现。[3]

3. 股权管理的发展

股权静态管理的核心是股权确定之后不再随人口增减而变化，对于集体成员来说，一旦确定了股东身份，就不仅能以所持股份为基础获得收益，而且可由其继承人继承。这种做法对于促进集体经济的发展和集体成员权益的保护发挥了重要作用。但是，从社会治理的角度来说，则可能增加股权纠纷的发生，并且被认为"生不增、死不减"的土地制度改革经验不适用于股权制度。具体而言，股权固化制度就如同一个杠杆，放大了股东身份差异带来的股权收益差别，为牟利型上访提供了过度的利益激励。[4]也有观点认为，

---

[1] 江西省上栗县《农村集体股份经济合作社示范章程》第14条规定，本社股权管理采取动、静态相结合的方式进行，每 * 年进行一次股权配置的调整。在一个调整周期内，量化的股权可以继承，一般情况下不得转让、赠与，特殊情况可以按照本社章程，通过规范、合法的程序在本集体经济组织内部进行转让、赠与，依章程办理，依法管理，但不得退股提现。因人员、资本变动等实际情况而需扩股、缩股或调整的，必须经股东大会三分之二以上成员同意。

[2] 佛山市南海区原来实行动态管理，但在2014年确定了"确权到户、户内共享、社内流转、长久不变"的静态管理模式，最终形成了具有广泛影响的南海模式。

[3] 夏英等：《我国农村集体产权制度改革试点：做法、成效及推进对策》，载《农业经济问题》2018年第4期，第39页。

[4] 温铁军等：《农村集体产权制度改革股权固化需谨慎——基于S市16年的案例分析》，载《国家行政学院学报》2018年第5期，第66页。另外该文认为，"从全国农村看，凡属集体经济实力较强、虽然做股但没搞股权'生不增、死不减'，仍然有权自主决定收益分配的乡村，也都几乎没有上访"。

"生不增""死不减"实质上侵犯了集体经济组织成员的合法权益,集体经济组织成员享有的集体财产分配权利是一种具有人身依附属性的财产权利,死亡后其成员身份丧失,相应的财产权利也会同时失去。[1]

不论股权实行动态管理还是静态管理,通常均认为属于集体自治的范畴,在不违背法律的强行性规定的情况下,不能认定为无效,并且如果股权随人口变化进行动态管理,也会增加社会成本。在这种情况下,为解决新增人口对集体经济组织成员身份认定的需求,2018年10月浙江省德清县丰桥村股份经济合作社召开增资扩股大会,确定45名社员非股东通过增资扩股的方式取得集体经济组织股东地位,开创了浙江省农村股份经济社增资扩股的先河。[2] 德清县的这种做法虽然没有改变原来的股权分配,但是改变了"新不增"的股权静态管理方式,在一定程度上解决了新增人口股权需求的现实矛盾。但是这种做法可能造成的一个问题就是如果不断增资扩股,原有的股份就会不断被稀释,从而可能损害原有股东的合法权益。因而,按照德清县的做法,增资扩股也有资格的限制,也就是必须具有集体经济组织成员身份,仍未离开以身份为基础的封闭性的特点。并且,德清县的这种做法也与其对与集体经济组织相关的主体身份的划分相关,社员非股东的身份划分也为增资扩股提供了条件。

同样为解决新增成员的问题,佛山市南海区则通过出资购福利,将股权与集体福利相分离。通过嫁娶、新生而成为集体经济组织的新增成员,即使没有拥有股份,只要符合新增成员条件并且在入户后1个月内到社区的股权管理中心交纳5000元作为福利统筹金,落实好计划生育措施,即可享受本社除股份分红和老人金外的其他福利。[3] 与德清县相比,南海区的这一做法并不影响股东的非财产方面的权利,但是如果享有福利的成员增加,则同样会对股东的财产性利益产生影响。

五、集体经济组织股权的特别性

通常来说,股份与股权是两个不同的概念。对于公司来说,通过股东出

---

〔1〕 朱远祥:《数十村民死了还在分钱 股权"生不增死不减"引争》,澎湃新闻,https://www.thepaper.cn/newsDetail_forward_2486828,访问日期:2021年11月30日。

〔2〕 张骥鸿、沈莺虹:《打破"生不增,死不减"股权规定,新居民也可以成为股东,德清率先全省改革农村集体经济股权》,载《杭州日报》2019年1月15日。

〔3〕 曾春花等:《南海集体经济组织股权将确权到户》,载《南方都市报》2015年3月20日。

资形成股份或出资比例,由此而形成的权利则是股权。而对于集体经济组织来说,集体资产量化后形成股份,再由股份形成股权。《成都市温江区农村集体资产股权继承管理办法(试行)》第2条规定,"本办法所称的农村集体资产股权,是指股份经济合作社(联社、联合总社)社员以合法持有的农村集体资产股份,所享有的相应身份权(参与重大决策和选择管理者等权利)与财产权(资产收益权)",是典型的从股份到股份权的规范性规定。同样,集体经济组织股权并不是集体经营性资产的使用权本身,这类使用权属于集体经济组织,集体经济组织作为集体所有权的行使主体,拥有集体资产经营权,集体成员以集体经济组织股东身份享有权利并承担相应的义务。

但是,与公司股权相比,集体经济组织股权的特殊性表现在多个方面:从产权主体的角度进行分析,集体经济组织股权是成员权的具体实现形式;从产权客体角度分析,集体经济组织股权是土地权利的转化、分解和发展;从产权本质角度分析,是集体经营资产使用权的直接体现。[1]从权利的行使来说,集体经济组织股权与公司股权不同,公司股份意味着股东对投入财产的控制由投入前对物的控制转变为对抽象团体的控制,以股份数量来决定表决结果的前提,能够在股东的出资和公司的总资产之间建立数量上的比例关系。只有股东出资数额的差异导致对公司控制权的区别,才能更有利于鼓励社会公众向公司投资。[2]而集体经济组织决策以成员为基础,实行少数服从多数,股东通常没有对集体经济组织出资,其持有股份的数量并不会对决策权的行使产生影响,而是参加集体收益分配的依据,是否出资以及出资多少对决策权没有影响。

从权利的内容来说,公司股权包括财产权利和非财产权利,对于集体经济组织股权的内容,虽然实践中很多地方的规定也类似于成都市温江区,即集体经济组织股权包括经营决策等非财产权利和收益权等财产权利,但是从十八届三中全会《中共中央关于全面深化改革若干重大问题的决定》规定"将集体资产量化到集体成员,赋予成员对集体资产股份的占有、收益、有偿

---

[1] 赵家如:《集体资产股权的形成、内涵及产权建设——以北京市农村社区股份合作制改革为例》,载《农业经济问题》2014年第4期,第16~17页。需要注意的是集体经济组织股权的来源以土地权利为主,但集体资产并不限于土地及相关权利。

[2] 严聪:《论集体经济组织吸收新成员事项的立法规制——以湖北省农村集体产权制度改革的地方实践为背景》,载《苏州大学学报(哲学社会科学版)》2021年第2期,第91页。

退出及抵押、担保、继承的权利"时起,在相关的规范性文件中,涉及集体经济组织股权的内容也集中于这六个方面的财产权利。由此,有观点认为,集体资产股份包括占有、收益、处分三项权能,而不包括对集体资产的管理权,非集体成员取得集体资产股份也仅是获得收益,而不能据此管理集体资产。集体资产股份是集体成员权中的收益分配权的股份化实现形式。[1]以此为基础,集体经济组织股权中的经营管理方面的权利是以成员权为基础的,如果不是集体经济组织成员,则无这方面的权利。成员股东与非成员股东,或社员(区)股东和社会股东的区分也说明了这一观点的合理性。以此为基础,也可以进一步区分新增成员和新增股东的不同,集体经济组织成员以血缘和户籍为基础,仍具有封闭性的特点,但集体经济组织股东则不受身份的限制,具有开放性。[2]

(一)集体经济组织股权与集体资产相关

1. 集体经济组织股权的取得以集体成员身份为基础

集体经济组织的财产来源于集体所有权,在股东产生之前,集体财产就已存在。集体所有权是一种功能性的概念,它以财产目的为中心建立,旨在将一定的财产保留在一定范围的共同体内部,使其服务于团体的共同利益。[3]集体经济组织的股东并不是由出资产生,而是源于集体成员的身份,股东所持股份不代表其对集体经济组织的出资数额,这也决定了集体经济组织成员具有封闭性的特点。因为,对于集体所有权来说,"集体与成员是不可分割的,集体所有不是全民所有,而应是小范围内的公有,即由成员共同享有所有权,但财产又不分割为每一个成员所有,也不得将财产由成员个人予以转让"。[4]这种共同所有不能分割的集体所有权,也不能直接套用传统的所有权理论,其目标并不仅仅是通过对权利的处分来实现以土地为核心的集体资产的价值,而是通过对集体资产的管理和使用为其成员获得生存保障。

与之相应,除在特别情况下以外,集体经济组织股权的行使也不以所持

---

[1] 綦磊:《集体经济组织法人的特别性识别研究》,载《暨南学报(哲学社会科学版)》2021年第10期,第31页。

[2] 以此区分股东身份会对股东的权利产生影响,因而有观点进一步提出即使非成员股东没有经营管理方面的权利,但是在涉及其自身权利的处理的时候,也应当具有适当的参与权。

[3] 刘连泰、刘玉姿:《作为基本权利的集体土地所有权》,载《江苏行政学院学报》2015年第1期,第131页。

[4] 王利明主编:《中国物权法草案建议稿及说明》,中国法制出版社2001年版,第282页。

的股份为基础，实行资本多数决，而是"一人一票"或者"一户一票"，其决策权基础与村民自治有较多的渊源，从某种意义上说，也是乡村治理的一部分。集体经济组织的产生并不仅仅具有经济目的，更是一种人为的制度设计，作为一种工具性的目标，为其他经济和社会目标服务。

2. 集体经济组织股权不能作为对集体财产主张所有权的依据

按照《公司法》的规定，股东对公司出资后，作为出资的财产所有权由公司享有，股东即失去了对出资财产的所有权，与之相应的是取得了对公司的股权，股东以股权为基础，对公司行使权利。但是，集体经济组织股东源于其集体成员的身份，股东所持股份不代表其对集体经济组织的出资数额，集体产权制度改革也不能改变集体财产的公有制性质，股权也就不能作为其对集体财产主张所有权的依据。

对于集体经济组织股权的来源，《农业部关于稳步推进农村集体经济组织产权制度改革试点的指导意见》（农经发［2007］22号）规定，个人股按集体资产净额的总值或一定比例折股量化，无偿或部分有偿地由符合条件的集体经济组织成员按份享有。也就是说，个人股的取得并不来源于出资，而集体资产的评估则存在两方面的困难：一是集体资产的产权登记存在不完备的情况，流通也在一定程度上受到限制，在这种情况下，很难衡量集体资产的价值；二是即使上述两个障碍都可以解决，也存在巨额的评估费用，因而集体经济组织股权无法像公司股份那样可以确定其对应的价值，最多代表所占集体资产的比例。

3. 集体经济组织股权具有财产权属性

从理论上说，集体资产股权有未实质化与实质化之别，未实质化是指集体资产股权主要是作为集体收益的分配依据，既不得转让、继承、担保，更不能退股抽走现金。而实质化则是指集体资产股权不仅是明晰集体收益的分配依据，还可以有偿退出、继承、用于抵押和质押。[1]以此为标准，随着集体产权制度改革的推进，集体资产股权的实质化是最终的发展目标。

由于集体资产股权并不是由成员出资产生，集体财产的公有性决定了其不能因被划分为等额股份而归属于成员个人，再加上集体经济组织股权在转

---

[1] 高海：《论集体土地股份化与集体土地所有权的坚持》，载《法律科学（西北政法大学学报）》2019年第1期，第172页。

让等方面受到限制，因而有观点主张集体经济组织股权只是一种分红权。量化到人的股权只能作为享受集体收益分配的依据，从财产权属的角度看，并非真正意义上的"产权制度改革"，而是集体收益分配制度改革。[1]

但是，集体经济组织股权即使不能作为对集体财产主张所有权的基础，也并不仅仅是一个分红权，而是包括财产分配、股权占有以及资产的管理、运用、处理和监督等多方面的权利。特别是在很多地方集体资产尚未取得收益或者处于亏损状态，不能以此就认为不存在集体资产股权或者不进行集体资产改革。在集体产权制度改革过程中，通过赋予成员集体资产股份：一方面明确成员享有集体资产收益分配权，构成了成员个人财产的一部分；另一方面也改变了传统农村集体资产民主管理中集体经济组织成员"有名无分"的尴尬局面，通过经济激励吸引成员参与乡村治理也就具有了可能性。[2]即使在集体经济组织没有分红的情况下，集体经济组织成员也可以通过其他形式获得收益。《南通市海门区余东镇村（居）集体经济组织股权（股份）管理流转交易办法》规定，股权可在本集体经济组织范围内质押，提前支借股份分红，也可以股权为质押物向金融机构贷款。也就是即使无法通过分红获得收益，也可以通过质押的形式提前支借股份分红，[3]获得财产方面的收益。

从权利属性来说，集体经济组织成员持有的集体资产股份是其重要财产，2013 年《中共中央关于全面深化改革若干重大问题的决定》提出"赋予农民更多财产权利。保障农民集体经济组织成员权利，积极发展农民股份合作，赋予农民对集体资产股份占有、收益、有偿退出及抵押、担保和继承权"，关注的是股权的财产权能。

4. 集体经济组织股权内容包括财产性权利和非财产性权利

根据是否直接具有财产性内容，集体经济组织股权可被分为财产性权利和非财产性权利。财产性权利以分红权为核心，包括占有、收益、处分、抵押和担保、继承以及有偿退出的权利。对此，中央的相关政策性文件作出了

---

[1] 农业部农村经济体制与经营管理司调研组：《浙江省农村集体产权制度改革调研报告》，载《农业经济问题》2013 年第 10 期，第 8 页。

[2] 杨明：《权利与义务对等：农村集体资产股份配置有效实现形式——基于农村集体产权制度改革试点单位的考察》，载《农村经济》2020 年第 7 期，第 143 页。

[3] 参见《农村集体经济组织股权可质押：余东试点为农村集体产权制度改革探路》，载南通政府网：http://www.nantong.gov.cn/hmsrmzf/shxw/content/2e27823c-68b1-4021-a4c8-334d6173e6bb.html，访问日期：2022 年 1 月 29 日。

明确规定。而非财产性的权利,即表决权、选举权和被选举权以及与之相关的知情权、监督权和管理权等,由于相关的文件没有规定是否属于股权的内容,因而存在争议。有观点认为,以集体资产折股量化为基础设立的集体经济组织股份主要是成员收益分配的依据,不包括表决权能。集体成员权中的收益分配权能与表决权能呈现出了两种不同的实现路径:集体成员的收益分配权转换为集体经济组织的股份,集体成员按股取得收益;集体成员的表决权通过集体经济组织大会"一人一票"的表决机制实现。〔1〕这一观点在实践中的支持则是按照浙江省德清县《社员身份确定办法》的规定,社员股东和社员非股东都有选举权和被选举权,而非社员股东仅享有收益分配权但不具有选举权和被选举权。〔2〕除此之外,现有关于集体经济组织的规定以及通行的观点同样认为根据不同的股东身份享有不同的权利,股东权利的内容随股东身份的不同而不同。不仅财产性权利和非财产性权利可以分离,对于不具有集体经济组织成员身份的股东,通常只具有财产性权利。而且,对于非财产性的权利来说,又可能发生两种情况的分离:一是表决权与选举权和被选举权的分离,也就是说只享有表决权而不享有选举权和被选举权;另外一种情况是表决权和选举权与被选举权的分离,也就是只享有表决权和选举权,但不具有被选举权。对于后面这两种情况,主要发生在股权继承方面。

(二)集体经济组织股权继承的特别性

1. 继承主体和股权内容的特别性

集体经济组织股权的社会保障性以及股权内容随股东身份不同而不同的特点,对集体经济组织股权继承有着决定性的影响。就前者而言,现阶段集体经济组织仍具有封闭性的特点,股东具有一定的身份性要求,因而非集体经济组织成员能否继承股权就成了一个重要问题;就后者而言,由于不同身份的股东享有不同的权利,继承人继承股权后,股权的内容可能受到限制,不同的继承人继承的权利并不相同。另外,由于股权的特殊性,非成员股东的股份在某些情况下不允许继承。

---

〔1〕綦磊:《集体经济组织法人的特别性识别研究》,载《暨南学报(哲学社会科学版)》2021年第10期,第32页。

〔2〕李敢:《乡村振兴:从德清实践看"土地上人的改革"能向何处去》,载澎湃新闻:https://www.thepaper.cn/newsDetail_forward_1856216,访问日期:2022年1月29日。

表 5-1 被继承人的被继承权

内容 被继承人	法定继承	遗嘱继承	遗赠
成员股东	可以	可以/不可以	可以/不可以
非成员股东	可以/不可以	可以/不可以	不可以/有限度的可以

（1）继承主体的特定性。民法以平等为基本原则，通常不以身份对公民个人的权利进行限制。但是，在集体经济组织股权继承中，身份是决定性因素，对继承主体的限制既包括对非集体经济组织成员继承权的限制，也包括对集体经济组织成员继承权的限制。与非集体经济组织成员相比，集体经济组织成员继承权的限制主要表现在数额限制方面。具体来说其包括两个方面：一是所持有的股份总额不超过一定的数额或不超过一定的比例；[1]二是不允许以遗嘱的方式指定一个继承人，必须在有继承权的集体经济组织成员之间平均分配。[2]

首先，以继承人身份为依据，对继承主体的限制主要体现在对非成员继承人的限制上，只是限制的程度会有所不同。第一种情况在股权继承中最为常见，即允许无集体经济组织成员身份的继承人继承股权，限于收益分配权；第二种情况是限制无集体经济组织成员身份继承人的范围。由于法律对直系亲属没有作出明确规定，因而在集体经济组织章程规定只有直系亲属才有继承权时，也会同时限制直系亲属的范围是配偶、父母、子女，同时可以延伸至祖父母、孙子女，但将兄弟姐妹排除在外。这一规定与传统的家族观念有关，个人在现代社会中成为独立的主体，但是家庭仍是生活的基本单位，配偶、父母、子女则是家庭的核心。第三种情况是非集体经济组织成员只能通过法定继承的方式取得股权，但是不能通过遗赠的方式取得。[3]具体来说，

---

[1] 通常规定集体经济组织通过转让、继承、赠与以及最初确权时的股份总和不能超过一定的数量或者比例，这一规定既与集体所有权的社会主义公有制性质相关，也与集体经济组织经营管理中的民主性相关。

[2] 广州一集体经济组织的章程规定，股权由股权持有人的户口原籍是该经济联社的直系亲属继承（家庭成员本人自有的股份由本人的直系亲属继承），具体参照继承法的继承程序进行，但不能立遗嘱继承，在有继承权的直系亲属中平均分配。

[3] 在这种情况下，如果没有继承人，股权则由集体经济组织收回。参见《青岛市关于推进农村集体经济组织产权制度改革的意见》（青办发[2014]5号），该意见规定，"五保户"灭失后，所持股权由村（社区）集体经济组织收回，纳入集体股范畴。中山市也有类似的规定，只是增加了"章程另有规定的除外"。广州一集体经济组织章程规定，法定继承人之外的人，即使有股东的遗

可以区分两种情形：一是由被继承人的身份决定，比如"五保户"的股权不能遗赠；二是由股权所具有的社会保障性决定，在赠与和转让方面受到限制，因而不能以遗赠的方式由非集体经济组织成员继承。

其次，在集体资产改革过程中，继承对象决定继承主体。根据不同的股东身份，配置了不同的股权，并在继承中有不同的处理方式。与成员股东相比，非成员股东所持股份的继承主体限制较多：一是非成员股东所持的股份不能继承，在股东去世以后，其股权由集体收回；二是非成员股份只能通过法定继承的方式继承，不允许以之外的任何其他方式转让。

这是因为与成员股东相比，非集体经济组织成员股权的取得具有更明显的人为性特点，既可以通过决议取得，也可以通过决议对其进行限制。因为，从表面上看，非成员股东取得股份的依据是其在历史上对集体经济组织的贡献，但是并不是每个集体经济组织都有非成员股，集体成员可以决议设置或者不设置非成员股。换句话说，既可以通过决议赋予权利，也可以通过决议规定权利的内容。因而，非成员股权的限制可以通过两方面表现出来：一是在设置非成员股时，就通过章程明确规定，非成员股只有收益分配权，不具有继承权和其他非财产方面的权利；二是虽然在权利设置时没有作出规定，但是限制非成员股继承的范围，特别是不允许法定继承以外的其他方式继承。

表 5-2 继承人的继承权

内容 继承人	法定继承	遗嘱继承	遗赠	持有总数量限制	继承客体	国籍限制
集体经济组织成员	可以（某些情况下不包括兄弟姐妹）	可以/不可以：1. 法定继承人平均分配；2. 股份不可拆分	可以/不可以，无继承人收回集体	部分有比例或数量限制	股权	有/无
非集体经济组织成员	可以：1. 某些情况下不包括兄弟姐妹；2. 只继承股权相应的财产价值	可以/限定范围（父母、兄弟、姐妹）/不可以	可以：1. 分红权；2. 只继承相应的财产价值/不可以，无继承人收回集体	部分有比例或数量限制	股权/分红权/股权对应的财产利益	有/无

（接上页）嘱，也不能继承股权，由集体经济组织收回。

（2）继承内容的特别性。股权包括财产性权利和非财产性权利。财产权利主要是指收益分配权，非财产权利主要是指选举权、被选举权、表决权、知情权和监督权等，除此之外，还有一些其他权利，包括优先就业权、社会保障权以及公共服务和社会福利方面的权利等，这些具有福利权的特点。集体经济组织股权配置过程中股东的身份不同，股权的内容不同。同样，在股权继承过程中，不论是集体经济组织成员还是非集体经济组织成员，其继承的权利内容都可能受到限制。具体而言，包括对财产性权利和非财产性权利的限制，只是限制的内容并不相同。[1]

首先，对非财产性权利的限制。成员资格是享有非财产性权利的基础，不具有成员资格的非成员股东，不具有表决权以及选举权和被选举权等非财产性权利。这是因为集体经济组织股权具有身份性的特点，这一身份以血缘和户籍为基础，对于能否通过继承获得成员身份，通常会附加实质性条件，如果达不到条件，则不具有成员资格。但是，在股权继承方面，出于对财产权的尊重，不论是成员还是非成员，只要具有法定继承人身份，通常都可以继承财产方面的权利，但是对于非财产性权利，则有不同的规定。

具体来说，对非财产性权利的限制，主要包括两个方面：一是对于具有集体经济组织成员身份的继承人来说，由于集体经济组织实行民主管理，以成员而不是资本作为其经营管理的基础，在决策时实行"一人一票"或者"一户一票"，因而集体经济组织成员虽然通过继承增加了其股份数额，但是表决权没有增加，原来享有的选举权和被选举权也不会改变。二是对于不具有集体经济组织成员身份的继承人来说，大多数集体经济组织章程都规定只享有收益分配权，而不享有其他方面的权利。

这种对非财产性权利的限制，本意是维护集体经济组织成员的权益，但是在股权实行静态管理的情况下，如果非集体经济组织成员不能通过继承取得非财产方面的权利，则会出现股权不变但具有经营决策权的股东越来越少的情况，而集体经济组织的经营管理以决议为基础，就会出现很难形成决议以及由于有被选举权的人减少而很难选出经营管理者的情况。针对这种情况，

---

[1] 除财产权的限制和非财产权的限制外，有的集体经济组织章程规定"股东死亡后，其继承人除可享受城中村改造复建房及领取股金分红外，本社的一切福利待遇及股东权利自行取消"，也就是股东所享有的福利待遇不能继承。由于福利待遇不属于权利的范围，因而本书对此不再论述。

实践中又出现了两种做法：一是赋予非集体经济组织成员的继承人以表决权，可以参与经营决策，但是不享有选举权和被选举权；[1]二是不仅赋予非集体经济组织继承人以表决权，还有选举权，只是不享有被选举权，以保持集体经济组织经营管理的稳定。

另外，现有对非财产性权利的限制主要是以继承人的身份为依据，但是随着改革的进一步发展，有的地方开始探索以继承对象为依据来确定继承人的权利。《中山市加强农村股份合作制股权继承和流转管理的指导意见》（中农〔2014〕146号）将股东分为一般股东和流转股东，一般股东享有相应的资产产权和收益分配权以及表决权、选举权和被选举权，而流转股东只享有相应的资产产权和收益分配权。按照该意见的规定，一般股东的股权被继承后，被继承人登记为一般股东，而流转股东的股权继承后，则取决于继承人的身份，如果继承人是一般股东，其身份保持不变，否则登记为流转股东。

其次，财产性权利的限制。虽然对财产性权利的限制通常伴随着对非财产性权利的限制，但是并不同于取消继承权。[2]对财产性权利的限制并不否认继承权，而是在有继承权的情况下，继承人对包括收益分配权在内的所有权利都不能继承，继承人取得股权时，只能得到股权相应的财产性收益。[3]与非财产性权利相比，在股权继承中，对财产性权利的限制相对较少，通常有四种情况：一是继承非成员股东的股权；二是继承人是非集体经济组织成员；三是对继承人的限制，只是这种限制并不取决于是否有集体经济组织成员的身份，而是规定"继承股权最长时间只能至首位股东的第三代止；从其第四代起，只能办理退股；即该继承股权的股份分红至首位股东的第三代继承人死亡当年当月止"；四是在规定旁系亲属不能有继承权的情况下，允许其在符合条件时取回被继承股东所持股的股值。[4]

---

〔1〕《黑龙江省农村集体经济组织条例》第13条第3款规定："成员股份可以继承，本集体经济组织成员以外的人员通过继承取得股份的，不享有选举权和被选举权；是否享有表决权，由章程规定。……"《四川省农村集体经济组织条例》也有类似规定。

〔2〕有的集体经济组织章程对持股数量有限制，这既是对财产性权利的限制，也是对非财产性权利的限制。

〔3〕例如，《汕尾市城区农村集体资产股权管理试行办法》第13条规定："继承人为非本集体经济组织成员的，被继承人所持股权由本集体经济组织回购或转让给本集体经济组织其他成员。"在其他地方也有类似的规定，也就是只继承股权所对应的财产价值，而不能继承其他权利。

〔4〕在调研中笔者发现，此类规定通常集中于集体经济组织章程。

从理论上说，这种做法的逻辑基础在于从集体化时期开始，个体成员的收益分配权即是基于其劳动对集体积累的贡献而得的，如果继承人并不在集体内部生产生活、不是集体的成员，就不能对集体有所贡献，因而其继承集体资产的收益分配权是不合理的。此外，集体成员身份不能交易，因此集体资产的收益分配权也不能交易。[1] 这种说法具有一定的合理性，但是在股权确权并实行静态管理的条件下，如果以是否在集体内部生产生活为判断标准，则会具有一定的不合理性。另外，在相关的政策性文件明确规定保护集体经济组织及其成员的财产性权利的情况下，以此为依据对继承的权利进行限制，会与发展的大方向具有不一致性。因而，必须从集体经济组织股权的性质本身出发来衡量并确定是否对集体经济组织股权中的财产性权利进行限制以及如何进行限制。

2. 股权继承依据的多样性

集体所有权决定了集体产权具有公有性、社区性和市场性的特点，股权继承作为股权管理的一个重要内容，是集体自治权的一部分，因而章程和集体决议是股权继承的重要依据，但是集体产权的公有性又决定了集体自治离不开政府的监督和管理。

表5-3 关于股权继承的部分规范性文件规定

名称	行政级别	具体内容	发布时间
黑龙江省农村集体经济组织条例	省级	成员股份可以继承，本集体经济组织成员以外的人员通过继承取得股份的，不享有选举权和被选举权；是否享有表决权，由章程规定。……	2020年8月
四川省农村集体经济组织条例	省级	农村集体资产股份（份额）可以依法继承。本集体经济组织成员之外的人员通过继承取得股份（份额）的，是否享有表决权由组织章程规定。	2021年8月
广西梧州市农村集体资产折股量化股权设置和股权管理指导意见	市级	继承人为本集体经济组织成员的，按照法定程序继承股权；继承人为非本集体经济组织成员的，继承人继承的是收益权，即享受股份占有、收益、有偿退出等权益，没有选举权、被选举权和表决权，继承人继承的权益也可以由本集体	2020年5月

---

[1] 钟晓萍、吕亚荣、王晓睿：《是集体成员权优先还是私人财产权优先？——基于农村集体资产股份权能改革试点的观察》，载《西部论坛》2019年第5期，第36页。

续表

名称	行政级别	具体内容	发布时间
		经济组织赎回或转让给本集体经济组织其他成员；无继承人的，其所持有的股权收归农村集体经济组织集体所有。	
广东汕尾市城区农村集体资产股权管理试行办法	区级	继承人为非本集体经济组织成员的，被继承人所持股权由集体经济组织回购或转让给本集体经济组织其他成员。	2020年6月
福建松溪县村集体经济组织股权管理暂行办法	县级	股权户的股份在本户内所有成员死亡后，股权继承人方可办理继承手续。继承人根据被继承人订立的遗嘱、遗赠、遗赠扶养协议、法定继承的顺序进行继承。 股权的法定继承人或遗嘱继承人不是股权所在村集体经济组织成员的，可选择以下方式进行处置： （一）由股权所在村集体经济组织托管股权，继承人享受股份分红权，没有选举权、被选举权和表决权；（二）流转给股权所在村集体经济组织的股权户，获得一次性流转收益； （三）由股权所在村集体经济组织赎回，获得一次性收益。	2019年4月
河北青龙满族自治县农村集体资产股权设置的指导意见	县级	股权可以继承、转让和馈赠，不得退股提现。现阶段农民持有的集体资产股权继承、转让和馈赠必须在本集体内部转让或由本集体赎回，单个农户家庭的持股比例不应过高，并在村集体股份经济合作社登记、备案，否则无效。	2019年4月
广西陆屋镇农村集体资产股权设置与股权量化管理指导意见	乡镇	继承人为本集体经济组织成员的，按照法律规定继承股权。继承人为非本经济组织成员的，被继承人所持股权由集体经济组织回购或转让给本集体组织内部其他成员。如无继承人的，被继承人所持股权归集体经济组织所有。	2019年10月

从表5-3可以看出，作为股权管理内容的一部分，在相关的规范性文件中，除了关于股权继承的专门性文件外，大部分是作为股权管理的一部分。就立法层级而言，各地有不同的规定，并没有涉及集体经济组织股权继承的全国性专门立法。就规定的内容而言，既包括继承主体的规定，也包括可继

承的权利内容的规定。另外，这些规定具有弹性：一是对于立法层级较高的规范性文件来说，通常明确由章程对相关的具体内容进行规定；二是某些规定的内容可能很具体，但是立法层级较低，并且从文件的名称来看，多以指导意见或者试行的形式出现，表明其临时性和指导性，最终决定继承权内容的是集体经济组织章程的规定，而集体产权制度改革中的"一村一策"以及集体自治权的存在也为这种处理方式提供了理论依据和实践基础。

3. 股权继承以集体自治为基础

（1）章程在股权继承中的决定性作用。从理论上说，章程不仅是静态的文本，也是行为的动态结果。章程行为的性质决定了章程的性质，两者的关系可谓一体两面。章程既非自治规范，亦非契约，而是属于私法自治中所蕴含的决议行为。[1]集体产权制度改革由国家发动，但是集体经济组织的设立以决议的方式完成，股权设置以及管理也是通过决议实现。对集体经济组织股权继承的限制，除违反法律的强制性规定（例如在"外嫁女"问题上所涉及的男女平等问题）外，通常是章程对继承的主体和继承的内容有最终的决定性。在这方面，不论是继承人还是被继承人都受章程的约束。[2]

从章程的内容来看，关于股权继承的规定具有明显的不一致性。从禁止非集体经济组织成员继承股权到不对集体经济组织股权继承做任何限制，可以发生在同一个街道或者乡镇的不同集体经济组织中。比如，同一个区、同样设立成员股和非成员股，股权继承从宽松到严格可被分为三个层次：一是非集体经济组织成员股东持有的股权不得继承，其去世后股权收归集体；二是只允许在本组织范围内继承，对继承人的资格作出限制；三是不允许以继承之外的其他形式转让，也就是继承不受限制。

虽然集体经济组织章程对股权继承的规定不同，但是章程对股权继承有明确规定与没有规定相比，更有利于股权的顺利继承。广州某区的集体经济组织章程对股权配置的标准以及能否继承作出了规定，但是对继承的主体和

---

[1] 赵新龙：《农村集体经济组织章程的法律性质及其效力认定》，载《农业经济问题》2018年第7期，第64页。对于章程是由决议产生还是决议行为，在理论上有争议。也有观点认为农村集体经济组织法人章程本质上属于自治规范范畴，决议行为是制定、修改章程的程序，但并不意味着法人章程本质上是决议行为。参见管洪彦：《农村集体经济组织设立"特别性"的基本法理与立法表达》，载《江西社会科学》2022年第10期，第170页。

[2] 佛山市顺德区《农村（社区）股份合作社组织管理办法（试行）》第29条规定："继承人、受让人或受赠人必须承认和遵守本股份社章程。"

继承的内容则没有作出规定,在这种情况下,随着股东的自然变化,如何实现股权的顺利继承并保持集体经济组织的经营管理稳定则是一个必须解决的问题。集体经济组织希望基层农业行政部门作出明确的规定,但是在缺少上位法指引的情况下,基层行政部门又担心可能涉及对个人财产权利的不正当干预,从而不符合依法行政的要求。

(2) 章程关于集体经济组织股权继承规定的影响。就现有情况而言,大部分集体经济组织的章程都规定,非集体经济组织成员只能继承股权中的收益分红权,不能继承非财产性权利。或者说,只有分配资格而没有股东资格。这些规定的本意是维护集体经济组织成员的权益,但在实践中也产生了一些问题。主要是因为出生和死亡,集体经济组织的成员会随时发生变化,相应的股权变动不可避免。一方面,股权确权后,不轻易发生变动,并且由于非集体经济组织成员继承股权后不具有表决权,有表决权的股东可能会越来越少;另一方面,虽然集体经济组织成员继承的限制较少,但是一个被继承人可能有多个继承人,由于集体经济组织实行"一人一票"的民主管理机制,继承人并不会因增加的股权而增加表决权,如果向具有集体经济组织成员资格的继承人赋予表决权,则多个继承人都有表决权还是确定一个继承人继承表决权?从这个角度来看,股权确权到户有相对的稳定性,因为从内部来说,股权属于个人所有,但是从外部来看,每户持有的股权是稳定的,所有的权利也是稳定的,户内部的变动在家庭内部解决,不会对以户为单位持有的股权产生影响。

4. 股权继承应以公平为目标

虽然尊重成员的财产性权利是股权继承的出发点,但是集体经济组织股权不同于普通财产权的特点,决定了股权继承不能简单地照搬普通的财产继承理论。这是因为股权配置不仅赋予成员"排他性"的权利、明确了成员的集体归属,也通过强调成员对集体的义务、贡献等,强化了成员与集体间的社会联结、组织联结,这也构成了集体意识整合的重要社会基础。[1]同样,集体经济组织股权继承也不仅仅是对财产权的继承,特别是不能仅将分红权作为可继承的权利,因为很多集体经济组织可能没有分红或者分红很少。再加上随着社会的发展,现阶段集体经济组织所依赖的血缘与地域关系也随之

---

[1] 杨明:《权利与义务对等:农村集体资产股份配置有效实现形式——基于农村集体产权制度改革试点单位的考察》,载《农村经济》2020年第7期,第144页。

发生了变化，社会利益的分化和传统共同体的改变也是不可回避的事实，集体产权制度改革的目标也应重塑集体经济组织股东与集体收益之间的关系，并以集体意识的重塑为关键。并且，按照公平性的要求，集体经济组织股权继承不仅应是财产性的收益，还应同时伴随相应的集体义务，这种义务不仅是财产上的义务，而是对集体经济组织经营管理的利益相关性，只有在此基础上，才能实现权利与利益的平衡，以维护共同体的利益，并在集体和成员之间形成以互惠为基础的权利义务关系。这种关系既有利于集体经济组织的内部稳定性，同时又能保证集体资产的保值增值和成员个人权利的发展。

（三）集体经济组织股权的有偿退出

1. 实践中的主要做法

从内容来说，集体经济组织股权的有偿退出包括转让和退出。股权转让是将拥有的农村集体资产股权转让给本集体经济组织其他成员的行为。股权退出是农村集体经济组织成员自愿将其成员资格和集体资产股权退还本集体经济组织，并获得农村集体经济组织合理补偿的行为。[1]现阶段关于有偿退出的做法主要包括以下几种情况：

第一，对于有偿退出不作规定。2015年6月，经国务院同意，原农业部、中央农办、国家林业局联合下发了《关于积极发展农民股份合作赋予农民对集体资产股份权能改革试点工作的批复》（农经发［2015］7号），到2018年有24个改革试验区出台了涉及集体资产股份有偿退出和继承的相关办法，其中辽宁省海城市、青海省湟中县（现湟中区）等5个试验区未出台相关办法。

第二，因集体经济组织终止而全部退出。宁波市对无力实施公司化改革的股份经济合作社，经股东代表提议，全体股东投票决定，乡镇（街道）同意，并履行清算、公告手续后，合作社实行终止退出。[2]

第三，明确规定不允许转让和提现退出。泉州市永春县山前村《股份合作社章程》规定，"个人取得的股权只享有分配权，所有股权不得继承、转让、买卖、抵押，不得退股提现"。

第四，仅允许内部转让，不允许退股提现。芜湖市无为县（现无为市）

---

〔1〕《大连市农村集体经济组织示范章程（试行）》第4条。从理论上说，转让不限于集体经济组织内部的转让，但就现有情况而言，转让限于集体经济组织内部。

〔2〕方志权：《农村集体产权制度改革：实践探索与法律研究》，上海人民出版社2015年版，第50页。

练墩村《集体经济股份合作社章程》第12条规定,"量化的股权可以依法继承和在本合作社股东内部转让,但不得退股、提现和抵押"。

第五,允许股权在集体经济组织内部转让,只是有的会附一定的条件,包括转让的条件和持股数量的限制;有的则不附内部转让的条件。例如,《四川省农村集体经济组织条例》第32条第3款明确规定:"农村集体资产股份(份额)不得向本集体经济组织成员之外的人员转让。"

第六,只规定有偿退出的概括性权利,福州市仓山区《农村股份经济合作社(股份经济合作联合社)示范章程》规定,"符合一定条件的,可以有偿退出。有偿退出应向本社办理审核及变更登记手续"。

前三种情况通常发生在集体产权制度改革的早期,在中央文件规定之后,通常允许有偿退出,就股权转让范围而言,现有的规定基本上都是限于集体经济组织内部。

2. 有偿退出的特殊规定

集体经济组织成员有偿退出后是否保留集体经济组织成员身份以及能否再取得股权,是有偿退出后必须解决的一个问题。《大连市农村集体经济组织示范章程(试行)》第35条规定:"股权一般不得退出或转让。本集体成员因家庭生活困难、重大疾病、不可预见灾难等特殊情况申请有偿退出的,其股权可由本集体经济组织暂时按上一年度末、经审计的账面净值赎回,待生活转好后,若拟赎回原有股权,其可按赎回发生时的上一年度末、经审计的账面净值向本集体经济组织赎回其原有股权。"从这个规定来看,股权的转让有类似于质押的作用。

对于退出后集体经济组织收回的股权处理,有三种不同的观点:第一种观点认为,应分给集体经济组织成员;第二种观点认为,应作为集体股来持有,用于集体经济组织所承担的社会管理职能;第三种观点类似于公司的减资,可以核减集体经济组织相应的股份数。第一种观点与股权的静态管理不合,并且股权变动的成本过高;第二种做法以设置集体股为条件,如果不设置集体股,则需要另外处理;第三种做法则忽视了集体企业经济组织股权与公司股权来源的不同,集体资产的股份权只是明确成员对集体资产的权利份额,是集体成员对集体资产享有所有权的表现,并不表明集体所有权是集体成员的按份共有。集体成员并不能实际支配集体资产,也不能按照份额请求分割集体资产,所谓有偿退出只是对股份的有偿处理,并不是要处理集体资产本身。[1]故有偿退出的股权并没有对集体资产产生影响，也就不存在以减资为基础的核销股权问题了。从大连市的这个规定来看，集体经济组织对退出的股份有代持的性质，由于允许集体成员赎回，从某种意义上也解决了收回后股权的处理问题。另外，大连市的这个做法也说明集体成员的身份具有独立性的特点，即使不再持有股权，也不影响集体成员的身份，这在一定程度上也回应了股权转让后集体成员的身份问题。《邹城市农村集体资产股权管理办法》第54条则明确规定，集体经济组织成员有偿退出所有股权后，仍保留集体经济组织成员资格，享有民主权利，但不再享有股权收益分配。

除此之外，有的地方从集体经济组织的角度规定了集体经济组织赎回股权的条件，福建省南安市《集体资产股份有偿退出的条件和程序》规定，"农村集体经济组织流动资金占总资产百分之十以上，且近三年经营性收入年均增幅达百分之五以上时，方可开展集体赎回"。[2]这种规定的出发点应在于防止股权赎回影响集体经济组织的发展，侧重于集体经济组织经营发展的持续性。

3. 股权转让的特殊性

（1）股权转让主要限于集体经济组织内部。与继承不同，集体经济组织股权转让有更多的限制，并引发了集体经济组织股权转让"封闭还是开放"的二难悖论。这是因为如果对转让不进行任何限制，容易诱发外来资本的投机行为及合作社控制权的转移，导致集体资产流失，不利于集体经济组织的稳定及对集体成员权益的维护，对集体经济的发展可能带来不确定风险。[3]如果转让局限于集体经济组织内部，则会影响价格的合理确定，不利于股权市场价值的公平体现，并且也会使股权更加集中，容易形成内部人控制。2013年《中共中央关于全面深化改革若干重大问题的决定》提出赋予农民对集体资产股份有偿退出的权利，现阶段农民持有的集体资产股份有偿退出不得突破本集体经济组织的范围，可以在本集体内部转让或者由本集体赎回，明确规定集体经济组织股权的转让限于集体经济组织内部。

---

[1] 韩松：《论农民集体成员对集体土地资产的股份权》，载《法商研究》2014年第2期，第17页。

[2] 南安市关于股权退出规定的另外一个特殊性是，不论是转让还是由集体经济组织赎回，都必须至少保留1股，即不允许因全部转让而失去集体经济组织成员身份，并且在出让股份前，必须办好养老保险，或者预留相应的养老保险金并经本集体经济组织认定，强调的是集体经济组织股权的生存保障性。

[3] 刘俊、巫龙坚：《〈民法典〉视域下农村股份合作社股东退出权的法律完善》，载《农村经济》2021年第4期，第129页。

这种股权转让的封闭性与集体经济组织的封闭性以及集体成员的封闭性相关，而其核心在于集体成员权的取得。这是因为我国集体所有制具有集体成员权优先逻辑，即首先要通过原始、法定和申请取得方式获得集体成员权，成员权在先、财产权在后，财产权服从于成员权，且成员权不能通过交易"买入"。[1]在没有进一步区分集体成员、集体经济组织成员、集体经济组织股东身份以及各自的权利义务的情况下，集体经济组织股权的有偿退出很难突破集体经济组织的范围。

（2）股权转让的条件。基于集体经济组织的封闭性以及股权所具有的生存保障性的特点，有些地方不允许集体经济组织股权转让；即使允许转让，也会明确规定转让的条件。具体可分为三个方面：

第一，以股权价格的确定为条件。《宁波市海曙区加强社区股份经济合作社管理的实施办法》（甬农发〔2019〕94号）规定，"股东所持的股权原则上在社区股份经济合作社所有资产体现市场价值之后才允许转让"，也就是转让权是一个附条件的权利。这是由于集体资产（特别是集体土地）的转让受到限制，集体财产含有国家税收减免等优惠政策，再加上社会的发展和土地的增值，股权的价格难以确定。在价格不能确定的情况下，股权无法转让。这是从股权转让的价值角度来考虑问题。

第二，以集体经济组织不再承担社会职能为条件。广州市某区规定集体经济组织仍承担社会职能，具有社区性质，不能对外转让股份。这是因为在集体经济组织的社区性特点没有改变之前，集体经济组织并不是一个典型的营利性组织，因而股权转让也就随之受到了限制。

第三，规定不允许股权流转的条件。山东省邹城市规定，"五保户"的股权以及拖欠所在村集体经济组织欠款的股权户内该欠款成员的股权份额不得转让。[2]由于该市是确权到户，因而股权的转让必须经户内成员的全体同意，转让后的股份也归股权户内所有股权共有人共同享有。同时，由于股权确权

---

〔1〕钟晓萍、吕亚荣、王晓睿：《是集体成员权优先还是私人财产权优先？——基于农村集体资产股份权能改革试点的观察》，载《西部论坛》2019年第5期，第41页。

〔2〕《邹城市农村集体资产股权管理办法》第25条规定："有下列情形之一的，不得进行股权流转交易：（一）"五保户"的股权由所在村集体经济组织托管，不得进行股权流转交易；（二）拖欠所在村集体经济组织欠款的，股权户内该欠款成员的股权份额（按拖欠时点时户内人均股权）不得进行流转交易；（三）法律、法规、政策和村集体经济组织章程规定的其他情形。"

到户，所以同一户内也不发生股权转让。

（3）影响股权转让的其他因素。从权利的实现来说，集体经济组织股权的转让涉及两个问题：一是受让的主体，二是转让的价格，而转让的价格又会影响转让方和受让方的意愿。就现有情况而言，虽然很多地方允许股权在内部转让，但是股权流转并不活跃，大部分是在改革之初股东因怀疑股权的价格而打折转让的。这是因为集体资产的管理具有强制性因素，也就是无法依股权取得集体资产，或者对应的份额。在这种情况下，股权主要表现为一种分红的权利，在分红高的时候不愿意转让，在分红低的时候设法转让。因而，股权转让面临着"二难"困境：如果集体经济组织经营不善，分红较少，那么其股权将因价值偏低而难以流转；如果集体经济组织经营良好、收益稳定，那么其股权也将因分红较高而难以流转。因此，无论集体经济组织收益分红是否稳定，股权流转都将难以实现。[1]但是，从经济学的角度来说，如果集体经济组织的分红足够高，也就是转让所付出的成本如果低于受让股权所得的收益，股权总会有转让的可能性。

股权转让的本意是实现集体成员的财产权利，但是从另一方面来说，如果无法保证股权转让的公平性，则可能使得处于弱势地位的集体经济组织成员的权利受到损害。因为按照禀赋效应，每个人都更加珍视自己所有的东西，会更愿意持有已拥有的东西，因而对于股权的持有者来说，在多数情况下会缺少退出的动力，只有在生活出现困难或者遇到以其他方式无法解决问题的情况下，才会选择转让或退出。在这种情况下，就更应注意股权转让的公平性问题，对股权转让进行适当的监管了，并且从积极和消极两方面规定股权转让的条件也会显得尤为必要。

股权转让方式也会影响股权转让的公平性，现阶段主要采取公开竞价转让和协议转让两种方式。公开竞价方式由集体资产交易中心（平台）组织公开竞价，按价高者得的规则确定中标方，由转让方与中标方在交易现场签订成交确认书，并凭确认书办理过户手续。而采用协议转让方式的，则需双方持股权交易鉴证书办理过户手续。公开竞价转让的优势在于不仅可以实现程序方面的公平，而且可以通过竞价来实现股权的价值。相对来说，协议转让

---

[1] 农业部农村经济体制与经营管理司调研组：《浙江省农村集体产权制度改革调研报告》，载《农业经济问题》2013年第10期，第8页。

则有便利性的特点，可以节约交易成本。

（4）股权转让后的身份问题。股权转让的另外一个问题就是转让后的身份问题，也就是转让方能否保留集体经济组织成员身份，受让方能否取得集体经济组织身份。对此，有观点提出，可以与股权继承一样，受让方只取得财产方面的收益分配权，不享有其他权利。由于现阶段集体经济组织不实行资本多数决，而是"一人一票"的民主决策方式，股权转让又在内部进行，对受让方的权利行使不会产生影响。因而，这一问题的关键就是股权转让或被赎回后，转让方是否保留集体经济组织成员身份，进而保留集体成员身份。

对于这一问题，实践中有两种解决方法：一是类似于大连市的规定，股权转让后，转让方所失去的只是财产方面的权利，仍保留经营决策权，从这个意义上说，仍保留集体经济组织成员身份。另外一种解决方法是不允许全部转让股份，也就是通过持有的少量股份仍保留集体经济经组织成员身份。对于后面一种做法，也有学者认为，集体资产股份退出权是通过农民将所持全部股份予以转让的方式得以实现，集体资产股份退出在本质上属于集体资产股份全部转让，代表着集体资产股份处分权能的实现。但是，这种对股份的处分并不影响成员身份，也就是即使股权转让后不具有股东身份，但仍是集体成员，可享受除经营性资产以外的集体资产所带来的利益以及基于集体成员身份享有的福利待遇。[1]由于现有的规定并没明确有偿退出是指全部退出，从字面含义来看，有偿退出包括"退出"和转让两种形式，简单要求全部转让会侵害集体成员的自由选择权利，只要符合转让的条件，转让的数量应由集体成员自己决定。除此之外，还有另外一个问题需要解决，即集体经济组织是否有权要求转让后必须保留最低限度的股份。换句话说，由于集体福利以及社会保障方面的权利具有较强的人身属性以及社会保障性，因而股份的转让不应对此类权利产生影响。

与是否保留成员身份相对应的是，分红权已因转让而转出，是否仍保留经营决策方面的权利则有争议。如果转让方失去经营决策权，受让方未取得经营决策权。则未来随着转让和继承，拥有决策权的股东可能越来越少，从而容易造成内部人操控；如果允许转让方保留经营决策权，则或者因失去分

---

[1] 房绍坤、任怡多：《论农村集体资产股份有偿退出的法律机制》，载《求是学刊》2020年第3期，第75页。

红权而对集体资产的经营决策持消极态度，或者滥用权利，包括通过投票表决扩大集体福利而减少利润的分配，从而可能损害持股股东的合法权益。对于这一问题，有的地方试图通过规定集体经济组织减少或最终不再承担福利方面的支出作为解决问题的方法，但是这种做法一方面过于侧重对持股股东权利的保护，另一方面也无法找到现有的法律法规和政策依据，从某种意义上说，可能涉及对集体自治权的侵犯。

（四）集体经济组织股权抵押和担保

1. 抵押、质押和担保

从法律概念的使用来说，抵押权是担保权的一种，将这两个概念并列使用并不规范。从抵押权的具体含义来说，抵押适用不动产和动产，但是集体经济组织股权的权利属性并不是动产和不动产，而是一种权利。按照《民法典》第440条的规定，可以转让的基金份额和股权，属于权利质押的范围。从性质上来说，股权的担保应是质押而不是抵押，福建省霞浦县《农村集体资产股权质押融资试点方案》使用的也是"质押"而不是"抵押"。但是，《民法典》的这一条规定是否适用于集体经济组织股权并不明确，因为集体经济组织股权虽然可以转让，但只限于集体经济组织内部，流动性受限，也就不完全符合可质押股权的条件，相关的政策文件采用的是抵押权和担保权并列而不是使用质押权，也应该是出于这方面的考虑。并且，在实践中，关于集体经济组织抵押和质押的使用也不完全符合民法的相关理论。安徽省青阳县《农村集体资产股权抵押担保管理办法（试行）》第3条规定，"农村集体资产股权抵押担保，是指农村集体组织成员以其拥有的农村集体资产股权作为还债义务保证进行质押的行为"，在同一条的概念使用中，既有抵押，又有质押。为行文方便，这里仍使用抵押这一概念。

2. 抵押权的实现

在股权的六项权能中，抵押权和担保权实现的难度相对较大。这不仅是因为股权的转让受到限制，而且是因为股权其他权能的实现，主要涉及集体经济组织及其成员，但是抵押权和担保权的实现，则是除作为抵押人的集体经济组织股东和作为抵押权人的金融机构等参与外，还需要评估、登记和拍卖等机构的参与。不仅涉及集体经济组织股权价值的确定，而且还涉及集体经济组织与这些外部机构之间的关系。并且，由于集体经济组织股权价值的确定存在一定的困难，所以原农业部《积极发展农民股份合作赋予农民对集体资产股份权能改革试点方案》(农经发〔2014〕13号)提出慎重开展赋予农民对集体资产股份抵押权、担保权试点,并要求严格防范金融风险,避免集体经济的产权结构受到冲击,对集体经济组织股权抵押持谨慎态度。

从现有的规范性文件来看,关于抵押权的规定有三种情况:一是对抵押没有规定,或者规定条件成熟后再进行;[1]二是明确规定不允许抵押;[2]三是规定有抵押的权利,但是对权利如何实现并没有规定;[3]四是明确规定抵押权,并制定专门的规范性文件。

从理论上讲,不论是抵押还是质押,所对应的都是抵押物或者质押物的价值。但是,在集体资产股权化的过程中,在很多情况下并没有对集体资产进行评估,也就很难衡量集体经济组织股权所代表的集体资产的价值。并且,集体所有权的社会主义公有制性质,也决定了集体经济组织股权不能像公司股权那样计算价值,再加上集体经济组织以股份合作社为主要形式,股份合作社的社区性也与抵押担保所要求的流动性相矛盾,因而有观点认为集体经济组织担保权的实现基础并不是股权所代表的集体资产的价值,而是应在区分农村集体经营性资产股权兼具持股农民行使集体所有权的资格属性与分离集体所有权收益权能的请求权属性基础上,以股权收益权作为质押客体。[4]这个观点具有一定的合理性,但是其成立的基础是集体经济组织能够营利,这就会将没有收益或者收益很少的集体经济组织股权排除在外,与相关政策文件的目的不符。并且,很多地方明确规定,抵押的并不是股权的收益权,而是股权本身。对此,有观点认为,担保权的客体是集体经济组织的信用,而

---

[1] 泉州市丰泽区《农村集体经济组织股权设置与管理指导意见》规定:"根据《中共中央 国务院关于稳步推进农村集体产权制度改革的意见》(十一)的内容,'有关部门要研究制定集体资产股份抵押、担保贷款办法,指导农村集体经济组织制定农民持有集体资产股份继承的办法。及时总结试点经验,适时在面上推开。'因此,股份抵押(质押)的内容目前尚无明确具体的规定,实际开展本项工作也应根据金融机构的产品制度实施。因此本指导意见中的部分规定均是参考其他地市的金融产品的特点和做法进行设定的原则性意见。"

[2] 《郑州市股份经济合作社示范章程》第6条规定:"股权管理实行生不增死不减,不允许转让、买卖和抵押。"这种情况通常发生在集体产权制度改革的早期。(未找到相关文件)

[3] 这种情况实践中较多,具体可参见广西壮族自治区钦州市钦南区《农村集体经济组织股权管理暂行办法》、内蒙古和林格尔县《农村集体资产股权设置与量化管理指导意见(试行)》等相关规定。

[4] 张运书:《农民集体资产股权质押的法理逻辑及设立规则》,载《政治与法律》2019年第10期,第78~79页。在实践中,广州某区也明确规定"质押担保的只能是个人股份分红收益,不得因质押担保行为退股、处分村集体资产"。

不是股权本身，但是保证是典型的信用担保，是一种人的担保，故相关的保证理论很难被适用于集体经济组织股权担保权的实现。

虽然抵押的对象并不是分红权，而是股份本身，[1]股权抵押价值测算应以股权预期收益为依据，[2]但是抵押权的实现既与分红有关，也与集体经济组织的信用有关。对于分红的依赖性在于在集体资产没有评估、股权价值不易确定的条件下，分红是决定股权抵押价值的重要因素。从具体操作来看，集体经济组织股权的抵押权人，通常是金融机构；抵押方式是单独抵押，或与其他农村产权组合抵押，如与农村土地承包经营权组合抵押担保；[3]抵押的价值可以由有资质的中介机构确定，也可以由双方协商确定；在贷款清偿完毕之前，股权收益由股权持有人所有，但由集体经济组织代为保管，不予分配，当借款人不能按期履行债务时，在集体内部公开竞价流转，如果不成功，则由集体经济组织按一定的程序和价格回购。[4]股权抵押的一种特殊方式是向集体经济组织抵押，而不是金融机构或其他外部机构，抵押的基础是集体经济组织的分红，南通市《海门区余东镇村（居）集体经济组织股权（股份）管理流转交易办法》规定"股权可在本集体经济组织范围内质押，提前支借股份分红"，[5]这从表面上看仍是一种抵押借款，只是以提前分红的形式出现，虽然不是以分红权作为抵押的客体，但与分红有更密切的联系。从性质上说，这种做法并不是现有法律规定的担保权的实现，而是具有明显

---

[1] 福建省南安市《农村集体资产股份抵押担保管理办法（试行）》第4条规定："本办法所称农村集体资产股份抵押贷款，是指借款人在不改变农村集体资产所有权性质条件下，将农村集体资产股份作为抵押担保向金融机构申请贷款的行为"。

[2] 上海市闵行区采用这种做法，参见方志权：《上海农村集体产权改革经验分解》，载《农村经营管理》2017年第5期，第39页。

[3] 抵押权的实现通常有四种模式：一是单一担保融资模式，即在金融机构授信额度范围内，允许单一集体股或个人的担保融资；二是农民财产权利的捆绑融资模式，即考虑到集体资产股权价值的有限性，允许其与其他财产权利获得捆绑融资；三是综合担保融资，即允许集体资产股权单独质押，或与土地承包经营权共同质押；四是政府风险补偿的分类担保融资模式，即在政府提供风险补偿贷款的前提下，区分集体资产股份与集体资产，实行分类综合担保融资。参见房绍坤、宋天骐：《论农村集体经济组织法人成员的特别性》，载《山东社会科学》2022年第2期，第50—51页。

[4] 参见安徽省青阳县《农村集体资产股权抵押担保管理办法》的相关规定，福建省南安市《农村集体资产股份抵押担保管理办法（试行）》也有类似规定。

[5] 《农村集体经济组织股权可质押：余东试点为农村集体产权制度改革探路》，载南通政府网：http://www.nantong.gov.cn/hmsrmzf/shxw/content/2e27823c-68b1-4021-a4c8-334d6173e6bb.html，访问日期：2022年1月29日。

的福利性质。

除此之外,集体经济组织股权抵押的实现也依赖于政府或者国有资本的作用。福建省霞浦县《农村集体资产股权质押融资试点方案》规定,对完成农村集体产权制度改革的农村股份经济合作社成员,可以进行个人股权质押业务,由农行霞浦支行承接具体贷款业务,但是需要办理股权质押备案登记作为先决条件,同时各市县以国有融资担保公司作为风险缓释方,降低贷款风险。[1]从性质上说,这种质押的基础并不仅仅是集体经济组织股权,而是地方政府的资产或信用。同样,为保证抵押权的实现,上海市闵行区则规定,当借款人不能如约归还贷款时,可由第三方担保公司,也可由区、镇财政部门建立股权抵押贷款风险基金,承担一定比例的不良贷款风险,[2]也就是通过保险来分担集体经济组织股权抵押的风险。就上述两种操作方法而言,质押的客体表面上是集体经济组织股权,前者是以国有资产公司作为担保方,后者是由政府部门设立贷款保险基金,其信用既不是来自集体经济组织,也不是集体经济组织股权。从这个角度来说,集体经济组织股权抵押权和担保权的实现,仍处于探索阶段,对相关制度的完善具有较强的依赖性。

总而言之,集体产权制度改革的目标一方面是保证集体资产保值增值,另一方面是保护成员权利,特别是财产权利的实现。集体财产的特殊性在于集体所有,个人不能独自对集体财产主张权利。集体所有权的这一特点决定了在集体经济组织改革过程中,需要解决两方面的问题:从组织的角度来说,既包括集体经济组织法人财产的来源问题,也涉及集体资产股权量化的范围问题;从个人的角度来说,既涉及集体资产股权的内容和权利范围问题,也涉及权利的实现方式与限度的问题。另外,不论是从性质还是从内容来看,集体经济组织股权不同于公司股权,权利的行使,包括转让受到更多的限制,这也是集体经济组织法在制定中需要解决的一个主要问题。

---

〔1〕 夏斌:《农村股权抵押可"生财"进助力乡村振兴添"引擎"》,载《闽东日报》2021年12月15日。

〔2〕 方志权:《上海农村集体产权改革经验分解》,载《农村经营管理》2017年第5期,第39页。

第六章
CHAPTER 6
集体经济组织经营管理的特别性

集体经济组织的经营管理以治理结构为核心,包括集体经济组织内外关系的处理以及集体经济组织经营决策的实现,在这方面与公司法人具有一定的相似性。《公司法》兼有组织法和行为法的特点,对公司的内部组织结构,包括各个机构的组成、职能和运行作出了明确规定。其核心是为解决代理成本而进行制度安排,围绕法人治理结构设计来解决所有权和经营权所可能产生的问题。从治理模式来说,股份有限公司是典型的股份制治理模式。有限责任公司虽然也实行所有权与经营权的分离,但其所具有的人合性质决定了与股份有限公司不同,有限责任公司股东可以通过章程行使自治权,在不违背法律强制性规定的情况下,通过章程使公司治理符合股东和公司的独特要求。

集体经济组织的组织形式是股份合作制,通常会设立决策机构、执行机构和监督机构。但是,由于股份合作组织体现的不仅是股份性质,还有合作性质,因而在内部治理上必须充分尊重农民股东的意愿,通过召开由股东参加的股东大会,参与组织各种事项的决议。另外,为减少政府的干预,在内部章程的设计上应侧重于自由灵活,以法律兜底条款作为保证。[1]在这方面与有限责任公司有一定的相似性。

但是,集体经济组织作为特别法人,与公司相比,又有其自身的特殊性:一是地位特别,是农民集体的代表,代表农民集体行使财产权益;二是财产特别,没有独立的财产;三是责任特别,随集体存在而存在,在理论上不能破产清算而被解散;四是成员特别,集体经济组织成员因身份而不是出资取

---

[1] 李洁、陈晓军:《股份合作组织内部治理结构的立法问题探讨》,载《行政与法》2016年第8期,第76页。

得成员资格,[1]故并不能简单照搬《公司法》关于治理模式的规定。作为特别法人,其落脚点在于合作而不是股份,以合作为基础,集体经济组织在经营决策时不可能实行资本多数决的原则,而是实行"一人一票"的民主决策。集体经济组织的治理结构既涉及与村民自治组织、政府的外部关系以及集体经济组织与其成员之间、集体经济组织成员之间、集体成员与集体经济组织成员和集体经济组织股东之间等多重关系,又受我国农村区域差异巨大,各地情况不同的影响,再加上集体产权制度改革中"一村一策"的影响,现在并不存在适用于全国的集体经济组织统一形式。在这种情况下,集体经济组织的治理结构既要体现农村集体经济的优越性,实现集体经济的发展壮大,又要调动农村集体经济组织成员的积极性,在此基础上健全内部组织机构,实现集体经济的顺利发展。

一、集体经济组织章程的特别性

与公司章程相同,集体经济组织章程是集体经济组织存在的基础。但是与公司章程相比,集体经济组织章程的地位更加重要。这种重要性不仅是因为集体自治权的存在,而且是因为基于《公司法》的规定,公司治理已有基本的框架和内容,《公司法》对于公司的组织形式、治理机构、议事规则以及责任范围和责任形式等方面都作出了明确的规定,以此为依据,可以满足经营管理最基本的要求。但是,《农村集体经济组织法》尚在制定中,《民法典》对于集体经济组织只有概括性的规定,相关立法也没有对集体经济组织的经营管理作出明确规定,在这种情况下,章程就是集体经济组织经营管理的基础,具有弥补法律不足的作用。

(一)集体经济组织章程的法律性质

集体经济组织改革与集体产权制度改革相伴随,普遍实行"一村一策"的改革方式,不同的集体经济组织,由于实际情况以及改革时间不同,改革

---

[1] 张保红:《论农村集体经济组织内部治理的模式选择》,载《中国社会科学院研究生院学报》2021年第3期,第55页。关于独立财产的说明,该文认为"农村集体经济组织是依托农民集体并以集体成员为基础成立、代表农民集体行使集体财产权益的经济组织。所谓行使集体财产权益,即为经营、管理集体财产。"强调集体经济组织行使集体所有权而不是集体所有权的主体。但是,集体经济组织除行使集体所有权外,还有政府拨款以及积累的其他财产;关于集体经济组织能否破产,同样在理论界存在争议,对此将在下文进行论述。

的内容也不同，不同集体经济组织章程的内容也相差较大。对于集体经济组织章程的制定主体和制定程序，现有法律没有作出明确规定，在实际中适用的是《村民委员会组织法》第 27 条关于村民自治章程的规定，在司法实践中这条也是法院裁判农村集体经济组织章程纠纷的主要依据。但是，法院在进行裁判的过程中，"基本上都未进行释法说理，对农村集体经济组织章程效力形态的具体认定，或不予审查，或不予区分、语焉不详，或简单判定为有效/无效，当事人的上诉率或申诉率比较高"。[1] 从理论上说，集体经济组织章程的性质有以下几种观点：

第一，章程自治说，即集体经济组织章程是根据村民自治权制定的、农民自己的法律，是在不违背法律强制性规定的前提下制定的自治规范，只要不违反法律的强制性规定，对其效力就应当予以认可。[2] 从表面上看，这一说法具有合理性，章程是集体经济组织自治权实现的结果，也是自治权实现的依据。但是，在现代社会中，任何权利都没有绝对性。集体经济组织章程不仅不能违背法律的强行性规定，而且由于章程必须经基层主管部门审批，仅仅依靠成员自治也就无法形成章程，在一定程度上也体现了主管部门的意志。并且，成员的自治权利并不是无限制的，必须从内容和程序两方面接受法律的约束以及相关部门的监管，过于强调自治忽略了集体经济组织章程产生过程中的行政性和管理性特点。由于对集体经济组织章程性质的认识直接决定了司法裁决中关于章程效力的认识，如果过于强调集体经济组织章程的自治性，则法院通常会对涉及章程的纠纷不予审理。

第二，章程契约说。与章程自治说相比，章程契约说强调的是章程中的合意因素，即章程依全体成员的合意而成立，是一个以集体组织和成员为当事人的市场化契约订立过程。[3] 契约说表面上看具有一定的合理性，但是既不符合相关法律的规定，也不符合章程的特点，即使对于公司来说，章程也不仅仅是一个股东订立的契约。这是因为与契约不同，章程的效力不仅对股东生效，而是同时具有对内效力和对外效力；章程的制定也不同于契约的合

---

[1] 赵新龙：《农村集体经济组织章程的法律性质及其效力认定》，载《农业经济问题》2018 年第 7 期，第 59~60 页。

[2] 徐勇：《中国农村村民自治》，华中师范大学出版社 1997 年版，第 124 页。

[3] 赵家如：《集体资产股权的形成、内涵及产权建设——以北京市农村社区股份合作制改革为例》，载《农业经济问题》2014 年第 4 期，第 17 页。

意，在契约中，各方意思表示的指向是相对的，而无论是制定章程还是修改章程，各方意思表示的指向都是一致的，具有一致的目标，只是对目标的实现，具有不同的主张。故章程经表决通过以后，不论是资本多数决还是少数服从多数，即使对章程的制定和内容持反对意见，也要受到章程的约束，从这个意义上说，章程的制定过程也是一个决议的形成过程。

第三，章程行为说。即章程不仅是静态的文本，也是行为的动态结果。章程行为的性质决定了章程的性质，两者关系可谓一体两面。章程既非自治规范，亦非契约，而是属于私法自治中所蕴含的决议行为。[1]在决议行为中，起决定作用的是依多数决得出的意思表示，团体意思源于个体表决权人的个体意思但又高于个体意思。[2]与前面两种学说相比，这种学说符合章程产生的正当程序性，并为章程效力的确定提供了依据。

因而，与公司章程相同，集体经济组织章程也具有决议的法律性质。在规范层面，决议说也更契合章程制定与修订行为之本质，修订章程以多数决方式为之，其决议属性不辩自明；在裁判实践层面，决议说更契合《公司法》之衡平法精神，有利于各方权益的平衡。[3]但是，与公司章程相比，集体经济组织章程的特殊性表现在以下几个方面：一是从制定主体来说，集体经济组织章程的制定主体与集体成员相关，具有特定性身份；二是从内容来说，集体经济组织章程与集体自治相关，与村民自治有一定的相关性；三是从制定程序来说，集体经济组织章程决议之形成不适用资本多数决，而是"一人一票"，并需经审批和备案；四是从内容来说，由于集体经济组织职能具有多重性，集体经济组织章程的内容也不能只以营利为目的。

(二) 集体经济组织章程内容的特殊性

与公司章程相同，集体经济组织章程的内容也包括强制性规定和任意性规定，但是具体内容两者并不相同。《广州市人民政府关于规范农村集体经济组织管理的若干意见》(穗府〔2014〕34号)规定，集体经济组织章程应当

---

[1] 赵新龙：《农村集体经济组织章程的法律性质及其效力认定》，载《农业经济问题》2018年第7期，第64页。

[2] 王雷：《农民集体成员权、农民集体决议与乡村治理体系的健全》，载《中国法学》2019年第2期，第136页。

[3] 吴飞飞：《论公司章程的决议属性及其效力认定规则》，载《法制与社会发展》2016年第1期，第182页。

载明下列事项：名称与住所；宗旨与组织职责；组织的资产及其经营管理；组织机构及其管理人员的产生与罢免；成员大会、成员代表会议、社委会（理事会）、民主理财监督小组（监事会）、社长（理事长）的职责；成员资格及其权利、义务；民主决策、民主管理及其议事、办事、表决规则；成员大会对成员代表会议的具体授权事项，成员代表会议的参加人员及产生办法；财务管理、财务公开与收益分配制度；计划生育；组织章程修改程序；责任追究等其他有关事项。从中可以找到与公司章程相对应的内容，但是成员资格和计划生育等方面，明显不属于公司章程应当记载的事项。与公司章程相比，其内容的特殊性主要表现在以下几个方面：

1. 成员资格的确定

有限责任公司的股东通常没有身份限制，除特定不能从事营利活动的自然人以外，只要合法出资，就可以成为有限责任公司的股东。农村集体经济组织成员权利来源于成员身份，有身份才有权利，无身份即无权利，身份锁定权利，〔1〕故集体经济组织成员必须具备一定的条件。对成员资格的条件，虽然有法定说和自治说之争，可以确定的是，即使法律有规定也不可能过于具体，以适应不同社会条件和经济发展程序的需要。在这种情况下，在不违背法律的强制性规定的前提下，集体经济组织章程应当成为成员资格确定的主要依据。

2. 股权量化和管理办法

股权量化包括两个方面：一是量化的集体资产的范围；二是如何进行量化。而股权管理则是指静态管理和动态管理。这方面的内容虽然有相关的政策性文件的规定，但是仍有赖于集体经济组织章程作出明确规定。〔2〕特别是股权管理与股权量化相比，更缺少相应的规范性依据，章程作为集体经济组

---

〔1〕刘振伟：《建立规范的特别法人治理结构》，载《中国人大》2017年第10期，第27页。

〔2〕《大连市农村集体经济组织示范章程（试行）》（大政办发〔2019〕71号）规定："农村集体资产量化，只能在农村集体经济组织内部进行，将集体经营性资产折股量化到人、确权到户，提倡户内共享、社内流转、长久不变。只有经营性资产的集体经济组织，将其以股份形式量化；只有未承包到户的经营资源性资产的集体经济组织，将其以份额形式量化；既有经营性资产，也有经营性资源性资产的集体经济组织，将经营性资产以股份形式量化，将经营资源性资产以份额形式量化；既没有经营性资产，也没有经营性资源性资产的集体经济组织，可以采取虚拟股份的方式，按集体成员人数分配股份，作为将来资产量化的依据。"从内容来看，涉及量化对象、量化范围、量化的方法等多方面的内容。

织的基础性文件,通常会对股权管理作出明确规定。

3. 股权内容和行使

虽然集体经济组织股权有"占有、收益、处分、抵押和担保、继承以及有偿退出"等权能,但是不等于集体经济组织股权仅包括上述内容。因为上述仅涉及财产方面的权利,而通常的观点是集体经济组织股权也包括非财产方面的权利,特别是经营管理方面的权利;就抵押和担保、继承以及有偿退出权来说,不同的集体经济组织规定的内容和权利行使方式并不相同。并且,由于集体自治的存在,集体经济组织章程可以对法律没有规定,或者任意性规定的事项作出另外的规定,特别是股权的转让条件、集体经济组织能否回购股权、如何回购股权以及股权由集体经济组织成员以外的人继承后享有的权利范围等。除此之外,虽然现阶段集体经济组织实行"一人一票"的民主决策方式,但是在未来,集体经济组织可以探索其他表决方式,[1]以有利于集体经济的有效实现。

在股权的转让和继承方面,集体经济组织股权的特殊性以及成员的身份性决定了应当允许章程根据不同情况对股权继承作出规定,包括在某些权利方面进行限制。但是,这种限制必须满足实体和程序两方面的要求。就实体性要求来说,对股东权利的限制要有一般性,也就是不能对个别股东的权利进行专门限制,否则就将有违分配正义的基本要求。另外,限制的目的是维护集体利益,而不是某个或某些股东的利益。例如,为保持股东人数的稳定,章程规定一名股东的股份只能由一名继承人或受遗赠人取得,股份不能拆分,就不能被认为是对财产权的限制,但是如果对亲属间的股份分红进行限制,则是对财产权的侵犯。因为前者不仅仅是个财产权的问题,与集体经济组织的经营管理有关,而后者则是一个典型的财产权问题。就程序方面来说,要符合相关的程序性要求,由法定的主体按照严格的程序和表决方式通过,并且在作出表决时,意思表示要真实。除此之外,基于章程的基础性地位,在实践中政府会通过制定示范章程给予指引,再加上章程的制定要经过审核和

---

[1] 《农民专业合作社法》第22条规定:"农民专业合作社成员大会选举和表决,实行一人一票制,成员各享有一票的基本表决权。出资额或者与本社交易量(额)较大的成员按照章程规定,可以享有附加表决权。本社的附加表决权总票数,不得超过本社成员基本表决权总票数的百分之二十。……"集体经济组织也可以通过章程对股东的附加表决权作出规定,在一人一票的基础上对持股数量给予一定的倾斜。

备案程序，从而为章程制定的合法性提供了保障。

(三) 集体经济组织章程制定程序的特殊性

章程行为属于决议行为，决议行为的公共管理属性以及多数决机制决定了程序必然要在决议行为中占据至关重要的地位，同时程序性瑕疵也会对决议行为的效力产生影响。[1]与公司章程相比，集体经济组织章程虽然同属团体自治的内容，但是在制定过程中受行政监管相对较多。从程序来讲，集体经济组织章程的制定包括两个阶段：一是通过民主决策，以少数服从多数的形式，形成集体经济组织成员的共同意志，这方面集体经济组织章程的制定程序应与公司章程具有相同性，通过程序保障成员在决策的过程中自由表达意志，实现平等决策。但是，集体经济组织的特殊性决定了其章程的制定不同于公司章程，也就是集体经济组织章程制定的另外一个阶段，即章程的审核和备案阶段。2020年农业农村部印发的《农村集体经济组织示范章程（试行）》（农政改发〔2020〕5号）第48条规定，集体经济组织章程经乡镇人民政府（街道办事处）审核，由成员大会表决通过，全体成员（代表）签字后生效，并报县（市、区）农业农村部门备案。也就是章程的制定和修改须先进行合法合规性初审，审核的内容是章程的合法性问题，即不得违反法律的强制性规定，不得有侵犯成员的人身权利、民主权利和合法财产权利的内容，否则审核机构会责令其改正。审核通过后，提交成员大会表决，表决通过后，再由备案机构进行备案。[2]另外，集体经济组织的成立取决于集体成员的决议行为，在制定和修改的过程中，同样适用集体经济组织经营管理中的"四议两公开"要求。

二、治理结构的特殊性

对于集体经济组织的治理问题，有学者认为，应区分两个不同的概念，

---

〔1〕 吴飞飞：《论公司章程的决议属性及其效力认定规则》，载《法制与社会发展》2016年第1期，第179页。

〔2〕《广州市人民政府关于加强农村集体经济组织管理的指导意见》（穗府〔2019〕11号）规定："农村集体经济组织必须依法依规完善组织章程，体现坚持党的基层组织领导地位。组织章程不得与宪法、法律、法规和国家的政策相抵触，不得有侵犯成员的人身权利、民主权利和合法财产权利的内容，如有违反的，由镇人民政府（街道办事处）责令改正。组织章程制定或修改，须经镇人民政府（街道办事处）进行合法合规性初审后，方可提交成员大会表决，并在表决通过后10日内送镇人民政府（街道办事处）存档。"

即治理结构和治理机制。农村集体经济组织法人的治理结构是法人治理的基础，其本质上是委托人和代理人之间权力分配与安排的基本模式，更多关注的是法人机关之间的静态权力分配与制衡。而治理机制是通过一套正式的和非正式的、内部的或外部的制度、机制来协调法人与利益相关者之间的关系，并实现法人利益相关者利益的制度安排。后者应围绕成员大会（成员代表大会）、理事会、监事会的召开方式、召开时限、召集方式、表决依据、表决方式、表决规则、记录制度等进行。[1]但是，就公司的治理结构来说，并不仅仅是一种静态的权力分配与制衡，而是主要包括股东大会、董事会、职业经理人、监事会、员工和利害关系者的参与，是一种契约关系，是对产权利益主体关系的一种制度安排，是有关公司剩余索取权和控制分配的一整套法律、文化和制度性的安排，可以决定谁在什么状态下实施控制、如何控制、风险和收益如何分配等问题。[2]故治理结构是一整套制度安排，而召集方式、表决方式等只是相关权利的实现方式，也可以属于治理结构的内容，并且本部分的论述主要侧重于集体经济组织机构之间的权力安排，因而使用治理结构这一概念。

（一）集体经济组织的治理模式

作为一个组织，集体经济组织意志的表达和实现离不开治理机构的设置。通常来说，法人机构设置的主要依据是制定法和章程，既包括组织法，也包括行为法。但是，由于集体经济组织的法律层面规定得较为概括，相关立法较少，并且立法层级较低，立法的专门性受到限制。相关的政策等规范性规定成了集体经济组织组织治理模式和机构设置的主要依据。

1. 从政社合一到政经分离

从历史的发展来说，人民公社的成立将集体经济组织推向了高潮，并最终替代原有的绝大部分乡镇政府组织成了土地和生产资料的所有者，也成了基层政权组织形式，形成了政社合一的中国模式。[3]但是，由于这一模式并

---

[1] 管洪彦：《农村集体经济组织法人治理机制立法建构的基本思路》，载《苏州大学学报（哲学社会科学版）》2019年第1期，第58页。

[2] 黄涛、刘丰：《从产权与公司结构看公司组织变革》，载《科学决策》2003年第12期，第30页。

[3] 李永军：《集体经济组织法人的历史变迁与法律结构》，载《比较法研究》2017年第4期，第38页。

不适合中国社会的发展,1983 年《中共中央、国务院关于实行政社分开建立乡政府的通知》(中发[1983]35 号),要求改革政社合一的人民公社体制。与之相应,在相当长的一段时间内,主流观点认为来源于人民公社时期的政社合一导致了政经不分,再加上《村民委员会组织法》《物权法》《民法总则》《民法典》都规定村民委员会具有经济职能,既承担行政事务,又要进行经济管理,容易产生权力滥用的问题,从而造成产权界定不清、法人地位不明等问题,不利于集体经济的发展。另外,由于集体经济组织亦背负社会管理的职能,被认为难以成为真正的经济主体。因而,在相当长的一段时间,集体经济组织改革的目标就是实行政经分离,即将农村自治组织与农村经济组织剥离,还原农村自治组织的基本功能,将经济运行的职责交给农村经济组织,其目标是让农村自治组织专注于农村社区的公共管理,使农村集体经济组织能够相对独立地按照市场规律运作,尽可能减少行政干预,实现经济组织的理性化和市场化。[1]从职责分工来说,将集体经济组织作为一个单纯的经济组织,由村民委员会承担公共服务和社会管理职能,在明晰产权的基础上进行清产核资,对集体经济组织进行股份制改革,划清集体经济组织与村民自治组织的关系。2016 年《集体产权制度改革意见》要求"有需要且条件许可的地方,可以实行村民委员会事务和集体经济事务分离",为政经分离规定了两个条件,即有需要且条件许可,换句话说,如果条件不许可,也就可以不实行政经分离。在实践中,广东南海形成了以村民自治组织与集体经济组织"五分离"为特征的南海"政经分离"模式,即"选民资格分离、组织功能分离、干部管理分离、账目资产分离、议事决策分离",并以此闻名全国。[2]虽然从理论上说,政经分离有利于集体经济组织经营管理的专门化,但是在社会保障和公共设施的投入方面,大部分农村均依赖于土地管理制度和公共财政制度等方面,如果简单地实行政经分离,也难以实现效率的最大化。

2. 从政经分离到"四议两公开"

与强调政经分离的观点相伴随,基层自治组织与集体经济组织的交叉任职一直存在,并在很多方面表现出合理性的一面,有利于提高效率。另外,

---

[1] 李棉管:《"村改居":制度变迁与路径依赖——广东省佛山市 N 区的个案研究》,载《中国农村观察》2014 年第 1 期,第 16 页。

[2] 蒋红军、肖滨:《重构乡村治理创新的经济基础——广东农村产权改革的一个理论解释》,载《四川大学学报(哲学社会科学版)》2017 年第 4 期,第 16 页。

从法律层面来说，村民委员会对集体经济和集体公共事务的管理也具有合法性。[1]从现实情况来看，当下很多农村地区都是政经合一，农村集体经济组织和村民委员会"两块牌子、一套人马"，自治功能和生产经营功能合一。这种被很多人称为"地位不清、概念模糊、功能混乱"的法律和现实现状，其实恰恰论证了两者合一的合理性和现实需求性。[2]对于以农业为主的村庄，通常并无集体经济组织改革和分立的需求，村委会与集体经济组织"一套人马、两个牌子"，可以节约治理成本。即使是以"南海经验"闻名的南海，2017年在村（社区）"两委"换届选举中，书记、主任"一肩挑"比例和"两委"委员交叉任职率也都在九成以上。[3]2018年《中共中央、国务院关于实施乡村振兴战略的意见》（中发〔2018〕1号）要求向集体经济薄弱村党组织派出第一书记，发挥党组织对集体经济组织的领导核心作用，防止内部少数人控制和外部资本侵占集体资产。2019年《中共中央、国务院关于建立健全城乡融合发展体制机制和政策体系的意见》提出："强化农村基层党组织领导作用，全面推行村党组织书记通过法定程序担任村委会主任和村级集体经济组织、合作经济组织负责人，健全以财政投入为主的稳定的村级组织运转经费保障机制。"集体经济组织的发展目标就是在基层党组织的领导下，以经济效益为核心，以集体资产保值增值为目的，完善民主决策程序和内部监督机制，探索集体经济实现和发展集体经济的有效途径。

2019年《中国共产党农村基层组织工作条例》第19条第3款规定："村级重大事项决策实行"四议两公开"，即村党组织提议、村"两委"会议商议、党员大会审议、村民会议或者村民代表会议决议，决议公开、实施结果公开。"涉及的事项通常包括组织制度建设、经济发展规划、资产交易和处置、征地及补偿款的使用、财务管理等事项。有学者通过研究发现，出现由基层党组织、集体经济组织和村民委员会组成的"三位一体"的村社组织，

---

[1]《民法典》第264条规定："农村集体经济组织或者村民委员会、村民小组应当依照法律、行政法规以及章程、村规民约向本集体成员公布集体财产的状况。集体成员有权查阅、复制相关资料。"第265条第2款规定："农村集体经济组织、村民委员会或者其负责人作出的决定侵害集体成员合法权益的，受侵害的集体成员可以请求人民法院予以撤销。"

[2] 柴瑞娟：《农村集体经济组织股份制或股份合作制改革之审视》，载《甘肃社会科学》2021年第4期，第188页。

[3] 王诗琪：《南海党建工作述职评议，"两委"委员交叉任职率超九成》，载南方日报：http://static.nfapp.southcn.com/content/201801/29/c939121.html，访问日期：2022年4月19日。

呈现政治、经济与社会合一的状态，这种村社组织没有把集体产权制度视为单纯的经济制度，也不以激发集体经济组织的经济功能为单一的产权目标，而是从实践出发，把村社组织作为一个综合性的政治、经济和社会组织，具有重要的治理功能。这种三位合一的组织设置，使得新型村社组织实现了政治权威、经济权威和社会权威的统一。[1]既可以解决村民委员会丧失对集体财产的支配后难以实现基层社会组织和动员的问题，又可以统筹资源，实现资源利用的效率。

（二）功能主义立法模式对集体经济组织治理结构的影响

大陆法系关于法人的分类有结构主义与功能主义两种模式。结构主义以法人的实体构造特别是机关构造的方式为标准，从法人的成立基础出发，关注法人内部制度机构的差异。而功能主义则是更注重于国家设计法人制度目标的实现，将国家目标更多地植入法人的功能。[2]《民法典》关于法人的分类采用的是功能主义，除营利法人和非营利法人之外，增加了特别法人，但并未对特别法人有明确的定义。分析四种特别法人的共性，可以发现其或多或少地承载着公共职能和社会职能。与结构主义分类相比，"功能主义分类说"除了能明确表明法人目的、功能及产权结构的区别外，还能借助"非此即彼"的表达方式，避免出现其他分类方式无法规范中间地带法人的不足。[3]但是，其缺点则是无法实现"法人制度作为法技术工具，应提供可供民事主体利用的法人类型、明确民事主体在其利用法人结构中之法律地位、法人的意思如何形成、如何对外表达以及因利用法人制度它们所面对的利益冲突的解决之道"，[4]也就缺少结构主义法人分类中关于法人、成员以及第三人之间的关系的规定。虽然公司作为营利法人，同样要面对功能主义法人分类的不足，但是《公司法》作为组织法和行为法，可以在一定程度上弥补营利法人治理结构规定的不同。而构建适合集体经济组织的治理结构，以实现集体经济组织意思的形

---

〔1〕 高万芹：《村社组织再造及其对集体产权制度改革的启示——基于广东Y市农村综合改革试验区的经验》，载《南京农业大学学报（社会科学版）》2021年第2期，第15页。

〔2〕 陈小君：《〈民法典〉特别法人制度立法透视》，载《苏州大学学报（法学版）》2021年第1期，第12页。

〔3〕 张新宝：《从〈民法通则〉到〈民法总则〉：基于功能主义的法人分类》，载《比较法研究》2017年第4期，第29页。

〔4〕 蔡立东：《法人分类模式的立法选择》，载《法律科学（西北政法大学学报）》2012年第1期，第111页。

成、表达和执行,是集体经济组织改革的重要内容。

从一方面说,集体经济组织虽然不是营利法人,但是与营利法人同样面对所有权和经营权的分离以及委托代理难题,公司治理结构中的三权分离同样适用于集体经济组织;集体经济组织治理机构的设置不仅影响集体经济组织内部决策的科学化,同时也是保护集体经济组织法人权益和集体经济组织成员权益的关键。但是,集体经济组织作为特别法人,其治理结构不能简单照搬营利法人的治理结构;再加上各地集体经济组织发展情况并不一致,必须另外构建适合集体经济组织的治理结构,既涉及静态的权利安排和动态的权利运行,也涉及内部关系的协调,还涉及利益相关者的保护;既涉及内部的分权与制衡,也涉及集体经济组织与行政权力的关系。简而言之,相比于公司和农业专业合作社,农村集体经济组织法人治理结构的特别性主要体现在权力机关组成人员更具有封闭性、执行机关更强调基层党组织作用、监督机关更注重外部机构介入;仅就执行机关和监督机关而言,凸显了治理主体多元化。[1]

(三) 治理机构设置的特别性

我国农村产权制度的起点是从土地集体所有权中分离出承包经营权,并将其物权化,从物权法定原则转向物权效率原则,侧重于承包经营权与经营的分离,重在通过权利运行方式实现法定物权的经济功能。[2]由于早期侧重于经济职能的实现,再加上法人分类的功能主义做法,使集体经济组织治理机构缺少统一的规定,各地在实践中根据自身的情况做出不同的安排,使集体经济组织的机构设置呈现出一种多样性与复杂性的特点。既参照了公司治理的相关做法,又有自身的特殊性。

1. 治理主体的复杂性

集体经济组织治理主体的复杂性包括两个方面:

第一,就集体经济组织内部来说,治理主体的复杂性首先与集体经济组织成员的资格有关,集体成员、集体经济组织成员以及集体经济组织股东之间并不是对应性的关系。最初的成员来源以村社为单位,具有地域性和封闭

---

[1] 高海:《农村集体经济组织法人治理的特别性与法构造》,载《江西社会科学》2022年第10期,第177页。

[2] 秦小红:《西方财产权理论的谱系及其对中国农村产权制度改革的启示》,载《江西财经大学学报》2014年第2期,第115页。

性的特点，不仅股东的经营管理能力受到限制，而且不同身份的股东的权利并不相同，在经营管理中的权利内容和权利要求就不相同；在后来的发展中，虽然以股权固化的形式使股东身份相对稳定，但是随着集体资产改革的进一步推进以及股东的自然变化，转让和继承不可避免，新加入人员的权利内容和权利主张进一步使集体经济组织的治理主体复杂化。

第二，就集体经济组织的外部来说，由于集体经济组织的股权转让受到限制，也就基本不存在通过"用脚投票"的间接治理方式。故"集体所有制的治理结构中更容易出现一系列内生的委托-代理难题，而且无法通过社区外的竞争性市场来予以解决"。[1]在这种情况下，就需要通过外部主体对集体经济组织的经营管理施加压力，需要处理好村民自治组织、基层党组织以及基层政府与集体经济组织的关系，也就表现为集体经济组织经营管理中的行政性。因而，集体经济组织治理结构既要充分考虑各个治理机构之间的分权和制衡，"任何组织机构只要掌握了资源的分配，就掌握了某种权力，这时就要有一种制度安排和组织架构，来制衡它的权力"。[2]同时，也要处理好外部的监督和指导的关系。再加上集体经济组织在土地承包等方面具有一定的经济管理职能，更使其治理机构具有了不同于任何现有法人组织的特点。

2. 治理机构的多样性

就治理机构的设置来说，"集体经济组织成为特别法人后，要逐步引入法人治理，但是集体经济组织的事务决定权不能仅仅以股权为依据，而是要最终形成民主管理和法人治理有机结合的有特色的管理体制。涉及成员利益的重大事项必须实行民主决策，禁止少数人操控"。[3]故集体经济组织通常参照公司设置权力机构、经营决策机构和监督机构，但是与公司不同，不实行资本多数决，在表决权的行使方面具有民主管理的特点，通常是"一人一票"或"一户一票"，股东的持股比例或股份数额并不会对表决权产生影响。

关于机构的名称，《农业部关于稳步推进农村集体经济组织产权制度改革试点的指导意见》（农经发［2007］22号）规定，村集体经济组织要召开股东大会，选举产生董事会、监事会，建立符合现代企业管理要求的集体经济

---

[1] 陈剑波：《农地制度：所有权问题还是委托-代理问题？》，载《经济研究》2006年第7期，第88页。

[2] 张晓山：《农村基层治理结构：现状、问题与展望》，载《求索》2016年第7期，第10页。

[3] 刘振伟：《建立规范的特别法人治理结构》，载《中国人大》2017年第10期，第28页。

组织治理结构,完全按照《公司法》的规定设置。而在实践中,除成员大会和成员代表大会作为权力机构的名称较为一致外,执行机构多为理事会、社委会,或者管理委员会、理事机构等,人员组成也不完全相同。[1]而监督机构则多为监事会,或者民主理财委员会、社务监督委员会。

就其来源而言,民主理财小组和社务监督委员会的设立来源于《村民委员会组织法》第32条的规定:"村应当建立村务监督委员会或者其他形式的村务监督机构,负责村民民主理财,监督村务公开等制度的落实,其成员由村民会议或者村民代表会议在村民中推选产生,其中应有具备财会、管理知识的人员。村民委员会成员及其近亲属不得担任村务监督机构成员。村务监督机构成员向村民会议和村民代表会议负责,可以列席村民委员会会议。"因而民主理财小组与社务监督委员会属于集体经济组织的监督部门。就广州而言,通常经济联社设立社务监督委员会,而经济社设立民主理财小组,但是并不绝对。有的区经济联社和经济社都设立民主理财小组,另外设立社(村)务监督委员会实行"一套人马、两个牌子"。民主理财小组成员由集体经济组织成员会议或者成员代表会议选举产生,一般为3人~5人,村干部、财会人员及其近亲属不得担任民主理财小组成员。民主理财小组享有对本村集体财务活动进行民主监督权利,参与制定本村财务预算和各项财务管理制度,参与重大财务事项的决策,有权检查、审核财务账目及相关的经济活动事项,否决不合理开支;受理成员对集体账目的质疑,并要求当事人对财务问题作出解释。

3. 信息公开的特殊性

集体经济组织对于信息公开的特殊要求不仅在于治理主体的复杂性以及治理机构多样性的特点,而且与集体成员和集体资产相关。这是因为集体作为一个整体与其成员并非能够截然分离,也不存在一个法律上承认的独立于成员的单一主体;在内部,成员是处于第一位的,他们对其占有、使用的集体财产享有直接的支配权利,而不是像公司或其他社团所有权,成员是隐藏

---

[1]《湖北省农村集体经济组织管理办法》(湖北省人民政府令[第114号]、湖北省人民政府令[第133号],注,114号是原版,133号是修改版)第21条规定:"农村集体经济组织的日常管理机构是管理委员会。管理委员会由主任、副主任、主管会计(总会计)和委员若干人组成。……"另外,该办法只规定了权力机构和日常管理机构,并没有规定监督机构。这种规定可能与"集体经济组织具有一定的封闭性,监督机构并非必设机构,仅有权力机构和执行机构即可的观点有关"。参见许中缘、崔雪炜:"'三权分置'视域下的农村集体经济组织法人",载《当代法学》2018年第1期,第89页。

在其集体之后，仅仅通过代表机构行使对集体财产的权利，二者彼此独立并截然分离，个人不能直接支配利用团体的财产。[1]就集体经济组织的经营管理来说，成员以民主决策的方式参与经营管理，同样经营所得也归成员所有，从表面上看不应存在公司中的委托代理问题。再加上集体经济组织所实行的股份合作制与公司所实行的股份制相比，成员身份是参与治理的基础，成员之间具有更紧密的关系，表决实行"一人一票"而不是依股票。但是，尽管因上述特殊性不存在大股东侵犯小股东合法权益的现象，但同样可能存在多数人对少数人权利的侵害，在经营管理中同样要建立约束机制。

与公司不同的是，出于商业判断的原则，公司对于信息的公开和披露只要符合法律规定即可，不需要过多主动公开公司的经营情况，而这却是集体经济组织约束机制建立的核心。在信息披露方面，为防止内部交易和权力滥用，披露的信息既包括经营管理方面的信息，也包括集体经济组织股权的变化；在信息公示方面，成员大会或成员代表会议讨论决定的事项应依法律和章程进行公示，并形成会议记录。同时，为保证资金的规范和有效利用，应建立财务公开制度，并通过三资交易平台规范集体资产的经营管理。

由于现阶段集体经济组织离不开外部的监督和指导，关于集体经济组织的外部治理，以及外部监督制度，笔者将在下文集体经济组织经营管理中的行政性部分加以论述。

（四）集体经济组织治理结构之发展变化

1. 股权变化对集体经济组织治理结构的影响

从股权设置时起，集体经济组织股东就具有多样性的特点。非成员股东与成员股东的利益具有不一致性，但是不具有经营决策方面的权利；再加上随着股权的继承和转让，股权的流动性与集体成员的封闭性之间就会产生一定的矛盾，因此会对集体经济组织治理结构产生新的要求。就现阶段而言，股权继承通常继承的是财产权利，对于非财产权利不能继承；而就股权转让来说，转让方转让所有股权后，是否能保留集体经济组织成员身份也是一个问题。如果保留身份仍具有经营决策方面的权利，由于集体经济组织的经营

---

[1] 陈小君等：《我国农村集体经济有效实现的法律制度研究》（叁卷·理论奠基与制度构建），法律出版社2016年版，第107页。但是这个分析主要适用于土地经营权方面，在股权方面，集体经济组织成员也无法依股权对集体财产直接主张权利。

情况与其不再具有直接关系，也就缺少参与的动力，如果失去经营决策方面的权利，在转让限于集体经济组织内部的情况下，也就会使有表决权的股东越来越少。但是，反过来说，如果转让脱离集体经济组织内部的限制，受让方取得能够参与集体经济组织管理的权利，则可能影响集体经济组织所承担的社会职能的实现；如果受让方不能享有经营决策方面的权利，则同样又会出现有表决权的股东越来越少的情况。因而，如何减少股权变化对集体经济组织治理的影响是集体经济组织未来发展中的一个重要问题。

2. 职业经理人加入对集体经济组织治理的影响

从历史发展来看，集体经济组织作为经营主体参与市场竞争，曾在改革开放初期取得巨大的成功，并最终发展出了一些知名的企业。然而，自20世纪90年代以来，集体经济转而依赖出租土地及厂房获得稳定收入，产业经济转为地租经济，以土地租金等作为主要收入来源。追其原因，在于地租经济不同于产业经济，其主要取决于区位优势和政策供给，与村干部经营能力并不完全相关。因为，地租是标准化的，一般由政府制定指导价，政府和农民容易监督，从而防止村干部的寻租问题。[1]业务种类和内容的相对简单决定了对集体经济组织的经营管理能力以及监督的要求都不会太高，集体经济组织的经营管理以内部人为主。随着集体经济组织的进一步发展，地租经济也需向产业经济转向，并实行多样化的生产经营，形成了庞大的经营性资产，对于集体经济组织经营管理能力的要求也会越来越高，需要聘用职业经理人进行经营管理，与集体经济组织成员之间就会产生利益的不一致性，[2]也就会出现类似于公司的委托代理问题。

具体来说，在职业经理人加入之前，集体经济组织的经营管理主要由内部人进行，集体经济组织的经营管理者也是集体经济组织的成员或股东，目

---

[1] 夏柱智：《农村集体经济发展与乡村振兴的重点》，载《南京农业大学学报（社会科学版）》2021年第2期，第24页。

[2] 关于是否允许入场外来人员参加集体经济组织的经营管理，理论上也具有不一致性。肯定说认为基于集体经济组织法人的市场地位，外部人员的加入可以弥补内部治理能力的不足，并消解人情束缚，而否定说则基于农村集体经济组织法人的特别性，认为其坚持民主管理特色，必然要求理事会成员有股东身份。参见宋天骐：《论农村集体经济组织法人内部治理中的"人"与"财"——以治理机构的人员构成与集体资产股权为观察对象》，载《河北法学》2022年第4期，第41页。集体经济组织的民主性应体现在成员（代表）大会方面，随着集体经济组织经营范围进一步多样化或复杂化，外部人员参与管理应是一个趋势。

标具有一致性,集体经济组织的经营情况也与其密切相关。再加上集体经济组织具有封闭性的特点,成员的身份性使其处于一种熟人社会环境,不仅人与人之间关系相对紧密,彼此了解,而且传统社会中的人情、面子以及礼俗规则仍有其存在的基础。在这种情况下,治理成本相对较低。但是,职务经理人的加入则会改变集体经济组织的这一社会环境,集体经济组织治理与公司治理就有更多的相似性,如何解决委托-代理问题,促使与集体经济组织没有直接关系的职业经理人履行勤勉义务就成了集体经济组织治理的关键。

参照《公司法》的相关规定,解决方案可被分为两个方面:

第一,为职业经理人确定义务。从本质上说,"委托-代理"关系是通过一种契约关系框架把冲突各方引向平衡,问题的关键是双方缔结的"委托-代理"契约是不是完备的契约,即契约是否准确地描述了与交易有关所有未来可能出现的状态,以及每种状态下契约各方的权利和责任。[1] 既然契约的不完备性是代理问题的根源,最直接的解决办法便是订立完备的契约,以此确定职业经理人应履行的义务。但是,由于任何契约都不可能是一个完备契约,只能形成一种次优选择,也就是在所有可行的选择中选择最有利的方案。因而就需要通过立法对不完备的契约进行补充,也正是因为这个原因,《公司法》既是组织法,也是行为法,"董高监和经理"的义务是《公司法》的重要内容。而现有包括章程在内的集体经济组织的规定主要集中于股权设置和管理、成员权利等方面,虽然有机构设置的规定,但是相对简单,并缺少管理人员的义务等问题的内容。对此不仅要在集体经济组织章程中补充,也应是《农村集体经济组织法》的内容之一。

第二,建立激励机制。现阶段作为一个仅面向集体成员的排他性行动,农村集体收益分配隐含着两种不同的实践逻辑:针对一般集体成员,集体收益分配遵循公平逻辑,以实现"人人有份"的分配正义为目标;针对做出额外贡献的特定集体成员,集体收益分配遵循效率逻辑,注重强化增量激励。[2] 两者之间存在一个此进彼退的关系,职业经理人的加入会加大后部分的投入比例,激励的主体具有广泛性,既包括具有成员身份的集体经济组织的经营管理人

---

[1] 沈艺峰:《资本结构理论史》,经济科学出版社1999年版,第208页。
[2] 李强:《农村集体收益分配中的行政嵌入及其实践逻辑——基于农村集体经济组织干部报酬管理的考察》,载《中国农村观察》2021年第4期,第108页。

员,也包括不具有集体经济组织成员身份的集体经济组织管理人员和工作人员,因而设计的激励包括薪酬激励、福利激励、荣誉激励以及股权激励等。

对于公司来说,股权激励是一个主要的激励方式。通过赋予管理者股东权益,使之与公司之间形成利益共同体,与股东利益一致,从而降低代理成本。但是,由于集体经济组织股权的封闭性,特别是股权固化以后,股权激励的限制较多,较易实现的是薪酬激励。除此之外,随着集体经济组织封闭性的改变,股权激励也可能成为集体经济组织激励机制的主要内容。

三、集体经济组织管理中的民主性

对于集体经济组织的经营管理权利,《宪法》第17条规定:"集体经济组织在遵守有关法律的前提下,有独立进行经济活动的自主权。……实行民主管理,依照法律规定选举和罢免管理人员,决定经营管理的重大问题。"2016年《集体产权制度改革意见》明确要求集体经济组织"要完善治理机制,制定组织章程,涉及成员利益的重大事项实行民主决策,防止少数人操控","把选择权交给农民,确保农民知情权、参与权、表达权、监督权,真正让农民成为改革的参与者和受益者"。集体经济组织管理中的民主性与三方面有关:一是基于"自治、法治、德治"相结合的乡村治理体系自治,这里的自治不仅包括公法意义上的村民自治,也包括集体经济组织的社团自治;二是与集体所有权有关,集体所有权是特定范围内的集体成员组成的成员集体对社区范围内的财产所享有的不可任意分割的权利,基于集体成员与成员集体之间的密切关系,成员集体的团体意志的形成、表达不同于单个的集体成员,必须借助于一定的民主决策模式才能形成、表达其意志。[1]三是集体经济组织的经营管理以集体为本位,承担的功能不同于营利法人,更注重于公平、平等的目标,在一定程度上具有公法人的色彩,这种民主决策主要通过讨论规则、制定规则、执行规则来完成,这些规则既构成了自治的基础,也是自治的重要内容。[2]

---

[1] 管洪彦、傅辰晨:《农村集体经济组织法人民主决策的异化与匡正》,载《求是学刊》2020年第3期,第85页。

[2] 邓大才、张利明:《规则—程序型自治:农村集体资产股份权能改革的治理效应——以鄂皖赣改革试验区为对象》,载《学习与探索》2018年第8期,第88页。

（一）集体经济组织民主决策的特殊性

民主就其基本含义来说，实行少数服从多数，但是民主的实现，则不仅仅是个规则问题，而是受多方面因素的影响。其中，利益的相关性和利益的获得程度，特别是后者对参与、协商和民主有着决定性影响，利益越大，参与、协商和民主的程度就会越高。[1]虽然《宪法》规定集体经济组织实行民主决策，但是相关立法并没有对其进行具体规定。从实践情况来看，集体经济组织的民主决策与两方面的因素相关，即外部的监督和内部的配合。就前者而言，集体经济组织民主决策的实现需要外部的推动，需要符合国家和地方政府相关规定的要求，也就是需要外部的监督；就后者而言，集体经济组织的民主决策需要组织和安排，也就是应对集体经济组织成员的经营管理权予以尊重，内部的治理结构应是关键。由于内外部的侧重点不同，集体经济组织经营管理中的民主决策就不仅仅是个制度供给的问题，利益相关性也决定着民主决策的参与程度，而外部压力，特别是以考核为基础对村干部所施加的压力，虽然可以对民主决策有促进作用，但如果缺少积极参与，最终可能是表面民主，或者程序民主，难以实现民主决策的根本目的。"四议两公开"等制度的实行，虽然有利于民主决策的实行和集体自治的实现，但是如果缺少内部的相关支持，也仅是一个外部推动因素，集体经济组织成员的积极参与是集体经济组织民主决策的关键。

从法律性质上说，集体经济组织的经营决策是决议行为的一种。《民法典》第134条规定了决议行为的成立条件，即必须根据法律或章程规定的议事方式和表决程序作出决定，同样适用于集体经济组织的民主决策。就我国现有法律而言，股东会决议和业主大会决议等是典型的决议行为，前者作为主体的公司是营利法人，属于团体法的范围，而后者则不具有组织性，以会议的形式形成决议。集体经济组织与公司一样具有组织性，但不是营利法人；与非营利团体有一定的相似性，但也不属于非营利团体。这是因为非营利团体成员权利通常不以财产作为其内容，成员无需出资，也不从团体分取利益。成员权利是按照权利主体作为标准而形成的，不以权利内容作为权利分类的

---

[1] 邓大才：《如何让民主运转起来：农村产权改革中的参与和协商——以山东省和湖北省4村为研究对象》，载《社会科学战线》2021年第8期，第166页。

依据。[1] 以此为衡量标准，集体经济组织符合非营利团体成员无需出资的特点，成员权利的取得以身份为标准，但是又不符合非营利团体成员不从团体分取利益的要求。因而，集体经济组织既具有非营利团体的特点，也具有营利团体成员从团体分得利益的特点，从而使其民主决策有自身的特殊性。

另外，集体经济组织法人地位确立的目标之一是使其成为市场主体，壮大集体经济，除保障其成员的民主决策权外，也要适应经营管理的市场要求。现阶段集体经济组织经营的范围相对简单，以土地经营为主，对决策主体的要求相对较低。但是，随着集体经济组织经营范围的多样化，对其经营管理提出了更高的要求，民主决策的内容和方式也要随之适应相应的发展和变化，决策的专业性进一步增强。

（二）成员多数决的决策模式

1. 以身份为基础的表决方式

在集体经济组织的经营决策中，表决权的行使是具有身份性的特点，社员股东和社员非股东的区分也说明表决权的行使以身份而不是股权为基础。农民集体成员民主决策权是农民集体成员在农民集体内部就法定事项享有的依照法定程序进行决定的权利，是成员权体系中共益权的重要内容。[2] 其基本要求是集体成员在充分表达其意思的基础上，按照事先确定的规则，将个人意志上升为团体意志。决议一经形成，投反对票的成员也要受决议的约束，也就是少数服从多数。与公司以资本作为决策的依据不同，集体经济组织决策以人为基础，即"一人一票"或"一户一票"。这种权利安排有多方面的原因：一是与村民自治有关，《农村土地承包法》第19条规定，承包方案依法经本集体经济组织成员的村民会议三分之二以上成员或者三分之二以上村民代表的同意，明确将集体经济组织成员与村民会议联系起来。《民法典》也规定集体经济组织与村民自治组织都可以行使集体所有权，在实践中两者也存在合一的情况，集体经济组织自治权与村民自治就有着较多的相似性；二是集体经济组织是股份合作组织，其合作性质决定了并不能以股权作为表决依据实行资本多数决；三是与公司以出资作为设立基础不同，集体经济组

---

［1］叶林：《私法权利的转型——一个团体法视角的观察》，载《法学家》2010年第4期，第147页。

［2］管洪彦：《农民集体成员权：中国特色的民事权利制度创新》，载《法学论坛》2016年第2期，第111页。

股权是一种以成员权为基础的收益分配权，股权所代表的并不是成员的出资情况，而是以此为依据，实现集体成员对集体财产的财产性权益；四是集体产权制度改革现阶段只在集体经济组织内部进行，在未来的发展中股东的种类可能发生变化，吸收外来资本以促进集体经济组织的发展是一个趋势，这种做法可以在一定程度上防止外部资金进入后控制集经济组织。

2. 成员多数决的类型及其条件

成员多数决是指由全体成员按少数服从多数的形式作出决议，是一种最基本的民主决定方式。在集体经济组织的经营管理中，成员多数决除由成员直接表决外，也会使用成员代表多数决的表决方式。这是因为对于决议行为来说，由于交易成本的原因，成员的规模越大，越难形成决议，而成员代表多数决则会在一定程度上解决这一问题。另外，在特殊情况下，非成员股的持有者表决权通常会受到限制，即使有某些方面的表决权，通常也会采用托管的方式进行，[1]从而形成特殊的表决权。

在民主决策中，"少数服从多数"的合理性在于虽然可能出现少数对多数意志的服从，但是在重复博弈的情境下，由于社内利益相关程度高，且该机制会在历次决策中发挥作用，因而长久来看也不会产生利益失衡的群体，在长期重复中最终达到群体利益的最大化。[2]这并不是说在民主决策中不会出现多数人侵害少数人合法权利的情形，实际上，在集体产权制度改革中出现的外嫁女问题就是因为集体以决议的形式损害了外嫁女的合法权益，故需以法律加以纠正。换句话说，村集体组织依法享有自主决定自治范围内事项的权利，但必须符合法律、法规以及合法有效规章、规范性文件的规定，不得剥夺村集体组织成员依法应当享有的基本权利。[3]

虽然集体收入和成员个人利益的实现是影响成员多数决的重要因素，但是真正承载集体治理功能、梳理基层村社社会生活秩序的却并不是集体经济收入这一资源性结构，而是联系着集体经济组织与成员、成员与集体的细微

---

[1] 在多种情况下可能进行股权托管，但就现阶段的情况而言，主要包括无保户股权的托管以及继承后股权的托管。具体可见常州市武进区洛阳镇《关于开展农村集体经济股份合作制改革意见》（洛政发〔2005〕79号）第3.5条的规定和福建省明溪县《农村集体经济组织股权管理暂行办法》（明政办〔2019〕36号）第23条的规定。

[2] 陈靖：《解析集体：制度通道与治理实践》，载《南京农业大学学报（社会科学版）》2021年第3期，第101页。

[3]〔2017〕最高法行申5157号裁决书。

的、灵活运作的制度通道……集体成员之间、成员与集体之间协调利益的制度通道阻塞，导致集体制度的体制机制无法充分发挥效用，那么试图通过壮大集体经济来促进乡村有效治理的政策尝试也会遭遇实践困境。[1]因而，对于民主决策来说，应调动成员参与的积极性，积极参与并不仅仅涉及其个人直接利益的决策过程，更是民主决策的关键。换句话说，只有通过决策实现集体治理的效率，将集体经济与社会治理联系起来，才能实现乡村振兴和社会主义新农村建设的根本目标。

  由于成员多数决的形成需要达到一定的比例，如果过于强调个人权利，则可能出现应形成的决议无法形成，既不符合民主决策的目的，也不利于集体经济组织经营管理目标的实现。广州一集体经济组织采用相对动态的股权管理模式，也就是股东人数不变，但是所持股份数则会随年龄的增长而增加，最高配股是 12 股。同时，考虑到退休问题，在章程中规定达到退休年龄的成员，退休后统一配固定 10 股，不再改变。这一问题的出发点在于参照现有退休金规定，使退休人员的股份不高于未退休人员，也就是超出 10 股的退休成员所持的股份应予退回。但是，由于加入集体的时间不同，有的成员在退休后也达不到 10 股，因而按章程的这条规定主张补足 10 股，股份的增加就会损害现有成员的利益。在这种情况下，最好的解决办法就是修改章程，以实现章程制定时的目的。按照成员多数决，章程修改的通过应没有问题，但是因修改章程利益受损的成员，则可能以上访或诉讼的形式给集体经济组织施加压力，而这又是对集体经济组织干部进行考核评估的一项指标，在这种双重压力下，集体经济组织民主决策的实现就会受到阻碍。更需要注意的是，这种评估和考核本意是促进民主的实现，使集体经济组织的经营管理更能体现成员的意志，却反过来不利于集体意志的实现。

  成员多数决的另一个条件是要求成员的积极参与，这种参与除由利益所驱动外，还会受其他因素的影响。这是因为任何社会都是由一系列人际沟通和交换网络构成，其中将具有相同地位和权力的行为者联系在一起的横向网络是社会资本的基本组成部分。在一个共同体中横向网络越密，公民就越有

---

[1] 陈靖：《解析集体：制度通道与治理实践》，载《南京农业大学学报（社会科学版）》2021年第3期，第105页。

可能为了共同利益进行合作。[1]但是，随着社会的发展，集体经济组织成员，特别是处于城市核心区的集体经济组织成员，为了租金收入人口会向外流出，而相应的大量的外来人口会补充进来，原来集体经济组织社区性赖以存在的地域关系就会改变，面对面的交流就会减少，民主决策所需信息成本就会增加，从而对成员的参与意愿产生负面影响。

面对这一问题，很多地方均试图通过网络和社交媒体来补充已经松散的地域关系，为民主决策提供方便。广州市黄埔区建立了"三资"云监管模式，形成了"一网（'三资'一张网全覆盖）一线（与银行专线对接）一票（通过一票一码对票据领取、使用、核销全流程管理）一卡（推行农村集体日常开支'村务卡'支付模式）"为主体、"线上+线下"监管良性互补的"三资"监管模式，实现财务"云核算"与"云审批"、问题"云预警"与"云督办"、干部薪酬"云考核"等功能。[2]另外，有些地方还采用微信等社交媒体进行投票，以降低民主决策所必需的信息成本。需要注意的是，尽管科技可以弥补信息公开和民主决策的执行成本，但可以肯定的是，集体经济组织所依赖的村社过去是一个熟人社会，而这种社会关系在未来会慢慢改变。与之相应，集体经济组织的治理结构和决策模式也需要进行改变，科技的进入只是解决问题的一个方面。换句话说，科技只能是手段，如何实现成员与成员之间、成员与集体经济组织之间的信任是实现成员多数决的关键。

（三）决策内容应以实现有效治理为目标

从制度安排来说，集体经济组织民主决策虽然有宪法依据，但是相关立法或者没有明确规定，或者只对表决权的比例进行规定，缺少如何实现权利的可操作性的规定。并且，由于村民委员会也有一定的经济管理职能，关于集体经济组织民主决策的程序和内容，多援引村民自治的规定。在这方面，《民法典》也延续了《物权法》的规定，以列举的方式规定了本集体成员决定的事项后，并规定了一个兜底条款，即"法律规定的其他事项"，这里所指的法律应包括《村民委员会组织法》。

民主决策作为一个决策规则有其优势，也有局限性，特别是并非所有的

---

[1] 罗爱武：《公民自愿主义、社会资本与村民投票参与——基于中国综合社会调查（CGSS）数据的 Logistic 回归模型研究》，载《社会科学论坛》2011 年第 7 期，第 197 页。
[2] 《黄埔区开创"三资"云监管新模式助力乡村振兴》，载广州市黄埔区人民政府网站：http://www.hp.gov.cn/gzjg/qzfgwhgzbm/qnyncj/xxgk/content/post_7857225.html，访问日期：2022 年 4 月 21 日。

问题都适用民主决策。可以确定的是，民主决策不适用于公民的基本权利，同样也不适用于对个别财产的个别处置。《民法典》第261条规定集体决定的事项包括：土地承包方案、将土地承包给本集体以外的组织或个人、承包地的调整、土地补偿费等费用的使用分配以及集体出资的企业所有权的变动等。《土地管理法》第63条规定，集体经济性建设用地出让、出租等也是集体决策的内容。除此之外，各地也以列举的方式规定了社员大会或社员代表大会的职权，涉及章程的制定和修改、资格确认、选举管理人员以及集体经济组织经营管理等多方面的内容。《民法典》的规定主要集中于集体资源性资产的处理，属于关系本集体的重大事项，而各地的规定同样集中于集体经济组织的经营管理，以此壮大集体经济，实现成员的财产性权利。

（四）决策过程以平等参与为条件

民主决策的核心在于根据程序正义的要求，使决策的内容能够实现充分的意思表达，并基于多数决的意思表示形成最终的决议，是决议行为的一种，具有共益权的性质。因此，民主决策实现与否既会影响集体成员的财产利益，也与集体自治的实现有关，更是乡村治理的重要内容。但是，如果决策的程序不完善，则既可能出现多数人的暴政，也可能出现少数人的专权。前者主要是由于少数服从多数的决策形式，而后者则与民主决策的实行流于表面有关，或者说从表面上看从程序上进行了民主决策，但是，实际决定仍操纵在少数人手里。因而，民主决策有赖于民主技术和民主程序的发展，保障每个成员的平等决策权。科学的决策程序应遵循基本的逻辑步骤和阶段，先做什么，后做什么，按照一定的章法、步骤进行，使思维和行为规范化、条理化，一般情形需规定会期制度、会议的召集和主持、议案提出、决定方式等。[1] 现有法律没有对集体经济组织的决策程序作出规定，但是在各地的相关规定中都有决策程序的内容，也有民主决策的专门性规定。[2] 这些规定决定了集体成员民主决策权的实现方式，构成了集体经济组织经营管理的基础。但是，

---

[1] 周昌发：《农村集体经济组织自治背景下的法律规制——以云南省A村土地补偿费纠纷案为切入点》，载《现代经济探讨》2013年第4期，第73页。

[2] 参见广东省河源市紫金县蓝塘镇《健全农村集体经济组织重大事项集体决策制度的实施方案》（未找到文号），该方案规定"在集体决策过程中，要广泛征求党员、村小组长、村民代表等各方意见，必要时应进行公示，村集体经济联合社（经济社）成员对议题要明确表态，表决意见和理由等情况要建立会议记录台账"。

要实现决策过程中的平等,有两个问题需要解决:

第一,表决权与持股数量无关,是否影响决策结果的问题。尽管持股数量的不同会使成员之间的利益出现不一致性,集体经济组织采用的仍是"一人一票"的表决方式,表决权的行使与股份的持有分离。这种表决方式符合集体经济组织的性质,在现阶段没有问题,但是在未来的发展中,即使不考虑外部资本进入,仅允许集体经济组织成员通过出资的方式新增股权,也可能出现持新增股份的股东更有参与决策的激励,但表决权不变,原来有表决权的成员因股份数量的相对减少,行使权利的激励不够的现象。在这种情况下就可以对一人一票的表决权进行相应的调整,适当增加表决权的比例。[1]只是这种增加的表决权应与原来的表决权有所区别,只适用于与新增资本有关的事务的表决。

另外,如果实行"一户一票",则是每户不论拥有多少成员,都只有一个表决权,这种做法的优势是可以降低决策形成的成本,这也是广州市规定"特殊情况无法集中表决的,可以分组表决"[2]的原因。与降低集体经济组织决策成本相对应的是,户内成员如果较多,形成户内意见的成本就会高,不同意见的集体经济组织成员的意志也就无法有效表达。并且股权户形成后允许分户,分户后股权的数量不会发生变化,而是否因分户而增加表决权,则是一个需要考虑的问题。因而为保证民主决策的顺利实现,在确定表决权的主体资格的条件下,应尽量采用"一人一票"的表决方式而不是"一户一票"。

第二,表决权的行使范围问题。由于集体经济组织股东具有多样性的特点,以此形成不同的利益共同体。成员股东与非成员股东之间的利益不同,新加入的股东与原始股东的利益也不同。在这种情况下,如果表决权的行使涉及共同体之外的决策,则可能影响共同体利益外主体权利的实现。在调研中发现,由于非成员股东只有分红方面的权利,不享有医疗保险等福利,并且不具有经营决策方面的权利,因而在涉及利益分配时,成员股东为增加自己的收益,会通过决议的形式扩大福利费用的比例,由于福利费用与股份分

---

[1]《南京市农民资金专业合作社示范章程》(未找到文号)第34条规定:"本社社员参加社员大会,享有一票基本表决权。出资额(基础股金和互助金)前×名的社员在基本表决权外,共同享有本社基本表决权总数20%的附加表决权(享有附加表决权的农民社员合计一般不超过10名),并按照社员出资金额或比例进行分配。享有附加表决权的社员及其享有的附加表决权票数,在每次社员大会召开时告知出席会议的社员。"

[2]《广州市人民政府关于加强农村集体经济组织管理的指导意见》(穗府〔2019〕11号)的相关规定。从作用上看,分组表决同样可以降低交易成本。

红存在此消彼长的关系，相应的可分红的利润可能减少。[1]因而，应将民主决策适用于利益共同体的内部，如果存在非成员股东，即使其没有经营决策方面的权利，但是在涉及其自身利益的情况下，应赋予其足够的知情权，在必要的情况下，可以列席会议，从而实现民主决策的广泛性。

四、集体经济组织监督管理的特殊性

（一）集体经济组织经营管理中的行政性因素

与公司相比，集体经济组织经营管理中的强制性因素相对较多。除涉及法律的强制性规定外，还与集体经济组织经营管理中的行政性因素相对较多相关。行政权力虽然不会对集体经济组织的经营决策进行直接干预，但是会从事先和事后两个维度对集体经济组织进行监督和管理，并对集体经济组织日常经营中的部分问题进行限制，包括对经营范围以及债务规模的限制。除此之外，行政权力还可以通过审批权等权力的行使，直接影响集体经济组织日常的经营管理。

1. 原因分析

集体经济组织作为法人，是一个独立的主体。但是作为特别法人，集体经济组织以社会主义公有制为基础。以土地为中心的主要生产资料归农民集体所有，并以宪法和法律予以确认，是具有中国特色的社会主义在中国广大农村的经济基础和组织保证。[2]因而与营利法人不同，虽然有自治权的存在，集体经济组织经营管理中仍然存在较多的强制性，既要防止集体资产被非法侵占和非法处置，并因此造成集体成员利益损失，又要防止外部资本侵吞和非法控制集体财产，保证集体资产的保值增值。在这种情况下，必须处理好

---

[1] 为解决这一问题，该区在依照或参照国家政策法律法规规定享有的生活保障、社会保障的条件下，福利性的补贴要逐年减少，直至取消。实行"新增人口不增，去世人口取消"的村民待遇"一刀切"制度。这个做法有两方面的原因：一是该区处于城市核心区，随着"村改居"和城中村改造，已完全城市化；二是该区的改革与其他地方相比，更强调资本的作用，也就是"股份合作经济组织以资本合作为主要特征，但又具有特区管理的过渡性特点"，更强调个人财产权的实现。但是这种做法是与现阶段集体经济组织的职能不合，并且如果过于强调非成员股东的权利，也可能侵犯成员股东的合法权益。因而之所以是非成员股东是因为不具有集体成员身份，也就在集体资产制度改革时不具有集体经济组织成员身份，其身份的丧失是因为外出就业或其他原因，在这种情况下如果取得与成员股东相同的权利，也是另外一种不公平。

[2] 方志权：《农村集体经济组织特别法人：理论研究和实践探索（上）》，载《农村经营管理》2018年第6期，第19页。

自治和强制的关系,在尊重集体经济组织独立主体资格的基础上,实现集体经济规范的有序发展。

从另一方面来说,集体经济组织由成员组成,如果成员太少,则无法发挥规模效应;成员较多又会增加监督成本和组织成本。股权的多元化设置又会导致外部人员参与集体经济组织,而外部人员存在进行过度交易和使用特权来降低边际成本的动机,有可能导致集体组织赋予的权利和优惠政策被滥用。[1]从这个角度来说,对集体经济组织的监督管理可以防止权利被滥用,在此基础上规范集体经济组织的管理者,实现集体经济组织的健康发展。

因而,虽然自治是集体经济组织经营管理的基础,但是在集体经济组织的经营管理中也存在一定的行政性因素。从制度依据来说,除《民法典》《农村土地承包法》《土地管理法》等相关规定外,从中央到地方的行政性文件均是集体产权制度改革和集体经济组织改革的主要依据;从监管主体来说,基层农村农业部门以及镇政府(街道办事处)是监督管理的主要主体。在集体产权制度改革的相关文件中,集体经济组织管理是一个重要的内容,既涉及集体经济组织的组织机构、经营方式、成员管理、民主决策以及集体资产和财务管理等多个方面的内容,也涉及集体经济组织成员资格、股权配置、股权内容和行使方式等。

2. 脱嵌和嵌入

集体产权制度改革并不完全是私法自治下的自主选择,而是自上而下的行政行为与自下而上的权利要求共同作用的结果。从表面上看,改革由行政权力所主导,仍在传统的行政体制内运行,行政部门作为监管机构处于主动地位,集体经济组织是被监督和管理的对象。但是,脱嵌和嵌入代表了行政权力对集体产权和集体经济组织的两种不同的态度。两者之间也并非泾渭分明。从改革的最初目的来说,集体经济组织"脱嵌治理意味着政府试图在政策和实践上保持一定的独立性和专业性,同时更好地发挥经济主体和社会主体的自主性……另一方面,多重嵌入性则表明了制度和实践层面上的路径依赖以及新制度建设的必要性"。[2]在改革过程中,包括政经分离、政社分离

---

[1] 徐辉、范志雄:《集体经济组织化治理的逻辑和路径启示》,载《经济学家》2022年第3期,第111页。

[2] 管兵:《农村集体产权的脱嵌治理与双重嵌入——以珠三角地区40年的经验为例》,载《社会学研究》2019年第6期,第165页。

以及村改居等一系列政策的实行试图让政府从集体资产管理中抽身。《物权法》的相关规定又进一步强化了集体财产的使用权，集体经济组织独立主体地位得到了确认。同样在这一过程中，相关政策的制定和执行是行政主导，这也就为行政权力的嵌入提供了渠道。并且，由于在基层治理中，大部分地区对于财政投入都有依赖性，单靠村民自治组织和集体经济组织本身很难完成基层治理的目标，在这种情况下，政府又容易被"拉回来"作为纠纷的解决者和利益分配的相关者。而作为纠纷的解决者和利益的分配者，政府又要依赖于集体经济组织，特别是集体经济组织干部的支持和配合，因而政府权力的运行也在脱嵌和嵌入两方面变化：一方面，加强对集体经济组织的管理，特别是涉及干部的选举、任命和薪酬，以"三资"交易平台为基础的集体资产交易监管以及"四议两公开"的重大决策机制，行政监管呈现出一种主动性的深入嵌入状态。另一方面，在股权继承等涉及个人财产权的问题上，又持一种非常谨慎的态度。前者属于政府主动介入的内容，既与集体产权制度改革有关，也与基层治理有关；后者则属于政府被拉回来的内容。集体经济组织希望政府给予明确的规定，从而能以此为依据应对来自集体经济组织内部的压力。与之相应，政府通常会对股权的流转作出专门性的规定。

3. 行政干预的必要性及限度

集体经济组织改革的目的是赋予集体经济组织以独立主体地位，赋予其成员以经营管理权利。但是，从另一方面来说，由于历史和现实原因，集体经济组织成员作为个体，即使愿意参与集体经济组织的经营管理，也可能欠缺必要的经营管理能力。并且，由于农村集体所有权是社会主义公有制的一部分，集体经济组织的自治权利并不是自然形成的，而是由国家赋予的，不可能完全脱离政府的监督和管理，因而问题的关键是如何实现两者之间的平衡。合理预见原则应是行政干预的标准和条件，以此实现政府干预和法人自治的平衡。其核心在于把握好干预的度，目标是处理好集体经济组织成员自治和政府合理干预之间的平衡，防止出现侵害集体经济组织成员意志的"家长主义"干预。[1] 换句话说，行政干预并不是代替集体经济组织进行经营决策，而是促进集体经济组织的健康发展，探索集体经济实现的有效形式。

---

[1] 管洪彦：《农村集体经济组织法人治理机制立法建构的基本思路》，载《苏州大学学报（哲学社会科学版）》2019年第1期，第57页。

(二) 章程的审核和备案

针对集体经济组织章程的特殊性，上文已有论述。就章程的制定程序而言，其离不开行政权力的参与，而章程的审核和备案是行政权力影响集体经济组织的途径之一。集体经济组织作为一个组织，章程是其基础，必须经成员大会制定和通过。但是，为规范集体经济组织的发展，从农业农村部到各级人民政府，都制定了示范章程作为指引，并规定了成员资格的确定、成员的权利义务和集体经济组织治理结构等方面的内容，作为集体经济组织制定章程的依据。示范章程的作用具有双面性：一方面，集体经济组织可以在此基础上制定自己的章程，以保证其制定内容的规范性；另一方面，容易出现照抄和照搬的现象，从农业农村部的示范章程到各地的示范章程，集体经济组织的章程具有一定的雷同性，从而可能不符合集体经济组织的实际发展要求。因而在章程的制定过程中一定要注意内容的针对性，而不仅仅是一个形式上的文本。对于章程的制定程序，通常包括审核和备案两方面。审核的内容包括不得与宪法、法律、法规和国家的政策相抵触，不得有侵犯成员的人身权利、民主权利和合法财产权利的内容，如果有此类内容，则由基层管理部门要求其改正。只有章程通过合法合规性初审后，才能提交成员大会或成员代表大会表决，表决通过后，则需报基层管理部门备案。〔1〕

(三) 管理层的选任和监督

由于集体经济组织的管理层在集体经济组织的经营管理中发挥着关键作用，在对集体经济组织的监管方面，对管理层的监管是除章程审核和批准以外的另外一个重要内容。

1. 选任制度

集体经济组织管理层的具体称谓并不相同，既可能是村干部、集体经济组织干部，也可能是参照公司的董事长和监事长等，更为常见的称谓包括社长、副社长以及民主理财小组负责人等。在选任过程中，主管部门对管理层人员的审核主要包括两个方面：一是规定候选人的积极条件和消极条件，在

---

〔1〕《广州市人民政府关于加强农村集体经济组织管理的指导意见》（穗府〔2019〕11号）规定："章程不得与宪法、法律、法规和国家的政策相抵触，不得有侵犯成员的人身权利、民主权利和合法财产权利的内容。如有违反的，由镇人民政府（街道办事处）责令改正。章程制定或修改，须经镇人民政府（街道办事处）进行合法合规性初审后，方可提交成员大会表决，并在表决通过后10日内送镇人民政府（街道办事处）存档。"其他地方也有类似的相关内容。

年龄、学历、专业和经历四个方面设立标准，在候选人阶段就排除不符合条件的，确定候选名单，然后由集体经济组织成员选举产生。广州的集体经济组织分为经济联社和经济社两种，分别由原来的生产大队和生产队转变而来。在管理层的产生方面，广州的一个区在为联社选举确定标准的基础上，推行经济社社长任命制，由于经济社也是一个集体经济组织，与经济联社之间不存在领导和被领导关系，与基层政府之间更不存在领导与被领导的关系，因此这一做法说明政府对集体经济组织的介入有进一步加深的趋向。二是在选举完成后，对拟任职的候选人进行审核，对于不符合当选条件的，不予任职或者责令辞职。除此之外，有的地方为提高集体经济组织管理层的素质，还会在招录政府雇员时向集体经济组织成员倾斜，招录后对其进行重点培养，为集体经济组织管理人员的培养做好储备。由于该区的部分村社干部的工资由区政府承担，具有一定的主动性，可以组织招聘学历、年龄符合要求的人才到联社为村级干部提供储备。

2. 薪酬制度

集体经济组织管理人员薪酬是集体收益分配的一部分，这方面集体经济组织有自主运作的空间，属于其自治权力的一部分，但是管理部门仍有业务指导和监督审查等职责。而从本质上说，干部的薪酬制度在一定程度上是对集体经济组织收益分配的一种介入，涉及集体经济组织干部、街道办事处、基层政府以及集体经济组织和集体经济组织成员等多重关系。

具体来说，集体经济组织经营管理人员的薪酬受两方面约束：一是成员大会或者成员代表大会的表决通过，这属于成员自治的范畴；二是要受基层政府的监督和管理，其核心既在于行政权和自治权的平衡，也在于管理层的收入和成员收入的平衡。如果过低，则很难调动积极性；如果过高，则会对成员的利益造成损害，因而管理层的薪酬是政府监管的一个重要内容，在某些集体收入不太好的集体经济组织，还需要政府对其收入进行补贴。对管理人员薪酬的管理主要包括三种情形：一是确定其薪酬的构成，包括基本工资、经营绩效以及社会管理绩效。经营绩效是以集体经济组织经济效益为基础，对比上一年的超出情况提取一定的比例作为管理人员的经营绩效，而社会管理绩效则是在集体经济组织承担一定的社会经营管理职能的情况下，由街道或者镇对其日常经营管理工作进行评分，作为其收益的基础。二是由政府承担其部分工资，以保证收入的稳定。这种情况主要适用于集体收入不好的集体经济组织。三是在某些特殊情况下，基于历史及维稳需求，集体经济组织管理人员的薪酬由基层财政负担。总之，不论采用哪种形式，集体经济组织管理人员的工资都对基层政府具有不同程度的依赖性，这在一定程度上增加了其经营管理中的行政性因素。另外，由于管理人员的报酬涉及集体收益的分配，与成员收益的分配存在此增彼减的关系，也就是说利益冲突的存会导致民主决策遇到困难，在这种情况下就需要基层政府进行协调和指引。与之相应，监管部门对薪酬将拥有更多的决定权。

在集体经济组织干部、街道办事处（乡、镇）、基层政府以及集体经济组织和集体经济组织成员的关系中，集体经济组织干部借助熟悉本地的优势，凭借日常管理工作可以获得收益，而基层政府则通过工作报酬强化了集体经济组织干部的国家代理人角色，从而增进了地方治理效率。[1]这种对薪酬制度的介入有正向的一面，可以弥补集体经济组织的内部漏洞，防止廉政风险。但是，其也有相反的一面，具体包括两种情况：一是如果基层政府（包括管理部门）对其介入过深，可能损害薪酬确定中的自治因素，使集体经济组织成员的权利受到忽视；二是虽然从表面上看基层管理部门具有决定权，但是集体经济组织在推动乡村治理的相关行政任务时，又需要集体经济组织的管理层配合，在某种程度上产生了一定的依赖性，从而影响到集体经济组织管理层薪酬的决定。因而，在这一过程中，需要注意两方面的问题：一是基层政府只能是引导者，就广州市的具体操作而言，区一级政府主要是提供指导性意见，街道办制定集体经济组织管理人员的报酬实施办法；二是确保集体经济组织民主决策的实现，也就是通过规章制度以及章程的制定和执行，以民主决策的方式决定管理人员的报酬。

（四）"三资"交易的监督与管理

"三资"通常是指集体所有的"资金、资产和资源"。对"三资"的监督和管理不仅涉及农村集体经济发展，而且也涉及对成员利益的维护，事关农村社会的和谐稳定发展。从内容来说，对"三资"的监督和管理除涉及"三资"交易平台的建设和运行外，还包括合同管理和债务设置等方面的内容，其中，"三资"交易平台是基础。根据广东省的要求，建立"三资"管理服

---

[1] 李强：《农村集体收益分配中的行政嵌入及其实践逻辑——基于农村集体经济组织干部报酬管理的考察》，载《中国农村观察》2021年第4期，第117页。

务平台的目的是"推进农村集体'三资'管理制度化、规范化建设，切实保护农民合法权利，维护农村和谐稳定"。在广东省的农村集体"三资"管理服务平台上，全省各地的资产交易平台都可以网站导航的方式在平台上找到，与集体"资源、资金和资产"相关的交易在平台上公开进行。

在合同管理方面，对于需要社员代表大会或者社员代表会议通过的重大合同，按照广州各区的规定，需要符合一定的程序。具体包括在交易前，街道负责对联社、经济社民主表决同意的会议纪要、交易方案、表决签名的真实性、完整性、合法性进行审核。在合同签订前，由街道负责对正式合同文本的年限、金额、收益递增等重要条款是否与"三资"交易流程内容相符进行审核，在签订的合同经向社员公示后，报街道归档备查。而在合同起草方面，由街镇"三资"管理部门对合同样本进行初审，镇街司法所或镇街法律顾问出具相应的法律意见，涉及重大集体用地利用管理事项的，如集体建设用地使用权流转、留用地指标调剂和重新选址、旧村合作改造类项目选择合作企业或合作意向企业、合同期限超过5年的集体用地利用管理事项等，经镇街初审后还须报区政府、区相关职能部门审核。而绍兴市柯桥区则区分厂房、仓库、工业用地、农业用地等明确规定最低出租价格，对不能出租的情形和重新签订租赁合同的情形也做了明确规定。〔1〕从上述内容来看，基层政府对以合同为载体的集体资产的经营管理呈现出深度的嵌入。

除合同管理方面外，监管部门也会对集体经济组织的债务规模进行限制。《大连市人民政府关于加强农村集体经济组织管理的指导意见》（大政发〔2021〕13号）规定："农村集体经济组织原则上不得举债，确需举债且具有偿还能力的，应当报乡镇人民政府（街道办事处）审查，经本集体经济组织章程规定的程序通过后方可举债。超过警戒线的，必须经乡镇人民政府（街道办事处）审批后方可举债。"从这方面来看，集体经济组织的经营管理与营利法人存在本质不同。这是因为在当前阶段，农村集体经济组织法人的特殊作用具有不可替代性，其经营目标的定位多以"保守"为主，以保证法人存续的长期性和收益分配的稳定性。〔2〕对集体经济组织的债务规模进行限制，

---

〔1〕 参见绍兴市柯桥区钱清街道办事处《关于第四轮农村集体"三资"管理工作的实施意见》（没有文件号）的相关规定。

〔2〕 房绍坤、宋天骐：《"化外为内"与"以特为基"：农村集体经济组织治理机制的方法论建构》，载《探索与争鸣》2022年第1期，第121页。

可以防范经营风险,而这在集体经济组织完善风险监控体系之前就显得更为必要了。

五、集体经济组织终止的相关问题

在团体法上,终止是团体人格的消灭,不再具有民法上的权利能力,是团体运行的必然环节,如同自然人的出生和死亡。[1]集体经济组织作为一个法律主体,从成立到终止,也应是一个正常的发展过程。在正在制定的集体经济组织法中,终止制度也是其重要的内容。只是与普通法人相比,集体经济组织作为集体所有权的行使者,虽然在经营中会产生自己的财产,但是其财产的基础并不仅仅是成员的出资,而是与集体财产相关。由于集体财产的公有制性质以及在流转中受到限制,集体经济组织终止能否适用现有法人终止的相关理论?如果适用,在何种条件下集体经济组织才能终止?通过何种程序终止?如果不能适用,其承担财产责任的范围是什么?这些均是集体经济组织终止的主要问题。具体而言,关于集体经济组织终止,有两个问题需要解决:一是集体经济组织能否终止?二是如果集体经济组织能够终止,是否适用关于企业破产的规定?对于这两个问题,理论界和实务界都存在争议。

(一)关于集体经济组织能否终止的争议

法人的终止是指法人停止经营,主体地位消灭。破产、解散和撤销都可以是法人的终止形式。关于集体经济组织能否终止,存在两种不同的观点:一是集体经济组织作为特别法人,是法人的一种,可以独立参与市场活动,同样应建立相应的退出机制。《广东省农村集体经济组织管理规定》第22条规定"农村集体经济组织合并、分立、解散,应当由成员大会表决通过",说明集体经济组织可以解散,也就是终止。与之相反,有观点认为,集体经济组织作为特别法人,与公司不同,"在现实生活中,公司、企业破产、兼并、重组等情形不可避免,但农村集体经济组织显然不可能发生此类情形"。[2]

对集体经济组织终止持否定意见的观点认为,集体经济组织与集体所有权(特别是集体土地所有权)有关,并且除经济职能外,还承担公共服务方

---

[1] 江平主编:《法人制度论》,中国政法大学出版社1994年版,第154页。
[2] 陈锡文:《从农村改革四十年看乡村振兴战略的提出》,载《行政管理改革》2018年第4期,第9页。考虑到作者全国人大农业与农村委员会主任委员的身份,这一观点可就不仅仅是一种理论上的讨论了。

面的职能,作为特别法人,不能适用营利法人的破产制度。与之相反的观点则认为,集体经济组织并不是集体所有权的主体,只是集体所有权的行使主体,集体经济组织终止也不会导致集体土地所有权被用于清偿债务或作为剩余财产被分配给成员个人;集体经济组织虽然具有一定的公共职能,但是同时承担公共职能和经济职能,这不是集体经济组织所独有的特征,不论是承担社会责任的企业,还是以公共服务为目的的机关法人,均适用法人终止制度,农村集体经济组织也不例外。但是,无论如何,集体经济组织的特别性均将延伸至终止环节,并影响具体的制度设计。[1]

另外,即使是认为集体经济组织可以终止的学者,也认为终止的原因应受到限制。这是因为从集体经济组织的产生来说,虽然集体成员的决议行为是集体经济组织成立的基础,但是单纯的决议行为不能产生集体经济组织,集体经济组织的构建具有法律、政治上的原因。农村集体土地产权作为一种制度性存在,其代表的共富理念及公有制方向绝非法律的,亦非经济的,而是政治的、社会的,而集体土地产权存在的政治与社会意义也远远大于其法律意义与经济意义。[2]从这方面来说,集体经济组织的产生并不仅仅具有经济目的,而是一种人为的制度设计,作为一种工具性的目标来为其他经济和政治目标服务。因而,集体经济组织不能简单地通过决议行为终止,而是必须履行特定的程序。

(二) 关于集体经济组织终止是否适用破产程序

破产虽然是法人主体资格消灭的一种方式,但是集体经济组织是否适用破产制度,在理论界同样存在争议。认为集体经济组织可以适用破产制度的观点认为,《企业破产法》第 135 条为破产主体的扩充预留了空间,集体经济组织的经营性资产和土地使用权也都可被纳入破产财产,破产重整和破产和解制度同时可以适应农村集体经济组织的特殊性。从现有法律制度和未来发展趋势来看,农村集体经济组织应当适用破产制度。[3]否认集体经济组织可以适用破产制度的观点认为,民事主体中具有破产能力的仅有企业(包括企

---

〔1〕 吴昭军:《农村集体经济组织终止问题研究》,载《暨南学报(哲学社会科学版)》2021年第10期,第38页。

〔2〕 刘云生:《农村土地股权制改革:现实表达与法律应对》,中国法制出版社2016年版,第73页。

〔3〕 臧昊、梁亚荣:《农村集体经济组织破产制度研究》,载《农业经济》2018年第10期,第12页。

业法人和合伙企业），基于制度风险的规避和农村集体经济组织的现实考量，对其不宜适用破产制度。[1]

从相关立法来看，对于与集体经济组织同属特别法人的机关法人终止，《民法典》第98条有明确规定，即"机关法人被撤销的，法人终止，其民事权利和义务由继任的机关法人享有和承担；没有继任的机关法人的，由作出撤销决定的机关法人享有和承担"。参照这条规定，集体经济组织的终止肯定不等同于作为营利法人的公司的终止。但是，与机关法人不具有经济职能，其经费主要由财政支付不同，集体经济组织又具有经济职能，从事经营活动。因而，集体经济组织的终止也应介于机关法人和营利法人之间，只能根据行政管理或者村民自治等方面的原因解散或者撤销。也就是说，与营利法人相比，集体经济组织的终止要受到限制，不能随意由成员决议解散。与机关法人相比，集体经济组织终止后，除遇特别情况外，均应该进入清算程序，以其财产对外承担债务清偿责任。[2]

由于农村集体经济组织不仅仅是经济组织，还承载着社会主义公有制的政治功能和一定的社会功能，如果集体经济组织可以适用破产制度，无论是在政治上还是在立法上都不具有可接受性，很难获得广泛的民意基础。并且，集体所有的土地纳不纳入破产财产？如果纳入应如何处置？[3]在集体土地制度改革还没有成熟之前，此类问题都很难得到解决。

（三）集体经济组织终止的情形和条件

虽然从理论上说"集体经济组织能否终止、是否适用破产程序"有争议，但是在实践中，相关的规范性文件作出了关于集体经济组织终止的规定，而关于集体经济组织能否破产，也处于探索之中。

1. 解散

对于公司来说，解散的条件相对宽松，既可以在章程中规定公司解散的条件，也可以通过决议解散公司。与之相对，集体经济组织通过决议行为设立，而对于能否通过决议行为解散，现有法律并没有作出明确规定。从集体

---

[1] 农业农村部政策与改革司集体资产处：《农村集体经济组织立法应关注的四个重要问题——农村集体经济组织立法研讨会综述》，载《农村经营管理》2019年第2期，第37页。

[2] 吴昭军：《农村集体经济组织终止问题研究》，载《暨南学报（哲学社会科学版）》2021年第10期，第39页。

[3] 屈茂辉：《农村集体经济组织法人制度研究》，载《政法论坛》2018年第2期，第39页。

土地所有权保护的角度，有学者认为，集体经济组织成员不允许以意定的方式解散集体经济组织，否则集体土地所有权难免会发生异化，可能背离集体土地所有制的本质要求，成为一种具有私有属性的法人所有权。[1] 也正是因为这个原因，即使集体经济组织可以解散，由于集体经济组织职能和财产的特殊性，对于集体经济组织自愿解散的条件也要设立必要的限制。

按照《浙江省农村集体资产管理条例》第 33 条的规定，已撤村建居且符合以下条件，可由社员大会决定终止：一是本集体经济组织成员集体所有的土地全部被征收；二是本集体经济组织成员全部纳入城乡居民社会保障体系；三是农村社区全部划入城镇建成区；四是社区基本公共服务实现城乡一体化和均等化。从条文的内容来看，当集体经济组织不再承担社会保障和公共服务职能时，就达到了终止的条件。截至 2018 年，宁波市已有 4 个集体经济组织终止，并办理清除手续。集体经济组织终止的优势被认为有三个方面：一是对资产通过拍卖、转让等办法，实现优化配置，促进资产的保值增值；二是把集体资产通过拍卖转让等形式转化为货币资金，并通过一定的办法分配给股民，不但妥善处置了村级集体资产，而且促进了农村股民向市民转化；三是有利于解决资产管理的风险、资产流失的疑虑，起到稳定农村社会的作用。但是，按照这个观点，有一个悖论，既然改革的目标就是将农村股民转为市民，并且按照浙江省的规定，终止的前提是已撤村建居，也就不存在稳定农村社会的作用了，原因与结果混淆。并且，集体所有权是社会主义公有制的一个组成部分，并不等同于私人所有权性质的共有，将集体资产转化为货币资金，然后分配给股民，就相当于变相地或者隐秘地转变了"共有"的性质，将集体财产变为私人财产，也就无法实现集体资产的保值增值和集体经济的发展了。

还有一种观点将集体经济组织解散与成员的退出权联系在一起。佛山市顺德区容桂街道的 3 个经济社在 2015 年之前解散，没有设立清算组，而是由理事会主持解散工作，由股东大会表决同意。解散的两个经济社是"空壳社"，只有零星资产，故向社会公开拍卖或限定社员内部公开竞投处理，而对于较强的经济大社，则主动向政府提出整体打包收储，"一揽子"处置全部资产的土地。这种做法当时被认为是顺应赋予农民对集体资产股份占有、收益、

---

[1] 姜楠：《集体土地所有权主体明晰化的法实现》，载《求是学刊》2020 年第 3 期，115 页。

有偿退出的改革潮流。[1]但是，集体经济组织解散后，主体已不存在，在这种情况下股权随之退出，并不同于集体股权改革中的退出权。因为就后者而言，就像股东通过股权的转让而离开，并不影响集体经济组织主体资格，股东转让股份的权利与集体经济组织作为一个独立主体的存在是两个不同问题。2016年《集体产权制度改革意见》明确规定"现阶段农民持有的集体资产股份有偿退出不得突破本集体经济组织的范围，可以在本集体内部转让或者由本集体赎回"，更说明这是一种转让权，不涉及集体经济组织的终止。在仍还有集体资产的情况下，不论是通过政府打包收储还是其他方式，最终均会导致集体资产以股权为依据分配给个人，将集体所有权变为私人所有权，与集体产权制度改革的根本目的不相符合。

2. 宣告破产

从实践情况来看，在集体经济组织的经营中存在一定的行政因素，政府的嵌入较深，其中一个重要表现是对集体经济组织的债务水平进行限制，这也是为避免集体经济组织进入破产程序所采用的一个预防性措施。但是，从理论上讲，集体经济组织实行破产制度，在某种程度上也可能是对集体经济组织的保护，既可以避免过度的债务追索，又可以进入重整程序，获得保护和再生的机会。但是，就现阶段而言，不论是从财产的处理还是职能的承担，集体经济组织破产均存在理论上的障碍和实践中的困难，因而不宜对此作强制性规定。但是，应允许集体经济组织在破产重整方面进行一定的探索，通过和解和重整制度的构建，使集体经济组织在陷入债务危机时，能够获得再生。

即使可以建立集体经济组织破产制度，也不能照搬现有的企业法人破产制度，必须结合集体经济组织作为特别法人的特殊性，建立适合集体经济组织的破产制度，其中一个重要方面是对破产和解和破产重整制度作出改变。按照现有企业法人破产制度的规定，破产和解和破产重整只能二选一，和解制度是消极地避免债务人被宣告破产并进行财产清算的结果，而破产重整的目的在于积极拯救，防止破产造成的财产损失和社会资源的浪费。集体经济组织的特殊性决定了如果适用破产制度，则可以在现有企业破产制度的基础

---

[1] 谭炳才：《建立珠三角股份合作社退社新机制——容桂街道股份社"退出潮"引发的思考》，载《广东经济》2015年第2期，第73页。

上进行相应的调整，将破产和解设置为破产重整的可选性前置程序，在债务人未选择破产和解或者选择破产和解但未能与债权人达成和解协议时，方才进入破产重整程序。[1] 从作用上说，这种设计以和解作为基础，尽量减少集体经济组织破产的可能，从而有效地保护集体资产和集体成员的合法权益。

（四）集体经济组织承担责任的财产范围

如果集体经济组织终止，则合理界定集体经济组织承担责任的财产范围既是关键，也是难点。集体经济组织承担责任的财产范围取决于集体经济组织财产的范围。按照2016年《集体产权制度改革意见》的规定："农村集体资产包括农民集体所有的土地、森林、山岭、草原、荒地、滩涂等资源性资产，用于经营的房屋、建筑物、机器设备、工具器具、农业基础设施、集体投资兴办的企业及其所持有的其他经济组织的资产份额、无形资产等经营性资产，用于公共服务的教育、科技、文化、卫生、体育等方面的非经营性资产。"由此可见，集体资产具有广泛性的特点。如果集体经济组织终止，则应根据不同的财产性质，确定集体经济组织的责任财产范围。对于经营性资产，由于其经营的目的是获得经济利益，既然参与市场运营，便应承担相应的市场风险，其属于责任范围通常没有争议。比较难以确定的是资源性资产和非经营性资产。对此，有观点认为，集体土地所有权应纳入农村集体经济组织的财产，但是不属于责任财产，不能以其承担民事责任。但是，基于"三权分置"的权利构造，集体土地使用权（尤其是"四荒"地、经营性建设用地的经营权和收益权）可以作为责任财产来承担债务，[2] 也就是土地经营权可以成为承担责任的财产。而对于用于公共服务的教育、科技、文化、卫生、体育等非经营性资产，由于具有很强的公共性，一般是无偿提供给本集体范围内的成员使用，如果将这部分财产也纳入破产财产的范围，那么不仅仅会影响集体成员的农业生产，更会给其生活造成极大不便，甚至会影响农村社会秩序的稳定，所以不应当包含在破产财产范围内。[3] 从表面上看，这个区

---

[1] 魏冉：《农村集体经济组织破产与法人特殊性：互动基础与路径选择》，载《大连海事大学学报（社会科学版）》2020年第3期，第17页。

[2] 农业农村部政策与改革司集体资产处：《农村集体经济组织立法应关注的四个重要问题——农村集体经济组织立法研讨会综述》，载《农村经营管理》2019年第2期，第36~37页。

[3] 臧昊、梁亚荣：《农村集体经济组织破产制度研究》，载《农业经济》2018年第10期，第14页。

分较为清晰，但是作为集体所有权的行使主体，集体经济组织的财产与农民集体的财产是否需要厘清、如何厘清则是确定集体经济组织财产责任的一个重要问题。

综上所述，集体经济组织的经营管理以治理机构为核心、以章程为基础，是集体自治权的体现，但也必须符合法律的要求。既要实现集体资产的保值增值和个人权利的实现，又要实现集体经济组织所应承担的社会职能，并与乡村治理相关。集体经济组织章程与公司章程不同，在内容和制定程序方面都具有特殊性，且其具有治理主体复杂性、治理机构多样性的特点。集体经济组织的经营管理既与民主决策有关，也有《公司法》所不具有的行政性因素有关。如何在保证集体经济组织独立经营的基础上对集体经济组织进行有效监管是集体经济组织在经营管理过程中必须要解决的一个重要问题。

附录
集体经济组织改革的实践经验

与集体产权制度改革相伴随，集体经济组织改革也实行"一村一策"，各地的做法并不相同。不仅如此，就研究的对象而言，由于各地的地理位置、经济发展情况以及改革的时间不同，改革的内容也不完全相同，因而为解决研究的针对性问题，笔者尽量选择条件大体相同的集体经济组织进行研究。虽然在不同的地方进行过调研，但就本部分而言，所选择的几个区同属广州市，分别处于城市的核心区以及城市的发展区，所依据的省市级的规范性文件内容一致，对改革的要求也基本一致，但是由于历史原因和现实条件，在实践中的做法并不相同。这种不同不仅体现在各区之间，同一区的不同集体经济组织做法也不相同。这种同样背景下的不同改革内容，对于理论研究而言，不仅可以解决研究对象的具体性问题，还可以促成研究结论的科学性。

一、A区：特殊的治理结构

（一）基本情况

A区是城市核心区，集体经济组织改革始于1987年，在全国范围都属较早。现在属于城市核心区域的A1村当时处于城市的边缘，但是随着改革开放的发展，大量的农田被征用，为解决征地后村民的出路问题以及处置征地后的集体资产，A1村首先进行了股份合作经济改革，并成立了股份合作经济联社。1991年，全区进行股份合作制改革。2002年《中共广州市委办公厅、广州市人民政府办公厅关于"城中村"改制工作的若干意见》（穗办［2002］17号），按照该文件的要求，在城中村改造中需要进行四个转换：一是将村民农业户口全部变更为居民户口，换发户口簿；二是将进行改造的"城中村"村行政管辖范围内的剩余集体土地，一次性转为国有土地；三是撤销"城中村"村委会，改为居委会；四是将农村集体经济组织转制为股份制企业（公司），固化股份制企业（公司）股权，原则上村级集体资产不得量化到个人，但可以按照《公司法》的要求，组建集体资产管理公司，负责集体资产的管理和运营。这也就是通常所说的"四个转换"，即农民转居民、村委会转居委会、集体经济组织转股份制公司、集体土地转国有土地。按照该文件的要求，2005年A区在全区范围内完成了股份制改革，"农转居""村转居"已经完成，只是集体土地转国有土地没有实现。在公司制改革方面，集体经济组织没有直接改制为有限责任公司，而是仍然保留经济联社和经济社，由各集体经济组织按照《公司法》的要求，出资建立有限责任公司或者集团公司，即"村改制"公司，经营管理集体资产。在改革的过程中，A区逐渐形成了自己的特色，并表现出了较强的适应性。

（二）探索公司制改革

1997年，A区开始试点，指导经济联社创新组织形式和经营形式，进行公司化运作。具体来说，主要有两种方式：一是为满足《公司法》关于股东数量的要求，由经济联社作为绝对的大股东，与经济联社工会、改制之前的村委会以及与联社有关联关系的各个经济社等一起，出资设立"村改制"公司；二是经济联社并不是股东，而是由经济联社原来所属的集体所有制企业和另外设立的物业公司作为股东成立"村改制"公司，作为经济联社的经营机构。在2005年《公司法》修改后，由于第24条只规定股东人数是50人以下，没有规定必须是2个股东，因而有些经济联社改为由经济联社一个股东设立有限责任公司。在实际经营中，"村改制"公司与经济联社通常是一套人马、两个牌子。从这个意义上说，并不是集体经济组织转制为公司，只是采取了一种间接的公司经营形式。按照该区的要求，"村改制"公司实行"权责分明、管理科学、激励和约束相结合"的内部管理体制，对经济联社和全体股东负责，其管理职能和管理体制由公司章程具体规定。2014年，全区建立了集体资产交易平台和财务监管平台，并完善了集体资产交易、财务管理、民主决策以及信息公开等制度。按照A区《股份合作经济组织基本规定》的要求，在充分考虑成本利益的前提下，可以将股份合作经济组织与集团公司或者有限责任公司合一，向规范的股份公司、股份合作公司转换。公司制成了该区集体经济组织改革的重要特点，并以此不同于其他区的主要做法。

(三) 股权设置与管理

1. 股权设置

在股权设置方面，A 区的做法是在界定集体资产范围的基础上，将集体资产全部量化到股份合作经济组织成员。与现有的法律与政策性文件的规定不同的是，在 A 区，股份合作经济组织是集体资产所有权主体，[1]成员按组织章程规定获得股权，变成股东，享受集体收益分配。村集体经济组织以全部财产分为等额股份，在尊重农村集体资产形成历史的基础上，以公平、公开、公正和一视同仁为原则，设置计股时间段，区分不同身份的股东，将全部农村集体资产折股量化到村民个人，由全体股东以"按份共有"的方式共有。股权设置以户籍为基础，包括历史上户籍和改制时的户籍在集体经济组织原来的村的人员，都可以成为股东，只是股东身份不同，区分为社会股东和社区股东。在计股时间段内，凡具有村民身份，参加过集体劳动，承担社员义务，不论是出嫁女还是其他外出者（包括农转非、参军转业、招工、读书等），均按同一标准配置了份额不等的股份。股权配置实行"生不增，死不减；进不增，出不减"，可依法继承，但不能抵押，不能抽资退股。随着集体资产总值的变化，股东的股值也随之变化。

在具体操作中，股权设置方面的主要做法是设置人头股和农龄股两种类型的股权。人头股主要体现集体经济组织成员与集体的产权关系，只要在计股时间内曾经是村民，不论现在是否具有村民身份，均可配股；农龄股主要体现村民的劳动贡献，按村民在村的农龄来计算股份。与其他区相比，A 区集体经济组织虽然在章程中分类规定股权是否可以继承，但是对于如何继承以及继承的范围，并没有明确规定。从集体经济组织经营管理的稳定性来说，A 区在集体经济组织的经营管理中实行一人一票而不是一股一票，在股权固化的背景下，不能因继承而使表决权的数量发生变化。同一个股东的股权被多人继承后，投票权应由一人行使。但是，部分成员认为这是对财产权的损害，在实践中实行起来的障碍较大。因而，A 区试图在一股一票方面进行探

---

[1] A 区的这一做法与《广东省农村集体资经济组织管理规定》（广东省人民政府令第 189 号）有关。该规定第 13 条明确规定："农村集体经济组织享有以下权利：（一）集体土地和其他集体资产的所有权；（二）由本组织经营管理的国家所有的资产的使用权、经营权和收益权；（三）独立进行经济活动，管理内部事务；（四）拒绝不合法的收费、摊派或者集资；（五）法律、法规、规章规定的其他权利。"

索，但这会面临理论方面的争议，也缺少相关的法律依据。

（1）A1 经济联合社。在 20 世纪 80 年代早期，由于 A1 村位于城市的边缘，土地不断被征用，农转非对村民有很大的吸引力，要通过竞争才能取得农转非的指标。但是，随着城市的发展，A1 村的集体经济不断发展壮大，年终分红水平也随之提高，与之相反，当时农转非的村民由于缺少技术和文化，收入下降，要求回村。为解决这一问题，在进行股份制改革时，A1 村按劳动工龄等标准将集体资产量化到人，已经农转非的村民也按照其在村劳动的工龄折成股份，参与分红，并结合股权固化的时间点和在村里进行劳动的时间，区别不同的情况设置人头股、劳动农龄股和贡献股，按同一标准配置了份额不同的股份。

人头股主要体现各股东与原 A1 村集体资产的一种产权关系，是股权固化时户籍在 A1 村并享受村民待遇的村民，所得股份可以继承。人头股的持有者是社区股东。

劳动农龄股主要体现了股东的劳动贡献，以计股时间段为依据，满 16 岁后，每年计算 1 股，但必须劳动满 1 年的才计 1 股，不满 1 年的不计算入股，这种股份可以继承，其持有者是社会股东和社区股东。社会股东不具备成员身份，享有财产方面的权利，但是不享有选举权和被选举权。

贡献股主要体现了集体经济组织干部在集体中的特殊贡献，根据不同的职位和专业资质，配置不同的股份，但是贡献股为一次性确认，在规定的期限内认购，此后新当选的人员不再配给贡献股。当持有贡献股者不再担任职务时，股权自然消失，只在特殊情况下经批准可以保留终身。故这种股份不能继承。

（2）A2 经济联合社。与 A1 经济联合社相比，A2 经济联合社的股权设置相对简单，没有人头股，只设立农龄股和干部贡献股。农龄股以具有原村民身份、参加过集体劳动、承担社员义务为依据，以体现股东对集体资产积累做出的贡献，股权可以继承，但是不得转让、买卖和抵押。农龄股的计算以参加本村、企业劳动为依据，每年算 1 股，一次性全部确认股权数量，最高 25 股，最低 5 股，不足 5 股者按 5 股计算。户籍在本村但不参加劳动的，不计算股份；间隔性劳动的，计算农龄时扣除间隔期。国家征地招工、退职、顶职、社会招工、招干以及镇企业正式职工等，均属外出人员，不论是否属于农业户，外出前在本村劳动 1 年以上的，不论农龄长短，均一次性确认 5

股，股权可以继承。

干部贡献股则与 A1 经济联合社具有相似性，也是一次性确认，在规定的期限内认购。

2. 股东身份

由于股份合作组织兼有农村社区管理的职能，在尊重集体资产形成历史的基础上，A 区实行"一村一策"确定计股时间段和股东身份。根据权利义务对等原则和历史原因，将股东分为社区股东和社会股东。社区股东即村民待遇股东，拥有村民和股东的双重身份，享有选举权、被选举权、股份分红、村民待遇，并接受农村计生管理、承担相关责任；社会股东即非村民待遇股东，具体包括参军转业、招工、读书后外出就业等早期离开村的原村民，享有的股份额因其在集体经济组织的时间不同而不同，但在分红权方面具有平等性。除分红权外，不享有选举权和被选举权，不纳入社区管理范围，也不承担相应的社区管理、服务等方面的责任。

社会股东和社区股东的区分在设立时系基于公平的目的，考虑到社会股东对集体经济组织的贡献。但是，随着时间的推移，社会股东与社区股东之间的矛盾日益明显。一方面，由于社区股东享有包括各类福利在内的村民待遇而社会股东不享有，而福利待遇的相关费用又从集体资产的经营所得中支出，与股份分红存在此消彼长的关系。村民待遇所占的集体收益增多，相应就会使分红减少，由于村民与股东具有不一致性的特点，享受村民待遇的人可能不是股东，社会股东就会认为其分红权益受到了影响。另一方面，社会股东对经营管理方面的权利诉求增强，随着人口的自然消亡，社区股东的数量不断减少，甚至出现了社会股东多于社区股东的情形，这不仅意味着具备集体经济组织管理人员资格的人数减少，对集体经济组织的长远发展造成不利影响，同时也让社会股东看到了获得经营管理权的可能。针对社会股东和社区股东数量结构的变化，A 区试图探索涉及全体股东（包括社区股东和社会股东）切身利益的重大财产处置事项，实行社区股东和社会股东"一股一票"的决策制度，逐步取消福利分配，最终实现同股同酬。

（四）治理结构

1. 治理机构组成的特殊性

从表面上看，除名称不同外，A 区集体经济组织的治理机构与其他区并没有太大的不同，各经济联社设立股东代表大会、董事会和监事会，以对应

《广东省农村集体经济组织管理规定》中的成员大会（成员代表大会）、理事会（社委会）以及民主理财小组（社务监督委员会）。但是，A区的股份制改革以现代企业制度为目标，实行所有权和经营权的分离，从而形成了具有其自身特殊性的治理机构。

具体来说，A区集体经济组织的治理机构不仅包括股东代表大会、董事会、监事会，还包括经济发展公司（村改制公司）。股东代表大会是联社的最高权力机构，股东代表的比例不能低于全体股东的3%，有的经济联社会在此基础上提高了比例。董事会是股东代表大会的常务决策和管理机构，监事会是非常设监督机构。

经济发展公司（村改制公司）是公司组织机构的一部分，是A区集体经济组织治理机构中最为特殊的内容。公司是集体经济组织的经营机构，但与集体经济组织是出资者和经营者的关系，按《公司法》进行登记，具有独立的主体地位，经济联合社是经济发展公司的绝对控股股东。经济发展公司（村改制公司）另行组织股东会、董事会和监事会，股东会由经济联社和其他股东组成。由于经济联社具有绝对的控股地位，集体经济组织成员的决议可以通过联社作出并影响经济发展公司的决策。在实践中，经济联社和经济发展公司是一套人马、两个牌子，从而使联社与经济发展公司的目标具有一致性。从未来的发展来说，A区的目标是按照公司制改革的要求，集体经济组织与以经济发展公司为代表的"村改制"公司在未来合一，但是就现阶段而言，经济发展公司仍是经济联社的一个组织机构。据该区的集体资产网上交易平台显示，集体资产的交易的主体既有集体经济组织（经济联社），也有经济发展公司（村改制公司）。

2. 治理机制

A区集体经济组织治理机构的名称虽然与《公司法》的规定相对应，但是仍实行一人一票，股东代表大会实行少数服从多数的民主管理制度。较为特殊的是，有些经济联合社规定涉及调整各股东之间所占股份份额以及增加或减少联社股份份额的事项，必须经95%以上的股东按"一股一票"的方式，经95%以上票数同意才能形成决议。但是，也有部分经济联社对于这类涉及股份调整的事项规定的仍是"一人一票"的决定方式。

在管理层的设置方面，A区选派街道党工委委员担任村集体经济组织党组织书记，兼任村集体经济组织办公场所所在地"村改居"社区党组织书记，并通过法定程序当选为居委会主任,实现村集体经济组织党组织书记和所在"村改居"社区党组织书记、居委会主任三个"一肩挑"。村改制公司董事长全部由村改制公司党组织委员兼任,村改制公司领导班子成员兼任所在"村改居"社区"两委"委员,从而促进社区与集体经济组织治理相互融合,社区党组织、居委会和"村改制"公司党组织、董事会互不隶属,由民政和农业农村部门分别管理,各自独立按规定进行换届。居委会运行经费、人员工资由政府财政保障,村改制公司不再承担社会管理职能。但是,由于历史原因,现阶段村集体经济组织仍保留部分公共管理职能,因而对管理人员的薪酬考核分为三个部分,即基本工资、绩效和社会管理绩效,力图做到行政权与自治权的平衡。

在财务管理方面,A区所有集体经济组织的收支活动均必须通过农村财务监管平台纳入财产统一管理、统一核算,村级财务集体审批权限由低至高设定为村社领导、班子成员会议、股东代表会议和股东大会四个层级,股东大会的意见为最终意见。

在集体资产交易方面,实行集体经济组织、街道和农业农村部门进行三级审核,审核的内容包括交易资料的完整性、民主决策的合规性、竞投人资质设置的合法合规性和公平性以及产权、消防等项目信息披露情况。由于集体经济组织通常以物业经营为主要业务,但在很多情况下农村集体资产产权登记并不完整,因而信息披露是监管中的一个重要问题。

二、B区:股东身份的单一性

(一) B区改革的背景和总体情况

1. 背景情况

B区经济联合社、经济合作社源自公社化时期的大队、生产队。在20世纪80年代,大队改为行政村,生产队改为村民小组,各村陆续成立经济联合社、经济合作社,村委会与经济联合社、村民小组与经济合作社长期并存。2002年《中共广州市委办公厅、广州市人民政府办公厅关于"城中村"改制工作的若干意见》(穗办〔2002〕17号)发布之后,广州全面推进"城中村"改制工作。B区开始撤村建居,撤销了原来的行政村及村委会,建立了社区居委会,保留经济联合社和经济合作社,原行政村的社会管理职能移交居委会,经济联合社、经济合作社则承接了农村集体经济经营管理职能。该区的

20个经济联合社及229个经济合作社基本上是在20世纪90年代通过制定股份制章程开始实行内部股份制，至2002年B区全面推进城市化"撤村建居"后，绝大多数集体经济组织（包括经济联社和经济社）均已实行内部分配股权固化。

由于2004年12月《国务院关于深化改革严格土地管理的决定》（国发[2004]28号）规定"禁止擅自通过'村改居'等方式将农民集体所有土地转为国有土地"，B区的集体土地转国有土地并没有实现，这在广州市是普遍情况。关于集体经济组织转股份制公司，B区则是由于两个原因没有完成：一是人数的限制。由于当时《公司法》对公司股东人数做了严格的数量限制：有限责任公司以50人为限，股份有限公司的股份发起人以200人为限。但农村集体经济组织成员股东总数一般都超过200人。二是财产的限制。如果集体经济组织转制为公司，就需要进行工商登记，而要进行工商登记，则首先就要进行资产评估。但当时不仅集体土地、集体物业无法作价评估，而且其他组织也不能拥有集体土地所有权，在集体土地未转为国有之前，当时也就未进行公司制改革，而是保留了经济联合社和经济社。从改革的结果来看，至今，B区大部分村实现了广州市17号文确定的四个目标中的"两转"，即"村改居"和"农转非"。但是，由于政策、法律以及现实情况等各方面的原因，集体经济组织改为公司和集体土地转为国有土地，仍处于探索之中。另外，虽然撤销了村委会的建制，但是B区处于传统老城区，基于经济发展以及土地征收等原因，原集体成员与外来人口大量混居，因而是"撤村建居"，而不是"村改居"（村委会直接变更为社区居委会），并没有由原村委会直接改为居委会，从而与广州市其他区的做法并不相同。

2. 总体情况

B区的农村集体经济由20个经济联合社和229个经济社构成，经济联合社来源于人民公社时期的生产大队，通常简称为经济联社，而经济社则来源于生产队。在《民法典》颁布之前，经济社与经济联社一样，具有独立的组织机构代码证和农村集体经济组织证明书，也就是说，经济联社和经济社的法律地位完全相同，是两个不同的集体所有权主体。经济社对原来生产大队所有的集体资产拥有所有权和经营管理权，可以自己的名义从事民事活动，订立合同，进行交易。对此，经济联社并不能直接干涉，两者之间并没有法律上的隶属关系。但是，与母公司与子公司之间完全独立的法律地位不同，经济联社和经济社之间的关系并不是那么绝对独立，不仅经济社管理成员的工资要由联社审批，而且在与政府的关系中（比如涉及税收和土地建设规划时）只能由经济联社作为主体，在这方面经济社又不具有主体地位。这种情况可能产生的一个问题就是，虽然经济联社和经济社是不同的主体，但是经济社的土地等资源性资产名义上归联社所有，由联社委托给经济社进行经营。这种做法如果缺少相关的制度保障，在未来的发展中就比较容易产生矛盾。

在经营管理方面，居委会与经济联合社在机构设置上实现了"政经分离"，即居委会与经济联合社（经济合作社）职能分开、议事决策分开，改制后的社区居委会和经济联合社相互独立，任职人员完全分离，互不交叉任职，各自实行独立换届选举。

在股权配置中，B区在界定集体经济组织社员、股东资格时，遵循"依据法律、尊重历史、照顾现实、实事求是"的原则，在社员、股东资格界定中坚持共性的部分实行同一个标准，资源禀赋差异较大的部分实行"一村一策"，无统一标准。虽然配置的标准并不相同，但大部分经济联社和经济社都是股权配置到人，只有一个经济联社及其下各经济社股权配置到户。不论是配置到人还是配置到户，股东身份均具有单一性的特点，也就是非集体经济组织成员不能成为股东，也就不存在成员股东和非成员股东，或者社会股东与社区股东的区分了。从实践情况来看，章程确定后，集体经济组织及其成员之间很少因股权问题产生纠纷。在调研的过程中，B区有两个有代表性的案件，一件是由于章程规定的内容在执行过程中出现了制定时没有考虑到的问题，从而产生了集体经济组织的决议与章程内容不合的情况，最终引发了诉讼案件；二是在股权确权到户后，由于户内的利益分配问题产生纠纷，与前一个案件相比，由于章程的规定较为明确，因而较为容易解决。

在股权管理方面，各农村集体经济组织已完成股权固化，实行"生不增、死不减、人不增、出不减"。主要采取两种方式：一是完全固化，也就是固化以后不论是人员还是股份数额均固定不变；二是只实行人员的固化，也就是固化以后，人员不再增加，但是随着年龄的增加，持股的数量也会增加，只是通常会有一个封顶的限制。

结合目前的实际情况，B区正在实行民主管理权与收益权的适当分离。由于B区不存在社会股东和社区股东的区分，因而这部内容主要适用于继承方面。

（二）集体资产情况

1. 集体资产的特点和种类

在2020年6月至2021年5月为期1年的资产资源核查过程中，B区通过"区、街、联社、经济社"四级核查，发现农村集体的物业资产和土地资源存在分散性和多样性的特点。一是属地管理与行政管理相分离。如果仅从行政管理来说，全区只有不到10个街道涉及经济联社，但是从属地管理角度来说，涉及的街道则远远超出10个，其中仅一个经济联社就涉及6个街道。二是范围跨度大，基本遍布全区的全部行政区域。三是行业广泛，包括酒店、广告创意中心、购物广场、百货批发中心、粮油食杂批发市场等，农村集体资产资源的行业层级非常广泛。与之相应，农村集体的物业资产类型分别有办公楼、仓库、厂房、商铺、住宅、综合楼等，资源性资产用途分别有农业、工业、商业、建设、自用、其他等。

2. 集体资产管理情况

在清产核查的基础上，B区用"三个构筑"形成"三个模式"，构建数字化监管闭环链，使村社事务更加公开、透明。

第一，构筑集体资产"一张图"，形成"资产名称+现状照片+地图位置+合同文本+权属证明"的"五合一"数据模式。全区通过"区、街、村、社"四级核查，重新核清、录入资产信息，解决了以往集体资产数据不准、不实的问题。

第二，构筑数字化村务公开"一点通"，搭建社员查询系统的云上监督模式。实现社员群众通过PC端、政务自助服务终端、个人移动设备随时查询本集体资产、合同、章程、审计报告、民主表决情况等，解决以往村务信息公开渠道不多、不畅等问题。为实现社员对集体资产的知情权，B区搭建了社员查询系统作为清产核资试点的自选部分，为集体村务公开提供了新途径。已经确认身份信息的社员可通过平台网站、政务一体机等公开途径凭身份证号码、手机号码、人脸识别查询本农村集体的资产资源、合同协议、联社章程、审计报告、民主表决等村务公开信息，打通社员不知本社事务的"最后一公里"，同时可通过信息反馈系统及时提出对上述村务公开事项中存在质疑的情况，并由街道农业农村办公室进行协调、跟进回复。

第三，构筑资产监管"一张网"，形成资金收入流水与合同协议收入"双匹配"的监管模式。通过与银行系统的全面对接，并联网区纪委监察廉政信息平台，确保每一笔收入都有合理依据。无法匹配的资产与合同均作为廉政线索进行核查，解决以往资产与收入"各管一摊"的难题。

第四，为规范集体经济组织经营管理，B区与金融机构签订金融监管协议，实现在村社开设银行账户全覆盖管理。为防止集体资产流失，明确要求集体经济组织不得私自开设公司，实行经济社公章提级管理，经济社重大事项需经联社审核把关。同时，规范"三资"交易条件设置，成立区"三资"交易平台，在各个经济联社建立"三资"交易站，重大资产通过"三资"交易平台进行，日常小额交易通过联社的交易站进行。为规范交易，B区建立了交易警示名单，对合同的订立变更以及城市更新过渡期等工作进行指引。

另外，B区通过打造"智慧乡村"生态圈，与中国银行和腾讯科技等签约共建，开设了村社事务微信小程序，在全国首创交易保证金账户，由第三方银行代管，交易程序由区"三资"交易中心代理，并且与"三资"交易平台、区纪委监察廉政平台互通，确保竞投全过程公开、透明。

（三）股权设置和管理情况

1. B1经济联合社

（1）股权设置。社员股东资格的取得分为自然配置和出资认购，两种类别股数合计最高为44股。需要注意的是，这里的初次购买并不同于投资，而是包括两种情况：一是固化时经核定实际持股数不足44股的，可以分5年以每股2000元人民币为基数出资认购足44股；二是年满16周岁持有本联合社持股资格《后备社员证》的后备社员，在每年12月份前由本人出资5000元人民币赎买股权资格，并承认、遵守本章程和经济联合社有关管理规定，经本人申请并经所在经济社和联合社批准转为正式社员以后，以自愿为原则，在次年1月15日前出资认购联合社股权，成为社员。

（2）继承流转。社员股东生前不得以赠与、转让、抵押、分割等方式进行流转股权。在股权继承方面，只可以继承收益权，不可以继承选举权和被选举权。

2. B2经济联合社

（1）股权设置。在B区所有的经济联合社中，B2经济联合社有一定的特殊性。这是因为B2经济联合社有优越的地理位置，临近大型批发市场，因而从20世纪80年代开始就被征地，现在土地也有些碎片化。就当时的政策而言，征地后会发生农转非，也就是农业人口转非农业人口，同时也会保留一定的农用地。就当时的时代背景来说，农转非有一定的吸引力。在这种情况下，某些经济社征地后人数少，但仍存在集体的土地、物业以及生产资料等财产，如果将全部人口转为非农业人口，则会使这些财产的所有权主体无处安放，因而当时要求即使是在征地后，每户也要留下一人保留农业户口，作为户主，使集体资产的存在具有基础。按这种方式保留的生产队就成了特殊队，而其他的生产队则是正常队。后来，在B2村进行撤村改革，全部村民转为居民并进行股权固化时，也延续了这个做法，实现股权固化到户，不论每户的人口多少，平均分得的股权相同。正常队与特殊队的区别是特殊队以本社征地农转居每户保留一人时核定的持股户享有股东资格，其他正常队经济社以1994年2月23日核定的符合股东资格的持股户享有股东资格。经济联合社股权和股红分配实行按持股户分配，家庭内部在册人员在本持股户内自行分配。具体数额为由2003年1月1日起每户配置100股，每股入股股金100元。联社章程规定，每户股权由本户在册家庭成员内部自己分配股权份额，如无法协商确定，则按在册人员平均分配。持股户内部各人的股权属于本人自己所有，按照自己占有的股权份额参与分配。

虽然与其他经济联社不同，B2经济联合社以户为单位进行股权配置，不论户内人数的多少，都统一配置100股，但是由于历史的延续性并且有章程的明确规定，在该联社并不存在因人数不同而产生的公平性问题。就现有情况而言，联社与其社员之间并不存在冲突，也没有因为股权配置而发生矛盾。但是，在持股户的内部则因股权问题引发了诉讼。最近的一个案件就是女儿到法院起诉母亲将本户的股权分红的大部分给了儿子而少给女儿，法院按章程作出判决，并到联社强制执行。

（2）继承流转。B2经济联合社实行股权固化后，不增不减，不准转让、退股和流转。股权可以依法办理继承，但股权继承人必须是被继承人的直系亲属且户口原籍是B2村。B2经济联合社在B区实行最窄的继承范围，对继承人有户籍和直系亲属两个要求，所谓直系亲属是指父母、子女、孙子女和外孙子女等，兄弟姐妹之间不能继承。

3. B3经济联合社

B3经济联合社的特殊性在于城市化的程度较高，并已完成"城中村"改造。改造后，所有土地转变为国有土地，集体经济组织行使的是土地使用权。但这一特殊性与B3村进行股份制改革的关系不大，改革在改造前便已完成。

但是，由于集体经济组织行使的是土地使用权，并以相关物业为主要形式，直接影响到了集体经济组织的经营管理以及对未来发展的预期。

（1）股权设置。B3经济联合社的股权固化采用的是固定人数，但是不固定股份的形式。也就是在固化基准日出生的社员具有股东身份，但是持有的股份数并不相同。1岁至5岁配1股，以后每5年增加1股，最高配股为12股，每年1月1日自然调配股权一次；凡是达到退休年龄的男、女成员，退休后统一配固定10股。当时这个关于10股的规定本意是使退休后的分红不超出退休前，但是近来围绕这一规定出现了纠纷。主要是有些股东在股份固化的基准日前嫁入该联社，由于年龄的关系，虽然每5年递增1次，但是截至退休年龄，可能达不到10股。在这种情况下，这些股东到退休年龄后，便按该章程的规定，主张统一配置10股，从而出现了退休后比退休前分红还多的情况。在这种情况下，联社的其他成员认为这类股东的贡献与其所得不相配，故通过联社成员代表大会作出决议，不增加这类退休人员的股份配置，从而产生了诉讼。现在的情况是如果不修改章程，则只能维持现状，现有的其他成员就会认为其利益受到损害，如果修改章程，则可能会损害此类退休人员的利益，不论采用哪种做法，都会产生不稳定性。从这个角度来看，章程的初始权利配置对于联社经营管理的稳定性有着重要的作用。

（2）继承流转。在股权固化后，经济联合社的每个成员都会被发放一本《社员证》和一本《股权证》，《社员证》持有者可享受一切集体福利及分配。该证不得转借、转让、赠送及继承。《股权证》持有者可享受股份分配，股权可依法继承、转让和赠予。持股人死亡后，由已故持股人的合法继承人依《继承法》及有关规定、程序办理继承，转让和赠予仅限于本联社成员之间进行，并按有关程序办理。

4. B4经济联合社

（1）股权设置。B4经济联合社的成员从表面上看分为自然成员、保留成员和表决成员三种类别，但三种成员在性质上是同一的，在权利上也是相同的，只是因为某种原因，出现了一些非本质上的不同：自然成员是在股权固化的时间点经济联合社及各经济合作社户口在册的股民，有权参加股份分配及享受福利待遇。保留成员是保留其成员资格，但暂时不享有成员权利。保留成员包括在固化股权标准截止时已确认的成员中，因违反计划生育未处理完、超生处理未满16周岁人员以及在服刑、劳教、戒毒期间人员。表决成员是法律、法规、规章和县级以上人民政府未有明确规定的情况特殊的公民，须经社委会审查和成员大会表决确定其成员资格，资格确认后取得的权利与自然成员没有区别。

（2）继承流转。按照 B4 经济联合社章程的规定，由股份经济联合社配给股民每人 1 股的股份，股民本人可终身享受，并实行固化股份，生不增、死不减，但可办理继承手续，由股民生前立下遗嘱的指定直系亲属（直系亲属指父母、夫妻、子女）及合法的继承人继承，如无指定按《继承法》的有关法则执行。单身股民死亡后，可以由其股民生前立下遗嘱指定其父母、兄弟、姐妹其中一人合法继承，如无遗嘱指定，则按《继承法》执行，要其父母、兄弟、姐妹联合签名压指印确认其中一人为合法继承人。持股人必须按章程规定，不得将本人所持股份进行转让、买卖、馈赠或抵押，不得抽资退股。[1]

（四）"两委"干部的配置情况

1. 选举情况

在最近一次联社"两委"换届过程中，B 区成立了由区委、区政府主要领导任组长和第一副组长的联社"两委"换届工作领导小组，以解决换届选举中出现的重大事项和重点难点问题。在选举过程中，B 区采用统一设置候选人的选举方式，对超过 2500 名联社"两委"、经济社社长等关键岗位参选人员进行区级联审，限制不符合条件的人参与选举。统一经济社使用"社委会成员-社长"的"二级选"模式和得票比例，并要求所有参选人员都进行财产申报。在选举完成后，新当选的"两委"成员要签订廉政承诺书，宣誓后就职，实现联社社长、书记全部"一肩挑"，告别了经济社无候选人的"海选"历史。

2. 管理情况

B 区建立了村社书记季度例会制度，将联社党组织书记纳入常态化培训范畴，成立区农村集体经济组织党员大学堂，近三年已有约二百名村社干部参加"羊城村官上大学"学习。联社书记兼任街道党工委兼职委员，将干部报酬考核与"三资"交易等工作挂钩。同时，修订完善社务监督管理、考核制度，指导社监会、民主理财小组依法积极参与社务民主监督。

---

[1] 从该规定的内容来看，该经济联社对于一人一股的股份，即使发生继承，也不能进行分割。

在日常管理方面，B区设置村社新聘用财务人员准入门槛，推行经济社财务会计集中办公，在减少财务人员开支的同时加强财务管理统筹水平，避免会计人员降级成报账员。

三、C区：以"云"为基础的监督管理

与A区和B区不同，C区位于城市的发展区，并仍保留行政村。从行政区域来看，C区下属除街道外，还有一个镇，辖有村委会（行政村）以及转制后的社区，每个居委会和转制后的社区都有相应的经济联合社，由于改制的时间不完全相同，有的经济联合社的名称是股份经济联合社。不论是经济联合社还是股份合作社，都设有多个经济合作社。经济联社源于原来的生产大队，经济社则是原来的生产队。从财产的权属来说，集体财产多属于经济社，经济联社的财产相对较少；从两者之间的关系来说，经济联社和经济社都是独立的法人，两者之间不存在隶属关系。但是从组织管理来说，经济社的"三资"交易业务要接受经济联社的监督，而经济社的党组织要受经济联社党组织的管理。

C区由于不属于中心城区，因而与A区和B区不同，在基层自治组织与集体经济组织之间有三种情况：一是仍保有村委会，改制以后，村委会和集体经济组织并行，各自承担不同的职能。二是在撤村改社的过程中，部分村委会已改为社区居委会，承担基层自治的职能，与集体经济组织的职能分开，社区成员与原来的村民重合。在这两种情况下，党政经三个组织机构的成员存在较高的重合性，在组织领导方面形成"三肩挑"。第三种情况则是与B区相同，在撤村改社的过程中，并没有由原来的集体成员组成一个单独的社区，而是与非集体成员共同成立一个社区，但是在资产经营方面仍保留集体经济组织，集体经济组织成员与社区成员具有不一致性，同一集体经济组织的成员可能属于一个社区，也可能分别属于多个社区。

（一）股权设置及管理

与其他区不同，由于C区的行政区划是在近几年进行了调整，因而全区的改革并不同步，有两个时间点：一是在2002年与广州市其他区一起进行的撤村改制改革，实行"生不增、死不减、进不增、出不减"的固化原则。二是现在正在进行，但基本完成的第二批改革。第一批改革是固化到人，而第二批改革则是按照中央文件的要求并参照佛山市南海区的改革经验，量化到

人、固化到户。实行"生不增、死不减、进不增、出不减"的固化原则,采取"量化到人、固化到户、户内共享"的静态模式,每户的股权份额不随人口增减变动而调整。股东的股权流转必须符合一定的条件,股东确定以后,通过"三资"云平台进行登记。

在股权固化的过程中,固化到户以户口本为基础,但是允许另设股权户,以自愿为原则,可以进行自愿组合。不论是基层政府还是经济联社,都对户内关系不作干预,固化到户的股权收益由户内自己分配,如果无法达成协议,则平均分配。不论是经济社还是经济联社,基于管理的需要,由户代表开会行使经营管理权,但是对于户代表的产生并没有特别规定,由户内自己决定。

另外,在股东的户籍关系方面,与其他区相比,C区的股东与户籍的关系没有那么紧密:一是在早期征地的过程中,按照当时的政策规定,征地后就要办理农转非手续,也就是不再具有当地的户籍,但是因为当时集体的收益较好,因而有强烈的意愿保留集体成员身份。在这种情况下,通过集体表决,仍保留农转非人员的集体成员身份,并延续至今。集体经济组织成员身份的确定对户籍的依赖性相对较弱。二是在继承关系中,没有当地户籍的继承人也可以成为股东,这种做法为集体经济组织改革的开放性提供了一种有利的探索,并且顺应了现阶段以居住地为基础的户籍改革方向。

1. 股东种类

在C区的两次改革中,都是根据股东的不同身份,分为社区股东和社会股东,同时设立社区股和社会股两种股权。社区股股东是实行股份制前享有社员资格且折股截止日期前户口仍在本社区的原始股东和符合国家法律、法规和政策,又具备社区股东资格的村民,是拥有"成员+股东"双重身份的持有社区股的自然人,年满18周岁的股东依法依章程享有选举和当选本社股东代表、董事会和监事会成员的权利。社会股股东是指曾是本社区社员或在本社区从事过生产劳动及承担社员义务,但不符合社区股东的条件,仍持有集体经济组织股权的股东。社会股股东是仅享有同股同酬的收益权,没有参与董事会和股东大会的权利,也就是不享有选举权、被选举权和表决权等权利。

2. 继承流转

C区的股份制改革虽然分两批进行,但是在2021年公布示范章程后,各个集体经济组织都按示范章程对原来的章程进行了修改,因而相对来说在经营管理方面差别不大。现有的股权变动的主要原因在于继承,这是因为分红权是在所有的股权内容中最重要的权利。由于现在土地利益巨大，就现阶段的情况而言，集体经济组织成员对股权转让的意愿不大。

(1) C1 经济联合社。在股权的转让方面，C1 经济联合社的章程规定社区股的转让、赠与经董事会批准后可在本社范围内流转，但需一次性整体转让、赠与，不得拆分转让、赠与给多人或多次转让、赠与，且转让、赠与股份不得回转。

社区股东的继承原则上仅限于本经济组织成员，如确需非本组织成员继承，需经董事会批准同意。股权可整体或拆分继承，整体继承的继承人享有经济分配、表决、选举和被选举权，如果经所有合法继承人协商一致和董事会批准，则可拆分继承，但拆分后的股份只享有股份经济分配权，不享有选举权、被选举权以及表决权等权利。在其他权利方面，原社区股东将持有的股权经董事会批准继承和转让、赠与，并办理有关手续后，原社区股东仍享受社区的合作医疗、节日慰问等社区福利待遇，但不能享受社区股东在本股份经济组织的其他权利。接受继承、转让、赠与的持股人，享受原股东在本股份经济组织的股份分配、政治权利和承担相应的责任、义务，但不得享受原股东的合作医疗、节日慰问等社区福利待遇。

另外，C1 经济联合社还规定社区股东的个人股份（户持股份）不得超过本社总股份的 5%，社会股不允许继承之外的其他任何形式的转让。

(2) C2 经济联合社。与 C1 经济联合社不同，C2 经济联合社的股权转让条件相对严格，不仅不允许在集体经济组织之外进行转让，而且社区股东的股权流转必须符合一定的条件。经董事会同意，股东大会审核通过，社区股可以在本社区范围内依法流转，社区股东的个人股份（户持股份）不得超过本社总股份的 5%。而社会股不得继承，股东去世后，其股权由集体收回。

从现有的情况来看，C 区的经济联合社暂时没有股权转让方面的需要，而对继承则除个别情况外，基本上持一种开放性的态度，并没有完全限制于本集体经济组织成员。但是，考虑到集体经济组织的封闭性以及集体财产的特点，C 区计划对集体经济组织股权的继承作出一定的限制，特别是限制必须拥有中国国籍。对于中国国籍的非本地户籍的继承人，如果要取得股东身份，则必要经过股东大会或者股东代表大会的批准，方能取得表决权，但对于其取得分红的权利，则不受影响。

另外，从固化到户的出发点来说，继承将不会对股份的数量产生影响，也就是即使通过继承或者其他原因造成股东人数的增加，每户所对应的原股份数也并不会发生变化，所影响的只是户内成员的股权及其收益分配。从这个角度来说，固化的是股权而不是股东，与股权相比，股东可能因继承等原因发生变动。对于因继承原因形成的股东，原则上对经营管理的权利方面不进行限制，特别是C区推行"云表决"制度，通过线上进行表决，股东经营管理权利的行使也不会受地域的影响。C区这一做法的优势是不会出现由于有表决权的股东减少对集体经济组织的经营管理产生不利影响，因为B区的一个经济社甚至出现了为解决符合条件的管理人员候选人不足而缩减经营管理人员的情况。但是，可能出现的一个问题是由于各户的规模不同，初始取得的股权数不同，这种不同在早期不会产生影响，因为股权数与股东数不会相差太大，但是随着时间的推移，股权数与股东数的差额就会变大，即使每户原来持有的股权相近，但是由于继承产生的股东人数变化，每户的股东也并不相同。可能正是因为这个原因，不论是C区的示范章程还是各个集体经济组织的章程，都没有将表决权的行使限于股东个人，而是保留户代表的表决形式，为集体经济组织的经营管理提供了灵活性。

（二）治理结构

1. 机构设置

C区集体经济组织的机构设置采用的是公司机构的名字，但是其职责并不同于公司内部机构。经济联社设置股东大会、股东代表会议、董事会和监事会，股东大会是权力机构，包括以下职权：制定和修改章程；决定是否具备股东资格；审议决定折股量化和土地承包、宅基地分配等其他涉及股东利益重大事项的方案；合作社的合并、分立和解散；重大集体资产产权变更；决定较大数额的举债等事项。股东大会由董事会召集，一般每年最少召开1次。股东代表从组成股东大会的股东中选举产生，人数一般不低于总股东的3%，股东代表会议由董事会召集，其职责是在股东大会闭会期间选举或罢免董事会和监事会的成员，审议、决定年度集体资产收益分配方案以及预留公益金、公积金、福利费；审议董事会、监事会的工作报告以及主要经营管理人员的人选、资格、任期和薪酬；审议建设用地使用权流转以及经济项目和公益项目投资等相关事项。股东代表大会也是每年召开一次，但是在必要时，可以召开临时股东代表大会。董事会在召集时会确定由股东参加还是由户代表参加，不论是股东大会还是股东代表会议都实行2/3的绝对多数表决原则，股东代表会议的决议有1/10以上有选举权的股东提出异议的，应当提交股东大会重新表决。

C区股东大会和股东代表大会的特殊性是在实行固化到户的前提下，每个达到18岁的股东都有选举权、被选举权以及表决权，即有权参加股东大会和有资格被选举为股东代表。但是，在实际运行过程中，有时候也会由户代表作为股东大会和股东代表大会的主体，具体会在召开会议的通知中进行说明。也就是说，股东大会和股东代表大会作为集体经济组织的权力机构，可由股东、股东代表以及户代表组成，在权利的行使方面具有灵活性的特点。

董事会是常务决策和管理机构，在某些联社也称为理事会。联社董事会成员候选人由街镇党（工）委提名；经济社董事会成员候选人由村级党组织提名，并报街镇党（工）委审核。经济社中没有合适的人员担任董事长时，应由上级党组织指派一名党员，在经济社未产生符合条件的董事长前，通过法定程序代行董事长职务。

监事会是内部监督机构，由股东大会（代表会议）选举产生，凡是与董事会成员、财务人员有夫妻关系、直系血亲关系、三代以内旁系血亲关系以及姻亲关系的，不得担任监事机构成员。

2. 任职条件和监督管理

为规范集体经济组织管理，C区对集体经济组织管理人员任职的消极条件作出了明确规定。具体包括：同级农村集体经济组织董事会成员与监事会成员、财务会计工作人员之间，不得交叉任职，不得存在近亲属关系（包括夫妻关系、直系血亲关系、三代以内旁系血亲以及近姻亲关系）。如果成员存在违法犯罪活动、拒绝履行与本社范围内农村集体经济组织签订的有效合同、在本社范围内恶意拖欠集体款项以及因个人过失造成集体损失未履行赔偿责任的，不得任职董事会、监事机构成员和股东代表。

如果董事会、监事机构成员在任期内出现违法违纪行为、不履行或不正确履行工作职责并造成严重不良后果，或者因身体原因不能正常履行工作职责的，街镇党（工）委视情况暂停其职务和薪酬。如果丧失集体经济组织成员资格或者死亡（包括宣告死亡）、承担刑事责任以及提出辞职申请经上一级党组织批准的，其职务或资格自行终止。董事会、监事机构成员和股东代表职务或资格自行终止或因辞职、罢免等其他原因发生变更的，由董事会公告并报所在街镇备案。

对异地任职或下派的党员书记，可经农村集体股东代表会议讨论决定，授予其选举权、被选举权和行使主持本集体经济组织经营活动的权利，并被选为董事长，但不享受集体所有的经济权益。上述权利从其不再担任董事长职务时自行取消。

（三）集体资产监管情况

在初期，C区集体资产管理通过两个平台进行，分别是资产交易平台和财务管理平台，两个平台分开的缺点是使财务管理具有延后性，容易出现问题。为解决这一问题，C区在传统农村集体"三资"监管模式基础上，通过农村集体经济组织资产财务管理服务中心（农村产权流转管理服务平台），将涉及集体经济组织管理的全部事项纳入一个平台，实现集体资产云监管、资产交易云服务、集体财务云核算、集体成员云管理、民主管理云监督、干部薪酬云考核等服务与监管一网全覆盖，构建线上线下全方位、立体化农村集体"三资"管理体系。

资产云管理主要通过绘制三资云图，将农村集体资产传统列表式展示变为集体统计、对比、分析、预警、监督、跟踪一体的数图综合性"三资云图"，运用信息化技术为全区所有农村集体资产及交易赋码，实现一物（项目）一码，通过二维码直接查阅集体资产及交易项目信息，为综合分析农村资产经营情况提供数据支撑。在项目交易方面，除公益性质的资产交易可以通过协商谈判的形式完成外，其余绝大部分的农村集体资产项目交易申请、公告公示、报名受理、保证金管理、竞投报价、合同存储等交易全链条都可以通过线上操作，并能实现所承租物业的租金交付情况查询和二维码交租。在财务云核算方面，形成以"一网一线一票一卡"为主体的云核算模式。一张网是指农村集体资产交易管理、合同管理、财务核算、财务公开、工程资金管理、成员管理、经济组织管理、民主监督管理、薪酬考核全部通过农村产权流转管理服务平台完成。一条线是指通过实时联动银行数据信息，实现银行存款电子对账及存款大额支付及时反馈，及时掌握银行存款异常情况，通过一票一码对票据领取、使用、核销实施全流程管理，实现财务票据电子化，并确保财务收支全程留痕。农村产权流转管理服务平台的"三资"云系统能智能调取各子系统的相关信息，对资产及财务管理等系统中的20项风险预警进行实时监督，对资产逾期不交易、资产经营异常、租金逾期未收取、财务公开不及时、财务核算不规范等情况进行自动预警，并向相关职能部门主动发送预警提示，通过云督办对农村集体在云预警和日常管理中发现的问题进行整改的情况进行实时监督、动态掌握，实现整改情况痕迹化、数据化。

除此之外，"三资"云系统将理事会（董事会）成员、监事会成员以及股东代表全部纳入，集体成员可以通过线上的民主监督系统进行监督，并实现知情权。具体来说，"三资"云平台能调取成员系统及组织系统中理事会成员数据作为考核对象的基础数据，同时调取各业务子系统中相关工作办理情况作为考核内容，按照考核系统设置的考核指标自动得出考核分数，实现理事会成员云考核。而集体经济组织成员则可通过微信小程序中的实名认证获取所在农村集体线上决策议题并参与决策，同时通过"三资"云系统中的成员数据自动匹配成员身份，并通过人脸识别及线上签名双保险确保成员参与及意愿表达的真实性，提升农村集体成员参与集体决策事项的覆盖面和便捷性。在成员的知情权保护方面，通过"三资"云财务核算系统自动生成不能篡改的财务报表，并通过网络、微信、短信、橱窗（电子信息化公开栏数据由系统自动推送并公开）等多渠道同步公开，确保农村集体成员的知表权和监督权。

四、总结与分析

（一）"一村一策"具有普遍的适应性

在调研过程中，虽然在对各区以及相关经济联社进行了总结和分析，各区也试图对所辖的集体经济组织进行统一的指导和管理，但是各区甚至同一个街道所辖范围内的集体经济组织由于多种原因，在股东资格、股东身份的取得、股东的权利以及分红的标准等方面，都有自己特殊的做法，对于相关的经验也不能简单照搬。A区虽然普遍区分社区股东和社会股东，但是在是否设立人头股方面，各个集体经济组织并不相同。B区的B2经济联合社由于历史的原因，确权到户且每户平均持有的股份数相同，就不能适用于其他经济联合社。因而在相当长的一段时间内，"一村一策"仍是集体经济组织改革的主要做法，以自治权为基础的章程和成员大会决议是集体经济组织运行的基础，但是并不能因此排除政府的监管以及法律的强制性规定。

（二）集体经济组织改革受历史延续性影响

集体经济组织改革虽然是一个自上而下的推动过程，但是由于相关规定的概括性以及在实行过程中的适应性，每个集体经济组织在改革过程中都会有自己的做法。比如，在 B 区，股东身份以户籍为基础，具有单一性，但是其他两个区则会根据不同的户籍条件以及其他因素，对股东身份进行划分，并以身份为基础享有不同的权利。

集体经济组织改革是一个长期的过程。A1 经济联合社的改革始于 1987 年，与之相比，相应的规范性文件具有滞后性。广州市从 2002 年 17 号文开始，进入全面推行的阶段，而有的区的个别村，到现在仍未全部完成。2007 年《农业部关于稳步推进农村集体经济组织产权制度改革试点的指导意见》（农经发［2007］22 号）发布，标志着集体产权制度改革进入了一个全面推广阶段。在这之后，中共中央、国务院以及农业部（农业农村部）也出台了一系列的文件。与之相应的是，集体经济组织改革已进行了二十多年，实践中的一些做法已经趋于稳定，比如是否设立集体股、确权到人还是确权到户、集体经济组织的组织形式。就其内容来说，在很多情况下与现有的政策性文件的规定并不一致，为保证集体经济组织以及社会的稳定性，则不可能随意改动，而"一村一策"则为上述做法提供了必要的规范性依据。

（三）法律的统一性与集体经济组织多样性之间的适应性

《农村集体经济组织法》的制定已列入立法议程。在调研中也发现，与集体经济组织直接相关的基层政府对统一的集体经济组织管理法规有着迫切的需求，这不仅可以为集体经济组织的经营管理提供法律依据，而且也可以增加监管的权威性，提高效率，减少争议。例如，对具有公务员身份的主体能否成为集体经济组织股东，各地的做法并不相同，需要通过立法对集体经济组织成员资格或者股东资格作出明确的规定。但是，从另一方面来说，由于我国地域广大，各地的发展也不平衡，再加上"一村一策"的实行，也加大了相关立法的困难，并且出于立法的适应性等原因，不可能规定得过于具体。在调研中也发现，基层政府也认为基于集体经济组织运行的稳定性以及历史的延续性，也应对集体经济组织的现有做法加以保留和尊重。

（四）章程对集体经济组织经营管理的关键性作用

从理论上说，集体经济组织章程与公司章程一样，是其经营管理的基础，但是由于《公司法》既是组织法也是行为法，在公司章程没有进行明确规定的情况下，可以《公司法》为依据进行调整和适用，而这并不适用于集体经济组织。从调研情况来看，章程的内容对于集体经济组织的经营管理起着关键性的作用，如果章程制定得完善，则集体经济组织经营管理过程中的矛盾和争议较少，即使有发生，也可以章程为依据来加以解决。但是，如果章程制定得不完整，或者考虑的不完备，则极易产生争议。就股权权能来说，A区所辖范围内的集体经济组织章程从总体上侧重于分红权的行使，但是却没有对股权继承等其他股权权能作出明确规定，当出现问题需要对此加以明确时，则发现障碍较多。同样，B3 经济联合社章程规定达到退休年龄的股东所持股份为 10 股，就像退休后的工资会在一定程度上少于在职一样，这一规定的本意是限制达到退休年龄股东的分红，但是实践中退休前不到 10 股的成员，则以此条为依据要求配置为 10 股，从而使退休后的分红多于退休前，并因此引发诉讼。但是，在 B2 经济联合社，章程规定股权确权到户，每户不论成员多少，所持的股份数额相同，由于历史原因以及章程的明确规定，在实行过程中并没有因此产生争议，已发生的争议主要在于户内部的关系，而对于集体经济组织的经营管理影响不大。

特别法人制度的构建对集体经济组织改革提出了新要求，也确立了新目标。但是，制度的构建是一个过程。在这个过程中，既要解决围绕集体所有权的相关理论问题，也要对集体产权制度改革的经验进行总结和分析，并在此基础上实现改革的公平和效率问题。集体经济组织改革既受集体产权制度改革的影响，也与集体产权制度改革的最终结果密切相关。就具体内容而言，既包括围绕集体经济组织的特别性对集体经济组织的主体地位进行构建，也包括理顺集体成员、集体经济组织成员和集体经济组织股东之间的关系，明确集体经济组织成员权和集体经济组织股权之间的权利界限，区分集体经济组织财产和集体财产；既重视集体经济组织经营管理的特殊性，同时也以产权清晰、权责明确为基础，对接现代企业管理制度，建立适合集体经济组织的治理结构；既实现集体资产的保值增值，又实现成员个人合法权益，并在此基础上完善乡村治理机制，实现社会和谐稳定发展。

参考文献

1. 陈甦主编：《民法总则评注》，法律出版社 2017 年版。
2. 陈小君等：《农村土地法律制度研究——田野调查解读》，中国政法大学出版社 2004 年版。
3. ［美］富勒：《法律的道德性》，郑戈译，商务印书馆 2005 年版。
4. 陈小君等：《我国农村集体经济有效实现的法律制度研究》（一），法律出版社 2016 年版。
5. 陈小君等：《我国农村集体经济有效实现的法律制度研究》（二），法律出版社 2016 年版。
6. 陈小君等：《我国农村集体经济有效实现的法律制度研究》（三），法律出版社 2016 年版。
7. 崔建远：《物权：规范与学说—以中国物权法的解释论为中心》（上册），清华大学出版社 2011 年版。
8. 崔建远：《物权：规范与学说—以中国物权法的解释论为中心》（下册），清华大学出版社 2011 年版。
9. 戴威：《农村集体经济组织成员权制度研究》，法律出版社 2016 年版。
10. 邓大才：《土地股份合作与集体经济有效实现形式》，中国社会科学出版社 2015 年版。
11. 杜润生：《杜润生自述：中国农村体制变革重大决策纪实》，人民出版社 2005 年版。
12. 杜万华：《民事审判指导与参考》（第 67 辑），人民法院出版社 2016 年版。
13. 法律出版社法规中心：《中华人民共和国民法典注释本》，法律出版社 2020 年版。
14. 方志权：《农村集体产权制度改革：实践探索与法律研究》，上海人民出版社 2015 年版。
15. 方志权主编：《农村集体经济组织产权制度改革案例精选》，上海经财经大学出版社 2012 年版。
16. 费孝通《乡土中国》，北京出版社 2004 年版。
17. 高富平：《土地使用权和用益物权——我国不动产权体系研究》，法律出版社 2001 年版。

18. 郭明瑞:《物权法实施以来的疑难案例研究》,中国法制出版社 2011 年版。
19. 国务院发展研究中心农村经济研究部:《集体所有制下的产权重构》,中国发展出版社 2015 年版。
20. 胡冬勤、王平、梁文:《农村集体经济组织成员权益研究——基于中山市古镇镇的实证分析》,江西人民出版社 2015 年版。
21. [荷] 何·皮特:《谁是中国土地的拥有者——制度变迁、产权和社会冲突》,林韵然译,社会科学文献出版社 2014 年版。
22. 何嘉:《农村集体经济组织法律重构》,中国法制出版社 2017 年版。
23. 姜明安:《行政法与行政诉讼法》(第 3 版),北京大学出版社 2007 年版。
24. [美] 劳伦斯·弗里德曼:《法律制度——从社会科学角度观察》,李琼英译,中国政治大学出版社 2004 年版。
25. 李爱荣:《集体经济组织改革中的成员权问题研究》,经济管理出版社 2019 年版。
26. 李昌麒、岳彩申:《经济法论坛》(第 10 卷),群众出版社 2013 年版。
27. 李适时主编:《中华人民共和国民法总则释义》,法律出版社 2017 年版。
28. 李由义主编:《民法学》,北京大学出版社 1988 年版。
29. 李周、任常青:《农地改革、农民权益与集体经济:中国农业发展中的三大问题》,中国社会科学出版社 2015 年版。
30. 梁慧星:《民法总论》,法律出版社 2011 年版。
31. 林翔:《中国经济发展进程中农民土地权益问题研究》,经济科学出版社 2009 年版。
32. 刘家安:《物权法论》(第 2 版),中国政法大学出版社 2015 年版。
33. 刘云生:《农村土地股权制改革:现实表达与法律应对》,中国法制出版社 2016 年版。
34. [美] 罗伯特·考特、托马斯·尤伦:《法和经济学》,张军等译,上海三联书店、上海人民出版社 1994 年版。
35. 梅夏英、高圣平:《物权法教程》(第 2 版),中国人民大学出版社 2010 年版。
36. 苗壮:《美国公司法:制度与判例》,法律出版社 2007 年版。
37. 彭万林主编:《民法学》(修订本),中国政法大学出版社 1999 年版。
38. [法] 蒲鲁东:《什么是所有权》,孙署冰译,商务印书馆 1963 年版。
39. 屈茂辉:《用益物权制度研究》,中国方正出版社 2005 年版。
40. 任中秀:《德国团体法中的成员权研究》,法律出版社 2016 年版。
41. 芮沐:《民法法律行为理论之全部》(民总债合编),中国政法大学出版社 2003 年版。
42. [美] R.科斯等:《财产权利与制度变迁——产权学派与新制度学派译文集》,刘守英等译,上海三联书店 1994 年版。
43. 沈艺峰:《资本结构理论史》,经济科学出版社 1999 年版。
44. 施天涛:《公司法论》,法律出版社 2006 年版。

45. 史尚宽：《民法总论》，中国政法大学出版社 2000 年版。
46. 孙淑云：《成员权视角下的农地产权制度探索研究》，经济科学出版社 2015 年版。
47. 佟柔主编：《中国民法学·民法总则》，中国人民公安大学出版社 1992 年版。
48. 王利明、郭明瑞、方流芳编著：《民法新论》（上），中国政法大学出版社 1988 年版。
49. 王利明主编：《中国物权法草案建议稿及说明》，中国法制出版社 2001 年版。
50. 王利明主编：《民法学》，复旦大学出版社 2004 年版。
51. 王利明：《物权法研究》（修订版·上卷），中国人民大学出版社 2007 年版。
52. 王利明：《物权法研究》（修订版·下卷），中国人民大学出版社 2007 年版。
53. 王利明：《物权法研究》（上卷），中国人民大学出版社 2013 年版。
54. 王利明：《物权法研究》（下卷），中国人民大学出版社 2013 年版。
55. 王卫国：《中国土地权利研究》，中国政法大学出版社 1997 年版。
56. 王宗非：《农村土地承包法释义与适用》，人民法院出版社 2002 年版。
57. 徐国栋：《罗马法与现代意识形态》，北京大学出版社 2008 年版。
58. 徐勇：《中国农村村民自治》，华中师范大学出版社 1997 年版。
59. ［德］耶林：《为权利而斗争》，郑永流译，法律出版社 2007 年版。
60. 叶兴庆：《农村集体产权权利分割问题研究》，中国金融出版社 2016 年版。
61. 张曙光：《博弈：地权的实施、细分和保护》，社会科学文献出版社 2011 年版。
62. 张树义：《中国社会结构变迁的法学透视——行政法学背景分析》，中国政法大学出版社 2002 年版。
63. 张五常：《佃农理论——应用于亚洲的农业和台湾的土地政策》，商务印书馆 2002 年版。
64. 张英洪：《农民权利论》，中国经济出版社 2007 年版。
65. 赵旭东：《商法学》（第 3 版），高等教育出版社 2015 年版。
66. 周华：《宗族变公司——广州长湴村村民组织结构的百年演变》，当代中国出版社 2014 年版。
67. 朱岩：《中国物权法评注》，北京大学 2007 年版。
68. 张维迎：《信息、信任与法律》，生活·读书·新知三联书店出版社 2006 年版。
69. ［加］朱爱岚：《中国北方村落的社会性别与权力》，胡玉坤译，江苏人民出版社 2010 年版。